고려대학교 아세아문제연구소
대만연구센터 총서 Ⅱ

미완의 데탕트

1970년대 초
동북아시아 냉전의 변용

정태헌 외

매봉

국립중앙도서관 출판예정도서목록(CIP)

미완의 데탕트 : 1970년대 초 동북아시아 냉전의 변용 / 정태헌 외 [지음]. -- [서울] : 매봉, 2017
p. ; cm. -- (고려대학교 아세아문제연구소 대만연구센터 총서 ; 2)

ISBN 978-89-92799-10-2 93345 : ₩20000

동북 아시아 정세[東北--情勢]
국제 관계[國際關係]

349.1-KDC6
327.5-DDC23 CIP2017018399

미완의 데탕트

1970년대 초
동북아시아
냉전의 변용

발행일 2017년 7월 25일
저 자 정태헌 외
발행인 남광규
발행처 도서출판 매봉
등 록 제6-479호
주 소 서울시 영등포구 국회대로 800 1102호
TEL/FAX 02-780-9312 | 02-780-9313
ISBN 978-89-92799-10-2 93340
정 가 20.000원

“

미완의 데탕트

1970년대 초 동북아시아 냉전의 변용

”

도서출판 매봉
2017

서장

왜 1970년대 초반 데탕트에 주목하는가

정일준

세계적 수준의 냉전이 종식된 지 사반세기나 지났는데도 동북아시아는 여전히 냉전적 대립 구도에서 헤어나지 못하고 있다. 공산주의라는 적이 사라지고 미국 자본의 세계화와 경제적 상호의존이 심화되는 와중에도 동북아시아는 중국 국공내전과 한국전쟁 이래의 남북한 대치와 양안 긴장이 상징하는 냉전적 유제를 온존시켜 왔다. 경제적 교류의 확대와 정치·군사·이데올로기적 대립이 공존하는 동북아시아의 역설은 중국의 '부상'과 미중 대결, 일본의 '보통국가화'가 가시화하고 있는 지금도 여전히 그 위력을 유지하고 있다.

이 책은 동북아시아 역설의 근원을 냉전기에서 일반적으로 '데탕트'[1]기로 불리는 1960년대 말~1970년대 초반 동북아시아 국제관계의 변용을 살펴봄으로써 되짚어보고자 한다. 당시 동북아시아 지역질서는 미중화해와 중일 국교정상화, 남북대화로 대변되는 데탕트를 거치면서 '현상유지'를 지향하는 방향으로 크게 재편됐고, 이때 변용된 지역질서의 기본적 속성이 세계적 수준의 냉전 종결에도 불구하고 지금도 유지

1) '데탕트(détente)'의 의미는 논자에 따라 크게 다를 수 있으나, 스티븐슨은 "본래 제한적인 화해밖에 이뤄질 수 없을 정도로 국익이 근본적으로 엇갈리는 국가 간의 긴장완화 과정"이라고 정의했다. 이 책에서도 특별한 언급이 없는 한 데탕트를 긴장완화의 '과정'으로 이해하고자 한다. Richard W. Stevenson, *The Rise and Fall of Détente* (London: Macmillan Press, 1985), pp.13-15.

되고 있다는 것이 이 책의 기본 가정이다. 요컨대 이 책은 1970년대 초반 동북아시아 데탕트를 제2차 세계대전 후 지역 냉전질서의 결정적 분기점(critical juncture)으로 상정하고, 그 양상을 1차 사료에 근거해 추적하고 이를 현재의 시점에서 반추하는 것을 목표로 하고 있다.

1970년대 초반 동북아시아 데탕트가 남긴 것

주지하는 바와 같이 1970년대 초반 동북아시아는 그야말로 격동기였다. 특히 미중화해는 한국전쟁 이후 자리 잡은 '아시아 냉전'에 구조적인 변용을 불러일으켰다. 중국이 국제사회에 복귀하고 대만이 고립됐을 뿐 아니라 한국전쟁 이후 처음으로 남북관계가 움직이기 시작했다. 중소동맹, 미일동맹, 한미동맹, 북중동맹 등 동북아시아를 실타래처럼 얽어놓았던 동맹관계도 동시다발적으로 흔들렸다. 냉전의 최대 특징인 우적(友敵) 관계가 요동치되고 국제사회가 다변화하면서, 미국을 정점으로 한 한국-일본-대만의 '남방 3각관계'와 북한-중국-소련의 '북방 3각관계'의 내부 동학 또한 크게 변용될 수밖에 없었다.

더욱이 베트남 전쟁의 전개와 깊이 연동되어 도래한 동북아시아 데탕트는 미국의 '아시아로부터의 후퇴'를 동반했다. 주한미군, 주일미군, 주대만미군의 감축 혹은 철군이 단행됐다. 동북아시아 주둔 미군의 역할 또한 안정자(stabilizer)적 성격이 부각되면서 기존의 냉전적 군사 및 이데올로기 대결 구도가 크게 희석되었다.

어느덧 세계 2위의 경제대국으로 성장한 일본은 '아시아 냉전'의 성격이 크게 변용되는 와중에 본격적으로 지역에 재진출하기 시작했다. 대규모 전쟁이 일어날 가능성이 사실상 사라지면서 한국과 북한, 중국과 대만 등 지역 구성국들은 일제히 산업화 경쟁에 뛰어들었다. 여기에 한국의 유신체제, 북한의 유일체제 등 권위주의 정권이 적극적으로 편승하면서 동북아시아 냉전은 새로운 변용을 이루게 된다. 이는 한국전쟁 이래 초기 냉전의 '재제도화'에 다름 아니었다.

이 책은 이상과 같은 관점에서 1970년대 초반 동북아시아 내부 국제관계의 변용 양상을 사료실증적으로 재검토하고자 한다. 이 책은 다음과 같은 특장을 갖고 있다.

'안에서 본 동북아시아'

첫째, 동북아시아 국제관계는 다층적(multi-layered)이며, 다면적(multi-lateral)이다. 그러나 지금까지 연구는 대체로 미국의 동북아시아 전략 혹은 미중관계 등 강대국 간의 정치역학을 독립변수로 간주, 한국 및 일본, 대만과 미국과의 양자관계 혹은 북중관계 등을 해명하는 데 많은 관심을 기울였다[2]. 달리 말하면, 제임스 로즈너(James Rosneau)의 '연계이론'(linkage politics)[3] 등의 단순한 적용을 통해

---

2) 1970년대 미중화해에 관한 방대한 연구 중에서도 이하에서 언급하는 문헌은 연구사적으로도 평가받고 있다. 우선 Warren I. Cohen, *American's Response to China: A History of Sino-American Relations* (New York: Columbia Uni. Press, 2000)는 대표적인 통사(通史)로 평가받고 있다. A. Doak Barnett, *China Policy: Old Problems and New Challenges* (Washington D.C.: Brookings Institution, 1977)는 미국의 입장에서 양국관계의 다양한 측면을 거론하고 있다. 여기에 미중 양국의 1차 사료를 이용해 이 시기 양국 관계를 통사적으로 기술한 것으로서 Robert S. Ross, Jiang Changbin ed., *Re-examining the Cold War-U.S.-China Diplomacy, 1954-1973*(Mass.; Harvard Univ. Asia Center, 2001) ; Evelyn Goh, *Constructing the U.S. Rapprochement with China, 1951-1974*((Cambridge, UK ; Cambridge Univ. Press, 2005) 등이 있다. 또, Sadako Ogata, *Normalization with china: A Comparative Study of U.S. and Japanese Processes* (Berkeley: Institute of East Asian Studies, University of California, Berkeley, 1988)는 미중화해와 중일 국교정상화 과정을 정책결정의 측면에서 비교하고 있다. 데탕트기의 미중소 3각관계를 다룬 연구로는, Coral Bell, *The Diplomacy of Detente: The Kissinger Era* (New York: St. Martin's Press, 1977); Robert S. Ross ed., *China, The United States, and The Soviet Union-Tripolarity and Policy Making in the Cold War* (Armonk, New York: M.E. Sharpe, 1993); Gordon H. Chang, *Friends and Enemies: The United States, China and the Soviet Union, 1948-1972* (Stanford: Stanford Univ. Press, 1990) 등이 있다. 데탕트기 미중일 관계의 동학을 다룬 연구로는 Go Ito, *Alliance In Anxiety-Détente and the Sino-American-Japanese Triangle*(New York & London: Routledge, 2003); Yoshihide Soeya,"US-Japan-China Relation and the opening to China: The 1970s", National Security Archives, George Washington Univ., Washington D.C., U.S.-Japan Project, Working Paper Series #5 등을 꼽을 수 있다.

3) James N. Rosenau, "Toward the Study of National-International Linkages," *The Scientific*

패권국의 전략이나 강대국 관계의 변화 등 '외적 자극'에 지역 구성국들이 수동적으로 대응해왔다는 견해, 혹은 국제정치와 국내정치의 기계적 연계를 강조하는 경향이 지배적이었다.

이 같은 관점은 동북아시아 국제관계를 거시적으로 조망하는 데에는 도움이 되지만 지역 구성국 간에 전개되는 협력과 갈등의 복잡한 상호작용을 구체적으로 파악하기에는 불충분하다. 이 책은 미국의 동북아시아 전략이 제2차 세계대전 후 동북아시아 지역 형성의 중요 요인이었다는 점을 수용하면서도, 무엇보다 지역 구성국 간의 내재적 동학을 강조한다. 동북아시아 국제관계사는 미국 및 중국 요인을 염두에 두면서 동시에 남북한, 일본, 중국, 대만 등 지역 각국의 외교와 상호연관성, 국내정치와의 관련성을 포괄하는 중층적인 접근을 통해 보다 선명하게 그 모습을 드러낼 것이다[4]. 동북아시아는 밖에서만이 아니라 안에서 더 잘 볼 수 있다.

둘째, 기존의 동북아시아 냉전사 연구는 중국 대륙의 공산화 및 한국전쟁이 이후의 모든 대립 구도를 결정지었다는, 이른바 '초기 냉전 결정론'에 경사된 측면이 강했다. 하지만 동북아시아 냉전은 한국전쟁 이후 정태된 것이 아니라 끊임없이 변용되어 왔다. 이 책의 필자들이 주장하고 있듯이 동북아시아 냉전질서는 1970년대 초반의 대격변 과정을 통해 전면적으로 재조정됐고, 이는 오늘날 지역질서의 원형(原型)을 이뤘다.

셋째, 이 책이 1970년대 초반 동북아시아 국제관계의 내부 동학에 주

Study of Foreign Policy (New York: NicholsPub.Co., 1980), pp.307-338 ; James N. Rosenau, "The adaptation of National Societies," *The Study of Political Adaptation* (New York: NicholsPub.Co., 1981), pp. 58-59

4) 이 같은 접근은 미국과 소련으로 대변되는 양대 초강대국의 대외 정책 중심에서 탈피해 냉전의 현장을 직접 경험한 국가들의 동향이나 사회상, 문화, 경제 등에 보다 관심을 기울이는 최근 냉전사(Cold War History) 연구 경향에도 부합한다. 가령, Odd Arne Westad and Melvyn P. Leffler eds., *The Cambridge History of the Cold War*, Vol. Ⅰ, Ⅱ, Ⅲ (Cambridge: Cambridge University Press, 2010)을 참조할 것.

목하는 것은 무엇보다 이에 대한 연구가 충분히 이뤄지지 않았기 때문이다. 특히 1971년 대만의 유엔 퇴출과 1992년 한국-대만 단교 이후 대만 요인은 동북아시아 정치학과 역사학 연구로부터 사실상 사장되었다. 한국-대만 관계에 대한 연구는 양국 관계의 정치적 단절과 뒤이은 중국의 '부상' 이후 연구자의 관심영역 밖으로 벗어나 사실상 절멸 상태에 이르렀다. 그러나 역사 발전은 이 같은 '공백'을 메움으로써 가능하며, 이로써 현재를 진단하고 미래를 전망할 수 있는 길이 열리는 것이다. 대만의 외교 당안과 한국의 외교사료, 일본의 외교문서가 사실상 전면적으로 공개된 지금, 이를 적극적으로 활용해 전후 동북아시아 지역주의(Northeast Asian Regionalism)의 전개과정을 재검증할 필요가 있다. 전후 동북아시아 지역질서는 기존의 지정학적 논의와 함께 데탕트기 지역 구성국 간 관계의 동학을 지역 전체의 차원에서 재해석할 때 더욱 분명히 이해할 수 있다.

동북아시아 데탕트의 실제

이 책은 크게 제1부 '동북아시아 데탕트와 한반도·대만 문제'(제1-2장), 제2부 '한국-대만-일본 삼각관계의 변용'(제3-5장), 제3부 '권위주의의 출현과 국제관계'(제6-7장), 제4부 '산업화 경쟁시대로'(제8-9장) 등 총 4부, 9장으로 구성되었다.

제1장 이동준의 "미중화해와 한반도 문제의 변용, 1971-73년"은 미중 양국이 데탕트 외교를 전개하는 과정에서 안전보장과 정통성 문제로 대변되는 한반도 문제에 공동으로 개입했고, 그 결과 '한반도를 둘러싼 미중 협조체제'라는 새로운 위기관리 시스템이 구축됐다고 주장하고 있다. 제2장에서 이노우에 마사야(井上正也)는 "중일 국교정상화와 대만 문제, 1971-72년"라는 제목의 글을 통해 중일 국교 교섭 과정에서 표출된 일본 정부의 대중국 접근정책과 대만 문제와의 상관성을 1차 사

료에 근거해 규명하면서, 특히 중일 국교정상화가 성사된 배경으로 기존 연구가 강조해온 다나카 가쿠에이(田中角榮)의 정치적 리더십 보다는 중국의 대일 정책 전환을 강조하고 있다.

제3장 차이둥지에(蔡東杰)의 “유엔 퇴출 후 대만의 한국·일본 관계”는 중국의 유엔 진출과 대만의 퇴출 경위를 분석하고 이로 인해 전면적으로 재조정된 대만의 대한국 및 대일 정책의 실상을 현실주의적 입장에서 분석하고 있다. 박정현은 제4장 “미중화해와 한국-대만관계: 외교정책 결정자들의 인식과 대응방침”에서 동북아시아 데탕트 과정에서 한국과 대만이 처한 외교환경의 차이로 인해 발생한 외교정책의 간극을 설명하고 이로써 양국관계가 재조정되는 경위를 1차 사료를 통해 분석하고 있다. 제5장 “1972년 중일 국교정상화에 대한 일본 화교와 한국 화교의 반응”에서 왕언메이(王恩美)는 중일 관계정상화 과정에서 발생한 동아시아 화교사회의 변용 과정을 분석하고 있다. 왕언메이에 따르면 느슨한 반공체제 하에 있던 일본 화교사회의 경우 친대만파와 친중국파로 분열된 반면, 한국 화교사회에서 대만의 ‘정통성’은 중일관계 정상화로 인해 아무런 상처도 받지 않았다.

정일준은 제6장 “유신체제의 모순과 한미갈등: 민주주의 없는 국가안보”에서 박정희 정권의 권위주의 체제 형성에 대한 미국의 태도를 분석하고 있다. 정일준에 따르면 미국은 박정희 정권의 유신체제 수립 과정에서는 대응할 여지가 별로 없었지만, 민주주의를 희생시키며 안보를 추구한 유신체제의 작동 과정에는 적극적으로 개입해왔다는 점을 밝혔다. 남광규는 제7장 “1970년대 초 미중 데탕트와 7·4남북공동성명”에서 미중관계와 동맹관계의 재조정에 직면한 남북한은 상호 대화를 통해 ‘안보위기’를 극복하려는 한편, 이를 내부체제 단속의 수단으로 활용해 권위주의 체제를 구축했다고 지적하고 있다.

장박진은 제8장 “국교정상화 후 한일관계 형성(1966-72년)의 논리와 과정: ‘전체화’와 ‘국소화’(局所化)의 동시 전개와 관계 ‘비정상화’의 정착"에서 동북아시아 데탕트가 이데올로기 보다는 경제우선 논리를 촉진하는 계기를 제공했다고 지적하면서, 한일관계가 1965년 이후 경제적으로 사실상 '일체화'되는 경위를 밝히고 있다. 장박진에 따르면 국교정상화 과정에서 탈식민지주의를 구현하지 못한 한일관계는 이후 '국소화'와 '전체화' 과정을 통해 비정상화가 구조화 된다고 주장한다. 정태헌은 제9장 "박정희정권 시기 지식층의 대만 농정(農政) 인식과 그 변화"에서 1960-70년대 '반공국가' 한국 지식층의 이른바 '대만 경제 배우기' 인식의 실상과 그 변화를 추적하고 있다.

미완의 데탕트

1970년대 초반 동북아시아 데탕트는 지역 구성국들에겐 커다란 위기이자 기회이기도 했다. 각국은 미중화해라는 '위로부터의 데탕트'와 이와 연동된 지역 냉전의 재편에 저항 혹은 편승하면서도 긴장완화의 질서를 재구성해 나갔다. 그 결과 냉전은 이전과는 다른 모양으로 보다 안정적으로 구조화되었다.

다만, 당시 동북아시아 데탕트가 연출한 격변은 기존 냉전질서의 전면적인 개편이 아니라 오히려 현상유지의 강화를 의미했다. 데탕트를 거치면서 역설적으로 남북 분단은 더욱 고착화됐고, 양안 문제도 상당기간 해결할 수 없는 것으로 각인되었다. 미일동맹을 중심으로 한 냉전적 군사 네트워크는 거의 그대로 유지되거나 오히려 강화되었다. 이런 의미에서 40여 년 전 동북아시아를 뒤흔든 데탕트는 냉전의 재구조화이자 '미완의 데탕트'였다. 이때 구축된 데탕트 질서는 세계적 수준의 냉전이 종식되고 중국이 '부상'하는 가운데 변용을 거듭했지만 여전히 그 기본 속성을 유지하고 있다.

“

1970년대 초 동북아시아 냉전의 변용

미완의 데탕트

”

제 1 부

동북아시아 데탕트와 한반도·대만 문제

1972년 중국을 방문한 헨리 키신저 미 국가안전보장 보좌관이
저우언라이 중국 총리와 건배하고 있다.

1972년 9월 베이징에서 다나가 가쿠에이 일본총리와 저우언라이 중국총리가
국교정상화애 합의한 후 중국 인민들의 환호를 받고 있다.

1972년 2월 중국을 방문한 리처드 닉슨 미국 대통령 일행이
베이징 인근의 만리장성을 관광하고 있다.

박정희 대통령이 국궁장에서 활시위를 당기고 있다.

제1장 미중화해와 한반도 문제의 변용, 1971-73년

이동준

Ⅰ. 들어가며

냉전사에서 일반적으로 데탕트(detente)기로 불리는 1970년대 전반은 한반도 분단사에서도 중대한 전환점이었다. 이 시기 미국과 중국(중화인민공화국) 간의 화해(rapprochement)에 대해서는 지금껏 주로 대만문제를 중심으로 한 미중관계나 미중 및 소련, 일본 등 강대국 간의 세력균형의 맥락에서 설명되는 경우가 많았다. 그러나 미국과 중국이 그로부터 20년 전 한국전쟁에서 일전을 치룬 이후 한 치 양보 없는 대결국면을 전개해왔던 점을 상기하면, 양국 간의 화해는 '승패 없는 휴전'[1]으로 귀결된 한국전쟁에 대한 '중간결산'이라는 의미도 내포하고 있었다. 더욱이 미중 양국은 그동안 각각 남한 및 북한과 동맹을 맺고 남북대결의 후견인 역할을 자임해온 만큼, 상호 화해하는 과정에서는 좋든 싫든 한반도의 약소 동맹국들과 데탕트의 방향성을 공유하지 않을 수 없었다. 미중 양국이 화해 과정에서 한반도 문제에 대한 접점을 마련하기 위해 수많은 비밀협상을 전개한 이유이다.

---

* 이 글은 졸저 「米中和解と朝鮮問題, 1971-73年: 在韓米軍と正統性をめぐる攻防と協力」アジア政経学会『アジア研究』 제55권4호(2009年10月) 및 『未完の平和』(東京: 法政大学出版局, 2010年)을 수정, 가필한 것이다.

1) 1953년 7월27일 체결된 정전협정의 정식 명칭은 '국제연합군 총사령관을 일방으로 하고 조선민주주의인민공화국 최고사령관 및 중공인민지원군 사령관을 다른 일방으로 하는 한반도 군사정전에 관한 협정'이다(神谷編集代表 1976, 508-527). 정전협정상의 대부분의 조문은 사문화됐으나, 이 협정의 핵심이라고 할 수 있는 책임소재와 비무장지대, 군사경계선에 관한 규정은 여전히 유효하다(황원탁 2005, 27-28).

이 장에서는 이처럼 미중 양국이 화해하면서 전개한 한반도 문제를 둘러싼 비밀협상의 경위와 그 귀결을 역사적으로 규명하고자 한다. 미중 양국은 화해하면서 한반도 문제를 어떻게 인식하고 재규정하고자 했는가, 또 미중 양국의 한반도 문제에 대한 전략적 개입은 한반도 분단구조에 어떤 영향을 미쳤는가 등이 이 장이 추구하는 문제의식이다. 이를 통해 본 연구는 데탕트기 한반도를 둘러싼 국제정치를 한반도 분단사에서 한국전쟁 이후의 '결정적 분기점'(critical juncture)으로 재정립하고자 한다.

미중관계와 한반도 문제의 상관성에 대해서는 다수의 관련 연구가 지적해 왔지만, 그 역사적 실상에 관해서는 여전히 불명확한 부분이 많다. 최근 한국현대사에 대한 관심이 고조되면서 데탕트기에 대한 연구가 활발히 이뤄지고 있지만, 그 대부분은 한미관계 등 특정 영역에 집중되고 있다.[2] 더욱이 선행연구의 상당수는 매우 단편적인 자료에 의거한 나머지 미중화해가 한반도 문제에 커다란 영향을 미쳤다고 주장하면서도 이를 입증할 구체적 근거를 제시하지 못했다. 따라서 이 시기 한반도 문제의 동향을 종합적으로 이해하기 위해서는 무엇보다 미중 간에 전개된 한반도 문제를 둘러싼 비밀교섭 자체에 대한 체계적인 실증분석이 긴요하다. 여기서 이 장에서 활용하고 있듯이 근년 미국정부가 기밀 해제한 닉슨(Richard M. Nixon) 대통령 시기 외교문서는 유용한 참고자료가 될 수 있다.

2) 다만 기존연구 중에서도 홍석률(2001, 2004), 倉田(2005, 2006), 木宮(2005, 2006)은 미중화해기의 한반도 문제를 이해하는데 중요한 단서를 제공한다. 졸고는 특히 한반도 문제를 정통성과 안전보장의 관점에서 분석하는 과정에서 倉田의 연구로부터 많은 시사를 받았다.

Ⅱ. 미중화해와 두 가지 한반도 문제

미중관계와 한반도 문제의 상관성이란 무엇을 의미하는가. 이와 관련, 본 연구는 한반도 분단구조에 내재하는 갈등요인에 착목하여 미중화해 과정에서 쟁점으로 부상한 한반도 문제를 다음과 같이 두 가지로 정리하고자 한다. 한반도 분단구조는 일차적으로는 남북관계의 수준에서 발현되지만, 보다 구조적으로 보면 미중관계를 다른 한 축으로 하는 '관계의 연쇄' 속에서 규정되는 갈등관리기제라고 볼 수 있기 때문이다.

첫째, 주한미군으로 상징되는 안전보장 문제는 미중화해 과정에 직접적인 영향을 미친 쟁점이었다. 주지하듯이 주한미군은 한국전쟁 이후 북중동맹의 위협에 대응하는 억지력으로서 기능해왔다. 반면 중국과 북한은 주한미군을 자국 안보에 대한 직접적 위협으로 간주했고, 북한 주도의 한반도 통일을 가로막는 장애요인으로 인식해왔다. 따라서 주한미군의 주둔과 역할에 대한 전략적 양해는 미중화해를 위한 필수조건의 하나였다. 미국이 중국과 화해하기 위해선 최소한 주한미군이 중국을 견제하는 존재가 아니라는 점을 중국에 납득시킬 필요가 있었던 것이다. 그러나 주한미군을 북중 연합군, 특히 대북 억지력으로서 인식하는 한국에게 주한미군의 동요는 국가존립의 위기 그 자체였다.

둘째, 한반도 '유일합법정부'론을 둘러싼 이른바 정통성(legitimacy)의 문제이다. 분단 이후 이 쟁점을 둘러싼 남북 간의 경쟁은 다방면에 걸쳐 전개되었으나, 데탕트기에 두드러지게 부각된 것은 그 동안 한반도의 정치적·법적 정통성을 한국에만 부여하는 근거로 기능해온 이른바 '유엔 모자'(UN cap or UN helmet)의 존재를 둘러싼 공방이었다. 즉 한국전쟁 과정에서 유엔으로부터 '적성단체'(belligerent party)라는 오명을 쓰게 된 북중 양국은 미중화해와 더불어 대만을 축출하고 유엔으로부터 중국이 정통성을 획득한 여세를 몰아(중국과 유엔의 화해), 유엔한국통일부흥위원회(이하 UNCURK로 약기)와 유엔군사령부(이하 UNC로 약기)로 대변되는 '유엔 모자'를 축출하고자 했다. 그러나 미국에게 '유엔 모자'의 상실은 그때까지 향유해온 한반도에서의 한국의 '유일합법성'을 포기하는 것이자, 유엔을 앞세워 한국전쟁에 개입하고 이후 정치군사적 '정의'를 구가해온 명분과 기득권의 훼손을 의미했다. 따라서 미중화해의 과정에서는 '유엔 모자'를 둘러싼 치열한 정치적 흥정이 전개됐다.

상기한 두 가지 쟁점을 둘러싼 관계국 간의 교섭은 한반도 문제를 둘러싼 데탕트의 핵심 주제였고 동북아시아 긴장완화의 향방에도 직간접적으로 영향을 미쳤다. 이들 쟁점은 물론 서로 상대방을 배제하고 통일의 주도권을 독점하고자 했던 남북 간의 적대적 관계에서 유래하지만, 동시에 정전협정의 실질적 당사자이기도 한 미중 양국이 남북한과 동맹관계를 유지하는 한 용이하게 해소되기 어려운 '부(負)의 유산'으로서 미중관계에도 영향을 미쳤다. 때문에 미국과 중국은 화해를 모색하는 과정에서 한반도 문제가 양측이 새롭게 모색한 전략적 이익에 부합하도록, 특히 미중관계에 악영향을 미치지 않도록 관리해야 할 필요성을 공유했다. 이 같은 전략적 이해관계 속에서 미중화해를 위한 협상장에는 한반도 문제를 사전에 조정·조율하는 또 하나의 비밀교섭의 장이 마련됐다.

Ⅲ. 주한미군 역할의 전환: 억지력에서 안정자로

미중화해의 영향으로 가장 먼저 동요하는 것은 주한미군이었다. 닉슨 정권은 대중 접근과 닉슨 독트린이라는 두 개의 전략적 과제를 동시에 추구하기 위해선 우선적으로 주한미군을 조정해야 한다고 생각했다. 환언하면, 미국은 그때까지 중국의 팽창을 봉쇄하고 북중 연합군에 대한 억지(deterrence)의 수단으로서 그 역할을 규정해온 주한미군을 감축함으로써 대중 접근의 활로를 열고, 특히 이로써 베트남전쟁의 수렁에서 벗어나고자 했다. 다른 한편으로 미국은 중국에 접근함으로써 아시아 동맹국들의 대중 위협론을 완화시켜, 아시아에 대한 군사적 개입의 축소를 골자로 한 닉슨 독트린, 특히 주한미군 삭감을 위한 전략적 환경이 조성될 것으로 판단했다(クロフ 1976, 237; Ross 1993, 151). 1970년 3월 닉슨 행정부가 국가안전보장결정각서(이하, NSDM으로 약기)-48을 통해 상당한 규모의 주한미군 추가 감축을 예고하면서, 일단 주한미군 보병 1개 사단의 철수를 결정한 배경에는 대중 정책의 전환이라는 전략적 요인이 크게 작용한 것이다.

그러나 이후 미중화해와 닉슨 독트린 간의 상승작용에 의해 사실상 완전 철군의 절차를 밟았을 터였던 주한미군은 결과적으로 1971년 3월 제7사단의 철수만으로 삭감을 멈췄다. 그 원인은 무엇인가? 후술하듯이, 역설적이게도 미중화해 과정에서 주한미군에 대한 새로운 '수요'가 발생했기 때문이었다.

1. 주한미군을 둘러싼 공방과 일본 요인

1971년 7월 9일 키신저(Henry A. Kissinger) 미국 국가안보담당 대통령보좌관은 극비리에 베이징을 방문, 7월 11일까지 저우언라이(周恩來) 중국 총리와 총 6회에 걸쳐 비밀회담을 가졌다. 이 회담이야말로 미중 공조에 의한 한반도 문제 개입의 출발점이라고 할 수 있는데, 주한미군 문제는 키신저 방중 첫날밤에 열린 제1차 회담에서 바로 쟁점으로 부상했다. 저우는 중국인민지원군이 1958년 북한으로부터 완전 철수한 사실을 지적하면서 "미국의 남한 주둔 부대도 철수해야 한다"고 주한미군 철수를 요구했다(U.S. Department of State 2006: 390-391).[3] 그러나 이 회담에서 보다 주목해야 할 대목은 저우가 주한미군의 철수를 요구함과 동시에 일본의 재무장과 한반도 진출에 대한 우려를 강하게 표명했다는 점이다.

저우는 "만약 미국이 극동 지역에 주둔시키고 있는 모든 군대를 지금 당장 철수시키려 한다면 그 목적은 아시아를 지배하기 위한 극동의 전위(as your vanguard in the Far East)로서 일본을 강화하려는데 있다"고 말해 일본이 미군 철수에 따른 '힘의 공백'을 메울 가능성을 경계했다. 저우는 7월 11일의 마지막 회담에서도 일본의 자위대가 매월 한국을 방문해 군사정세를 시찰하고 있다는 구체적인 사례를 언급하면서 "일본의 군관계자는 한반도와 대만이 일본 영토가 아닌데도 잊으려하지 않는다"고 일본의 군국주의 부활에 대한 우려를 반복해서 피력했다(U.S. Department of State 2006, 449).

그러나 저우언라이가 주한미군 철수와 일본 위협론을 동시에 제기한 것은 논리적으로 자가당착의 측면이 강했다. 왜냐하면 중국이 일본의 한반도 진출을 우려하면 할수록 주한미군 철수에 대한 요구를 완화시키지 않으면 안 되었기 때문이다. 즉 미국과 중국이 적대관계를 청산한다고 전제한다면 주한미군 철수의 공백을 일본이 메우도록 방치하는 것보다도 계속해서 미군이 한국에 주둔해 일본의 한반도 진출을 막는 방파제 역할을 하는 것이 안전보장의 측면에서 중국에게 보다 유리했기 때문이다.

---

3) 1971년 키신저 방중 시의 제1차 미중 회담록은 毛里·増田監訳(2004), Burr ed.(1998)에도 수록돼 있다.

이 같은 중국의 일본 위협론에 내재하는 모순을 역이용하려는 듯이 키신저는 "만약 일본 군대가 한반도에 주둔한다면 중국은 미군이 한국에 있는 것보다 훨씬 불안해 할 것"이라고 말했다. 주일미군에 대해서도 키신저는 "그것은 패러독스를 만들어 내고 있다. 왜냐하면 미국과 일본 간의 방위 관계는 일본에 침략적인 정책을 추구하지 않도록 막고 있기 때문이다"고 말해 주일미군의 대일 봉쇄 역할을 지적했다(U.S. Department of State 2006: 450). 이처럼 동북아 주둔 미군의 이중적 역할을 강조하면서 키신저는 "주한미군 문제는 이 지역의 전반적인 관계에 의거한 것으로, 미중 양측이 국제관계의 다른 국면으로의 이행 시에 활용할 지혜에 좌우된다"고 말하는 등 중국과의 타협 가능성을 모색했다(U.S. Department of State, 2006: 390-391). 이상과 같은 키신저와 저우 간의 논의를 토대로 미 국가안보회의(NSC)는 다음과 같이 중국의 주한미군에 대한 인식을 분석했다.

> 당신(키신저)과 저우언라이의 회담록을 살펴보면 주한미군을 철수시켜야 할 긴급성을 전혀 감지할 수 없다. 저우의 주한미군 철수 요구는 일본에 의한 군사적 대체를 우려하는 것과 모순되기 때문이다. 더욱이 저우는 힘의 공백을 언급하면서 미군이 아시아에서의 안정자적 역할을 수행하고 있다는 점에 대해 수용하거나 적어도 반대하지 않았다.[4)]

이처럼 NSC가 중국의 주한미군 인식을 재평가하면서 닉슨 독트린에 기초한 닉슨 정권의 주한미군 정책도 근본적으로 흔들리기 시작했다. 그때까지 억지의 대상이었던 중국이 오히려 주한미군의 주둔을 용인한다고 한다면 그 억지 기능 자체가 사실상 무력화하기 때문이다. 단순히 군사적인 효용만을 고려한다면 주한미군은 그 존재 의의를 상실할 수

4) Memorandum for HAK from K. Wayne Smith and John Holdrige,"Chou Eun-Lai's Remarks to You in Peking about U.S. Troop Withdrawals from Korea(Sep. 21, 1971)", Box H-102, NSC Institutional Files, Nixon Presidential Materials(이하, NPM으로 약기).

밖에 없는 전략적 상황에 직면한 것이다.

다른 한편으로 당시 닉슨 정권 내에서는 키신저와 레어드(Melvin Laird) 국방장관이 닉슨 독트린의 적용을 둘러싸고 격렬한 논쟁을 전개했다. 닉슨 독트린이 아시아 동맹국들에 대한 정치적 공약을 유지하면서도 군사적 공약의 축소를 도모하는 것이라고 한다면,[5] 대체로 키신저는 전자에, 레어드는 후자에 각각 강조점을 뒀다. 이 같은 양측의 의견 대립은 주한미군 추가 삭감문제를 둘러싸고 더욱 격렬하게 전개됐다. 레어드가 '베트남전쟁의 베트남화 정책'의 연장선에서 주한미군의 추가 삭감을 지속적으로 추구한데 대해 키신저를 중심으로 한 NSC는 한국 및 일본과의 동맹관계 등 주로 정치적 이유를 내세우며 주한미군의 현상유지를 주장했다.[6]

이에 따라 키신저의 비밀 방중 직후 레어드가 NSDM-48에 기초해 1974 예산연도까지 주한미군 제2사단을 1개 여단 규모로 삭감 개편하는 계획을 발표하자, NSC는 국방부의 시도를 저지하는 것을 '가장 중요한 관료적 이익'(the most important bureaucratic benefit)으로 간주하며 강하게 브레이크를 걸었다.[7] 결국 닉슨은 NSC의 견해를 수용, 1973 예산연도까지 주한미군 1개 사단의 유지를 결정했다. 중국의 주한미군 수용론과도 맞물려 닉슨 독트린 자체가 흔들리기 시작한 셈이다. 이 같은 미국 정부 내의 동향을 의식하는 가운데 키신저는 1971년 10월 다시 중국을 방문, 주한미군에 대한 중국 지도부의 본심을 타진하게 된다.

---

5) 가령 리트와크는 닉슨 독트린을 "military retrenchment without political disengagement"라고 정의했다(Litwak 1984, 54).

6) Memorandum for the President from HAK, Subject: Secretary Laird's Proposal, Nov. 25, 1970, Box H-101, NSC Institutional Files, NPM.

7) Memorandum for Kissinger from K. Wayne Smith, "Five-Year Korea Program(Jul. 30, 1971)", Box H-227, NSC Institutional Files, NPM.

2. 접점 모색

전술한 바와 같이 저우언라이는 1971년 7월에 이뤄진 키신저와의 첫 대면에서 주한미군 철수와 일본 위협론을 동시에 제기했다. 이 같은 저우의 애매한 태도는 제2차 키신저 방중 때(1971년 10월 20일에서 26일까지)에도 반복됐다. 다만 주한미군에 대한 저우의 태도는 7월에 보였던 철수 요구와 비교하면 크게 후퇴하게 된다. 뿐만 아니라 저우는 10월 22일 제4차 회담에서는 주한미군의 주둔을 용인하는 듯한 발언조차 쏟아내었다.

> 일본 군국주의자는 한반도와 대만을 팽창을 위한 발판으로 삼고자 합니다. (중략) 중국과 미국은 함께 일본의 군대가 미군 부대의 자리를 차지하거나 한국의 미군 부대로 대체되는 것을 막고 있습니다.[8)]

이처럼 저우언라이는 주한미군 철수를 주장하기에 앞서 '일본 군국주의의 팽창'을 막기 위한 미중 협력을 역설했다. 이로써 중국이 주한미군의 급격한 철수에 의한 '힘의 공백'의 발생을 크게 우려하고 있다는 것이 보다 분명해졌다. 이를 눈치 챈 키신저는 "만약 주한미군의 목표가 한반도의 안정이나 전쟁 위험을 억제하는 것, 그리고 다른 세력이 이 지역으로 팽창하는 것을 방지하는 것이라면 미중 양국의 이해관계는 일치할 것으로 생각한다"고 말했다.[9)] 키신저의 이 발언은 주한미군을 계속해서 주둔시킬 수 있음을 중국에 타진한 것에 다름 아니었으나, 이에 대해 저우언라이는 전혀 대응하지 않음으로써 사실상 '암묵적 양해' 의사를 표명했다.

---

8) Memorandum of Conversation: Chou En-lai & Kissinger, Peking, Oct. 22, 1971, 4:15-8:28 p.m., Box 1034, NSC Files, NPM, p.6.
9) Memorandum of Conversation: Chou En-lai & Kissinger, Peking, Oct. 22, 1971, 4:15-8:28 p.m., Box 1034, NSC Files, NPM, pp. 9-10.

더욱이 키신저는 "미군이 한국에 주둔하는 한 한국이 현재의 경계선을 넘어서려는 어떠한 시도에도 협력하지 않는다는 것을 보장한다"고 밝혀 주한미군의 한국의 '북침' 억지 역할을 지적했다. 이 점에 대해서도 저우는 "미국은 종국적으로 한국에서 부대를 철수시킨다, 그리고 그 이전에 한국의 부대가 경계선을 넘어 침공하는 것을 허용하지 않는다"고 키신저의 발언을 재확인하는데 그쳤다. 이 발언 이후 저우는 주한미군 철수를 주장할 경우에는 '종국적으로' 혹은 '최종적으로'라는 매우 애매한 시간적 조건을 붙이게 됐다.

중국의 주한미군 인식은 닉슨 방중에 대비한 코뮈니케 기초(起草) 작업에도 반영됐다. 중국의 제1차 초안은 "주한미군은 완전히 철수하지 않으면 안 된다 (중략) 라는 조선민주주의인민공화국의 입장을 단호하게 지지한다"고 명기되어 있었지만.[10] 이 문구는 추가적인 교섭과정에서 완화되어 상하이 코뮈니케[11]에는 완전히 삭제됐다.

주한미군을 둘러싼 미중 간의 인식 차는 닉슨 방중을 통해 더욱 좁혀진다. 저우언라이는 1972년 2월 22일 열린 회담에서 "우리는 (닉슨) 대통령의 공식적인 정책이 장차 한국에서 최종적으로 군대를 철수할 용의가 있다는 것, 또 극동 지역의 평화에 유해하므로 일본군을 한국에는 진입시키지 않는다는 것을 알고 있다"고 말했다. 이에 대해 닉슨은 "그 교서(닉슨 독트린)에 의해 주한미군을 삭감했다. 물론 한국의 경우는 다르다. 어떤 의미에서 그것은 일본과 연결되어 있어 대만과는 다르다"(U.S. Department of State 2006, 769)고 말해 주한미군의 추가 철수 가능성조차 부인했다. 이에 대해 저우는 전혀 대응하지 않음으로써 사실상 양해의 뜻을 표명했다.

---

10) Draft Joint Communiqué First U.S. Draft, 10/22 8:00 P.M., Box 846, NSC Files, NPM.

11) Joint Communiqué between the People's Republic of China and the United States, Feb.27, 1972, Box 846, NSC Files, NPM.

3. 미중 간의 비밀 합의

주한미군에 부여된 새로운 역할에 관한 키신저의 구상은 제5차 방중(1973년 2월 15일부터 19일까지)을 통해 더욱 확고해진다. 당시 방중에서 주목되는 점은 그때까지 키신저-저우 회담에서 중국이 제기했던 일본 위협론이 모습을 감추고 그 자리를 소련 위협론이 차지했다는 것이다. 그도 그럴 것이 중국은 1972년 9월 일본과 외교관계를 정상화함으로써 일본 위협론을 상당 부분 해소했지만, 소련의 공세적인 외교·군사 노선에 대해서는 여전히 신경을 곤두세우고 있었기 때문이다.

1973년 2월 17일 열린 키신저와 마오쩌둥(毛澤東) 간의 회담은 마오가 첫머리에서 언급했듯이 "협력해서 문제아(소련을 지칭)에 대응한다"[12]는 것에 집중됐다. 마오는 "우리는 일본이 소련과의 관계를 긴밀하게 하는 것보다 미국과의 관계를 보다 좋게 하는 쪽을 희망하고 있다"고 말했다. 키신저가 회담 후 닉슨에게 보낸 보고서에서 밝혔듯이, 마오는 소련에 대항하기 위해 일본에 대한 태도를 바꾸었고 미국과 함께 일본을 "초기 단계의 동맹"으로 간주하기에 이르렀던 것이다.[13]

이처럼 마오의 전략 지침을 토대로 다음날인 2월 18일 키신저와 저우는 그때까지의 회담 가운데 가장 긴 토론을 통해 주한미군 문제에 대한 접점을 모색했다. 양측 공히 '철수에 대한 원칙'(the principle of withdrawal)이라고 칭한 이 문제의 가이드라인은 다음과 같은 3가지로 요약할 수 있다.

첫째, 중국은 주한미군에 대한 미국의 재량권을 인정했다. 저우언라이는 "미국이 주한미군을 철수시킨다는 원칙은 한반도의 인민이나 북한이 변경할 수 있는 원칙이 아니다"[14]고 명언했다. 즉 저우는 중국적

12) Memorandum of Conversation: Mao Tsetung & Kissinger, Feb. 17, 1973, 11:30 p.m.-Feb. 18, 1973, 1:20 a.m., Box 98, Henry A. Kissinger Office Files, NPM, p.6.
13) Memorandum for the President from Kissinger, Subject: My Trip to China, Mar. 2, 1973, Box 98, Henry A. Kissinger Office Files, NPM, p.16.
14) Memorandum of Conversation: Chou En-lai & Kissinger, Feb. 18, 1973, 2:43 p.m.-7:15

으로 주한미군이 철수할 것이지만 철수의 시기나 규모는 전적으로 미국의 소관사항이라는 견해를 표명했다.

둘째는 첫 번째 가이드라인의 연장선상에서 중국은 주한미군의 '단계적 철수'(gradual withdrawal)에 동의했다. 저우는 "우리는 미국이 어쨌든 점진적으로 군대를 한국으로부터 철수시키려 한다고 이해하고 있다"[15]고 말했다. 더욱이 저우는 "그 동안(주한미군이 완전히 철수할 때까지) 미국은 한국이 스스로를 지킬 수 있다는 확신을 주길 희망하고 있다"고 밝혀, 닉슨 정권이 주한미군 1개 사단을 철수시키면서 한국에 제공하기로 약속한 한국군 현대화계획에 대해서도 양해를 표명했다. 이에 대해 키신저는 "급속히 철수하는 것이 아니라 점진적으로 실현하는 것이 중요하다"고 말했다.

셋째, 그때까지의 회담에서 저우언라이가 반복해서 강조했듯이 주한미군 철수에 따른 일본 군사력의 한국 진출 가능성에 대한 우려가 표명됐다. 이와 관련 키신저는 즉각 "우리는 일본의 군대가 한국 영토에 진입하지 않도록 한다는 원칙을 지키겠다"[16]고 재확인했는데, 소련 위협론에 시달리고 있던 중국에게 일본 위협론에 대한 우려는 중요도가 상대적으로 떨어질 수밖에 없었다.

이상 언급한 3가지 가이드라인은 주한미군 문제에 대한 미중 간의 타협안이었다. 중국은 주한미군 철수라는 종래의 원칙적인 입장을 유지하면서도 실제로는 주한미군의 주둔을 당분간 용인한다는 태도를 취했다. 저우언라이는 주한미군이 급격히 철수하면 북한이 군사 도발을 도모해 소련에 한반도 문제 개입의 구실을 줄 수 있다고 우려한 것이다. 이에 대해 미국은 장차 주한미군을 철수시키겠다고 약속하면서도 자국의 판단에 따른 단계적 철수를 관철함으로써 이 문제에 대해 보다

p.m., Box 98, Henry A. Kissinger Office Files, NPM, p.44.

15) *Ibid.*

16) Memorandum of Conversation: Chou En-lai & Kissinger, Feb. 18, 1973, 2:43 p.m.-7:15 p.m., Box 98, Henry A. Kissinger Office Files, NPM, p.44.

많은 융통성을 확보하게 됐다.[17] 키신저는 주한미군 문제에 대한 저우와의 합의사항을 다음과 같이 정리했다.

> 저우언라이는 북한에 대해서도 점진적인 미군 철수를 수용하고 통일에 대해 인내심을 갖도록 설득하고 있으며, 북한도 이를 이해하기 시작했다고 말했다. (중략) 나는 주한미군의 점진적인 철수를 검토 중이지만 이는 닉슨 독트린과 한국의 방위력 강화라는 맥락에서 이뤄져야 한다고 맞섰다. 저우는 이의를 제기하지 않았다.[18]

한편 주한미군의 점진적 철수안은 미국과 중국이 1년 전인 1972년 상하이 코뮈니케에서 확인한 대만 주둔 미군에 대한 언급을 상기시킨다. 당시 중국의 대만 주둔 미군 전면철수 요구에 대해 미국은 이를 최종목표로 수용하면서도 "이 지역의 긴장이 완화됨에 따라(as the tension in the area diminishes) 상당 기간"[19]이라는 조건을 달았다. 해당 지역의 안정 수준을 고려해 점진적으로 미군을 철수시킨다는 점, 즉 미국이 철수의 원칙에 동의하고 중국이 철수시기에 대해 양보했다는 측면에서, 주한미군 문제는 상하이 코뮈니케 모델을 추종했다고 볼 수 있겠다.

4. '안정자'로서의 주한미군

5차례의 방중을 통해 확인한 중국측의 소련 위협론 및 주한미군 인식을 토대로 키신저는 대중 관계를 발전시켜 제도화하기 위해서는 강력한 미군의 아시아 주둔이 필수적이라고 닉슨에게 건의했다.

---

17) 미국 정부는 주한미군의 단계적 철수에 대한 합의가 실제로는 중국이 주한미군의 계속 주둔을 용인한 것으로 해석했다. 키신저는 "저우는 오로지 형식적으로 점진적인 철수를 선전했다(He made only a pro forma pitch for gradual U.S. withdrawal)"고 닉슨에게 보고했다. Memorandum for the President from Kissinger, Subject: My Asian Trip, Feb. 27, 1973, Box 98, Henry A. Kissinger Office Files, NPM, p.8.

18) Memorandum for the President from Kissinger, Subject: My Trip to China, Mar. 2, 1973, Box 98, Henry A. Kissinger Office Files, NPM, p.18.

19) Joint Communiqué between the People's Republic of China and the United States, Feb.27, 1972, Box 846, NSC Files, NPM.

> 중국에게 수동적인 미국은 도움이 되지 않는다. 마오쩌둥과 저우언라이는 보다 공세적인 미군을 기대하고 있다. (중략) 만약 우리가 내향적이 되면 중국은 급격하게 미국에 대한 기대를 접을 것이다.[20)]

이 같은 키신저의 전략관은 닉슨 정권이 닉슨 독트린과 NSDM-48에 의거해 추진해 온 주한미군 추가 감축계획을 철회하고, 그 역할을 전환토록 하는 중요한 계기가 된다. 1973년 3월 26일 리처드슨(Elliot L. Richardson) 신임 국방장관은 상원 군사위원회에서 주한미군의 전력 유지 방침을 천명하면서, 그 이유 중 하나로 "이 지역에 대한 소련의 진출을 우려하는 중국을 배려하는 것"[21)]이라고 말했다. 이 발언은 주한미군이 소련에 대항하는 미중 전략관계의 맥락에서 재정립되었음을 강하게 시사한다.

그러나 오히려 흥미로운 것은 소련조차도 암묵적으로 자국에 직접적으로 위협이 되지 않는 범위 내에서 중국과 일본의 잠재적 위협을 완화하는 존재로서 주한미군의 계속적 주둔을 수용하고 있었다는 사실이다.[22)] 더욱이 일본이 중국과 소련의 위협에 대한 방파제로서 주한미군의 계속 주둔을 희망해왔다는 것은 말할 나위도 없다. 요컨대 중소 관계의 악화와 데탕트의 진전에 따라 한반도를 둘러싼 모든 강대국들이 힘의 균형을 유지하기 위한 안정자로서 주한미군의 역할을 재인식하고 있었다는 점이다.[23)] 이처럼 변화한 정세를 고려해 국가안보연구각서(NSSM)-154는 주한미군의 역할에 대해 다음과 같이 재정립했다.

---

20) Memorandum for the President from Kissinger, Subject: My Trip to China, Mar. 2, 1973, Box 98, Henry A. Kissinger Office Files, NPM, p. 23.

21) 한국 외무부, "주한미군 추가삭감 연기" 『주한미군 철수(삭감) 1973』, 외교사료관 소장자료, 분류번호: 729.23, 등록번호: 6087, 2004년 공개.

22) 소련은 미국과의 회담에서는 공식적인 주장과는 달리 주한미군의 안정자 역할을 인정해왔다. Memorandum for Kissinger form the Deputy Secretary of Defense, Attached Paper, "Merits of Converting the Division in Korea to a More Mobile Configuration(Sep. 26, 1973)", Box H-069, NSC Institutional Files, NPM. 1970년대 소련의 주한미군에 대한 인식에 관해서는 Stilwell(1977), Choi(1979)을 참조할 것.

23) Memorandum for the President from NSC USC, Subject: Reexamination of the Korea Force Modernization Plan, May 30, 1973, Box 2324, Central Subject Numeric Files(이하, SN으로 약기) 1970-73, Record Group(이하, RG로 약기) 59.

> 주한미군의 역할은 군사적이면서 동시에 정치적이다. 이 군사력은 한반도 및 동북아시아 지역을 안정시키는 영향력(stabilizing influence)을 갖고 있다. (중략) 동북아시아 강대국들은 주한미군의 급격하고도 완전한 철수를 원치 않는다. 강대국들에게 주한미군은 남북 쌍방의 모험주의에 브레이크를 거는 존재이다. 데탕트기 주한미군은 중국과 소련에게 위협으로 인식되지 않는다. 주한미군이 완전히 철수하게 되면 일본은 자국 방위력의 적절성에 대해 의문을 갖게 되고, 중국과 소련은 일본의 한국에 대한 의도를 우려할 것이다. (중략) 따라서 주한미군은 동북아시아를 안정시키는 정치적 역할을 갖는다(play a stabilizing political role for the whole of Northeast Asia).[24]

이렇게 종래 북중 연합전력에 대한 억지력으로 그 역할을 규정해온 주한미군은 '적과 동지' 관계에 기초한 동맹 개념을 초월해 한반도 및 동북아시아의 안정화 및 현상유지 요인으로서 재정립되었다. 이 같은 주한미군의 역할 변화는 물론 미중화해 과정에서 중국이 주한미군에 대한 인식을 전환했기 때문에 가능했다.

데탕트에 걸맞은 새로운 역할이 주한미군에 부여됨으로써 주한미군 추가삭감 계획은 당연히 설득력을 상실하게 된다. 닉슨은 1973년 7월 31일 일본의 다나카 가쿠에이(田中角栄) 총리와의 회담에서 "우리의 목표는 안정을 촉진하는 것이다. 이는 이데올로기의 문제가 아니다. 우리는 주한미군 철수에 의해 공백이 생기는 것을 피할 것이다"[25]고 밝히면서 안정자(安定者)로서의 주한미군의 유지를 천명했다. 주한미군에 대한 닉슨 독트린의 적용은 여기서 공식적으로 중단된 셈이다.

---

24) Memorandum for Kissinger, NSSM-154: United States Policy Concerning the Korean Peninsula, Annex A "The Role of U.S. Forces(Apr. 3, 1973)", Box 14, RG 273, pp.6-7.

25) Memorandum of Conversation: Kakuei Tanaka and the President, Aug. 1, 1973, 9:30 a.m., Box 927, NSC Files, NPM, p.3.

Ⅳ. 미중화해와 '2개의 한국'

미중 양국은 정통성을 둘러싼 남북간 경쟁에도 일정한 규범을 제시하고자 했다. 키신저가 제2차 방중 직후 닉슨에게 보고했듯이, 미중화해는 미중 양국이 한반도에 있는 각각의 우방과의 관계도 서로 존중하면서, 특히 남북한 어느 쪽도 한반도 전체를 대변할 수 없다는 전제 하에 전개됐다.[26] 다시 말하면 미중 양국은 각각 상대방의 정통성을 인정함으로써 적대관계를 청산할 수 있었듯이 남북한에 대해서도 '독립된 주권국가'로서 '평화공존'(coexistence)할 것을 요구했다. 이러한 평화공존을 정착시키기 위해서는 남북 쌍방에 대한 상호승인 혹은 대등한 법적·정치적 지위의 부여는 필수불가결한 요건이었다. 여기서 한국전쟁 이래 각각 유엔의 한반도 문제에 대한 정치적 및 군사적 개입을 상징하고, 실질적으로는 한국만의 유일합법성을 지지해온 '유엔 모자', 즉 UNCURK와 UNC 등 2개 유엔기구의 해체 문제가 중대한 과제로서 부상했다.

1. UNCURK 해체에 대한 '암묵적 양해'

UNCURK 문제는 1971년 10월 키신저가 두 번째로 중국을 방문했을 때 본격적으로 거론됐다. 저우언라이는 이 회담에서 전술한 바와 같이 주한미군 문제에 대해서는 유연한 자세를 취했지만, 유엔을 무대로 한 북한의 법적 지위 문제에 대해서는 매우 민감하게 대응했다. 실제로 키신저가 베이징에 체류할 때 유엔에서는 이른바 '알바니아 결의안'이 채택되는 형식으로 중국의 유엔 복귀가 실현됐다.[27] 중국은 한국전쟁을 계기로 유엔에서 적대국 낙인이 찍힌 자국이 유엔의 승인을 받게 된 만

26) Memorandum for the President from Kissinger, "My October China Visit: Discussions of the Issues(Nov. 11, 1971)", Box 847, NSC Files, NPM, p.4.

27) 보다 정확하게 말하면 '알바니아 결의안'은 1971년 10월 25일 키신저가 저우언라이와 회담을 마치고 귀국하는 비행기에 탑승한 직후에 가결됐다(岡部 2002, 188).

큼, 같은 입장인 북한도 걸맞은 정치적·법적 대우를 받아야 한다는 입장을 취한 것이다.

저우언라이는 10월 22일 열린 제4차 회의에서 "어떻게 그들(북한)이 유엔에서의 불평등한 입장을 참을 수 있겠는가? 만약 중국이 유엔에 가입한다면 오히려 보다 많은 문제가 발생하게 될 것"이라고 북한의 법적 지위 문제를 본격적으로 제기했다. 이에 대해 키신저는 "UNCURK 문제에 대해서는 막 연구를 시작했다"고 얼버무리면서도 북한에 대해서는 다음과 같이 전향적인 의견을 피력했다.

> 만약 중국이 평등성의 문제를 고려하고 있다면 우리는 의미 있는 결론을 도출할 수 있을 것이다. (중략) 우리는 조선민주주의인민공화국이 실체로서 존재하고 있다고 인식하고 있다.[28]

키신저의 호의적인 반응에 대해 저우는 "당신이 지금 한 말은 미국이 유엔을 포함해 조선민주주의인민공화국을 법적 존재로서 국제적으로 용인한다는 뜻이다. 즉 현재와 같은 유엔에서의 상황은 존속시킬 수 없다는 것"이라고 말해 합의 도출을 시도했다. 이에 맞서 키신저는 "여기에 한국도 승인받아야 한다는 조건이 있다"고 응수했으나 저우가 "UNCURK는 폐지돼야 한다"고 계속 주장하자 "임시적인 결론을 닉슨 대통령 방중 전에 우리측 채널을 통해 전달하겠다"고 답했다[29].

이상과 같은 키신저-저우 대화록을 참고하건대 키신저는 확답을 주지는 않았으나 저우의 UNCURK 해체 요구를 대체로 수용했음을 알 수 있다. 다만 여기서 키신저가 한국에 잔존해온 또 다른 유엔의 권능, 즉 UNC에 대해서는 굳이 언급하지 않았다는 점은 주목할 만하다. 후술하듯이 미국에게 UNC 해체문제는 정전체제의 유지만이 아니라 주한 및

---

28) Memorandum of Conversation: Chou En-lai & Kissinger, Peking, Oct. 22, 1971, 4:15-8:28 p.m., Box 1034, NSC Files, NPM, pp. 10-11.

29) Memorandum of Conversation: Chou En-lai & Kissinger, Peking, Oct. 22, 1971, 4:15-8:28 p.m., Box 1034, NSC Files, NPM, p. 13.

주일미군의 운영이나 한국군에 대한 작전통제권 행사에도 영향을 미칠 수 있는 난제였다.

키신저로부터 UNCURK 해체에 대한 언질을 확보한 저우언라이는 이듬해 2월23일 열린 닉슨과의 회담에서 "UNCURK의 역할이 종료되는 날이 왔으면 좋겠다"며 미국의 최종 결정을 요구했다. 이에 대해 닉슨은 "총리가 키신저 박사에게 문제제기를 했다. 우리는 그것을 검토하고 있다"(U.S. Department of State 2006, 733)고 말해 사실상 양해 의사를 표명했다. 미국으로서는 중국이 유엔에 복귀하고, 더욱이 미국 정부 스스로 중국과 화해를 시도하고 있는 만큼 종래의 유엔 결정 자체를 수정하겠다는 의사를 표명하지 않을 수 없었던 것이다.

2. 미중 협력에 의한 유엔 토론연기

그러나 UNCURK 해체는 곧장 실행되지 않았다. 그 이유는 여러 가지가 있지만, 무엇보다 미중화해라는 '충격파'를 한반도 나름대로 흡수하는 형식으로 전개됐던 남북대화가 이른 시기에 교착상태에 빠져 남북 간의 정통성을 둘러싼 경쟁이 더욱 격렬해졌기 때문이다. 상호승인을 전제로 하는 데탕트의 진전에도 불구하고 한국은 유엔에서 자국만이 '유일합법성'을 인정받겠다는 태도를 취했고, 이에 대해 북한은 UNC와 UNCURK를 단번에 쫓아냄으로써 적어도 한국과 동등한 정통성을 확보하겠다는 입장을 더욱 노골화했다. 특히 북한에게 '유엔 모자'의 해체는 '외세 배격'이라는 명목으로 주한미군도 철수해야 한다는 국제여론을 환기시키기에 매우 유용한 카드였다.

이 같은 북한의 공세에 대해 한국정부가 일차적으로 시도한 것은 한마디로 말하면 문제회피를 통한 시간벌기였다. 이미 1968년부터 유엔에서의 한반도 문제를 자동 상정에서 '재량 상정'으로 전환시킨 한국 정부는 1972년에도 관련 토론을 회피함으로써 UNCURK의 '연명'(延命)

을 도모했다. 따라서 미국과 중국은 각각의 동맹이익을 감안하면서도 이 문제가 표면화해 진영간 충돌로 확대되지 않도록 머리를 맞댔다.

1972년 6월 22일 회담에서 저우언라이가 "UNCURK는 일방(북한)에 대한 적대행위에 다름 아니다"고 주장하면서 미국의 '지연전술'을 비난하자, 키신저는 "이 문제가 유엔에 상정되면 유엔에서 남북 간의 정통성을 둘러싼 대결이 첨예화하게 된다. 대통령 선거를 앞두고 있는 미국 정부로서도 한국을 지지하지 않을 수 없을 것"이라고 맞섰다. 이에 대해 저우는 "그다지 긴박하지 않게 된 한반도 정세를 참고할 필요가 있다"고 타협의 여지를 보이면서도, "미국과 중국은 각각 반대되는 입장을 취할 수밖에 없을 것"이라고 양보하지 않았다(U.S. Department of State 2006, 990).

UNCURK 해체를 요구하는 중국의 대미 압박은 그 후 더욱 강해졌다. 중국은 영국, 캐나다 등 서방 여러 나라에 북한측 주장에 동조하도록 설득했을 뿐 아니라 같은 해 7월 18일에는 북한을 지지하는 14개국과 함께 한반도 문제의 토론을 요구하는 각서를 유엔에 제출했다.[30] 중국의 유엔대사 황화(黃華)는 7월 26일 키신저와의 회담에서 "유엔이 한반도 문제를 지나치게 오랫동안 개입해왔다"면서 UNCURK의 즉각 해체를 요구했다. 키신저는 "반드시 1972년에 해체할 필요는 없는 것 같다"[31]고 맞섰지만 이 문제가 미중관계에 미칠 악영향을 우려하지 않을 수 없었다. 결국 황화가 1주일 후인 8월 4일 다시 UNCURK 해체를 요구하자 키신저는 미국 대통령 선거를 내세워 이 문제의 1년 연기를 요청하면서 "내년에는 UNCURK가 해체될 것"[32]이라고 타협안을 제시했다.

키신저의 이 제안을 중국은 수용했다. 같은 해 9월 19일 황화는 "중

30) telegram 2561 from USUN, "Korea in 27th UNGA: Opposition Activity(Jul. 19, 1972)", Box 2427, SN 1970-73, RG 59.

31) Memorandum of Conversation: Kissinger & Huang Hua, Jul.26, 1972, Box 329, Winston Lord Files, RG 59.

32) Memorandum of Conversation: Kissinger & Huang Hua, Aug.4, 1972, Box 329, Winston Lord Files, RG 59.

국은 보다 유연한 태도를 취해 한반도 문제를 둘러싼 유엔 토론을 11월 예정된 미 대통령 선거 이후에 이행하기로 했다"고 적힌 중국정부의 훈령을 키신저 앞에서 낭독했다. 여기서 황화은 "이 문제가 미국을 곤란하게 하고 있다는 점을 고려했다"[33]고 덧붙여 대통령 선거를 앞둔 닉슨 정권에 대한 중국의 배려라는 점을 특히 강조했다.

그러나 중국의 이 같은 행동은 북한의 양해를 얻지 못한 가운데 이뤄진 것으로 보인다. 저우언라이가 키신저에게 "북한을 지지하는 국가들이 UNCURK 해체 결의안을 자력으로 제출할 태세"(U.S. Department of State 2006, 990)라고 우려했듯이 그 후 북한은 알제리 등을 앞세워 독자적인 결의안을 제출하려 했다. 그러나 이 같은 북한의 시도에 대해 중국은 협력하지 않았다.[34] 김일성이 1972년 8월 22-25일 비밀리에 중국을 방문해 저우를 만났다는 점을 상기하면(中共中央文献研究室編 1997, 546) 북중 양국의 지도부 간에도 의견차를 좁히지 못했을 가능성이 있다. 이 점과 관련해서 미 중앙정보국(CIA)은 "결과적으로 북한은 중국의 결정을 수용했지만 중국이 '배신할' 우려를 마지막까지 불식시킬 수 없었다"고 평가했다.[35]

결국 1972년 9월 20일에 열린 제27차 유엔총회 운영위원회에서는 한반도 문제의 토론 연기안이 가결되어 UNCURK 문제는 또다시 유보됐다. 중국은 반대표를 행사했지만 별도로 반론을 전개하지는 않았다. 미 국무부는 이 같은 중국의 '암묵적 협력'을 매우 높이 평가했다. 그러나 키신저가 1973년에 UNCURK 해체를 중국에 약속한 만큼 더 이상의 시간 끌기는 불가능해졌다. 따라서 미국이 중국으로부터 양보를 얻어낸 것은 미 유엔대표부가 적절히 평가한 바와 같이 '일시적 승리'에 불과했다.[36]

---

33) Memorandum of Conversation: Kissinger & Huang Hua, Sep.19, 1972, Box 850, NSC Files, NPM.

34) telegram 3742 from USUN, "Korea in 27th UNGA: Role of North Korea(Oct. 7, 1972)", Box 2429, SN 1970-73, RG 59.

35) Staff Notes: East Asia, "The View from Pyongyang(May 15, 1975)", CIA Records Search Tool.

3. 닉슨 정권의 '유엔 모자' 대책

미국은 중국의 '암묵적 협력'을 얻으면서 1972년 유엔총회를 유리하게 이끌었지만 1973년 UNCURK 해체를 기정사실로서 간주하지 않을 수 없었다. 그러나 미 정부가 보다 신경을 곤두세운 것은 UNCURK 해체 자체가 아니라 해체 '과정'이었다. 미 정부는 UNCURK 해체가 미국의 한국전쟁 개입의 정당성조차 부정하거나, 더욱이 주한미군이나 UNC 문제에 영향을 미칠 것을 우려했다.[37] 요컨대, 미국은 UNCURK만 '조용하게' 활동을 중지시킴으로써 자국의 '명예'가 유지되기를 바랐다.

그러나 '조용한' UNCURK 해체는 매우 불투명했다. 북한은 여전히 UNCURK가 과거 한반도 문제에 대한 '부당한' 개입을 인정한 가운데 명확하게 해체(dissolve)될 것을, 여기에 UNC와 주한미군 문제에 대해서도 진지하게 따져 묻겠다는 입장을 견지했기 때문이다. 더구나 당시 북한이 WHO(세계보건기구)에 가입함으로써 한국과 같이 옵서버 자격으로 유엔총회에 참석하게 됐으므로 '유엔 모자'를 둘러싼 동서진영 간 대결의 가능성은 한층 높아졌다. 따라서 미중 양국은 이 문제에 대한 논의를 거듭하면서 UNCURK 해체 방식 등에 대한 협력을 모색했다.

1973년 2월 17일 열린 회담에서 저우언라이가 이 문제를 제기하자 키신저는 "UNCURK는 올해 하반기에는 해체될 것으로 예상된다. 우리는 한국 스스로 UNCURK 해체를 제안하는 방안을 검토하고 있다"[38]고 밝혀 UNCURK의 자발적 해체방안을 제시했다. 이에 대한 저우언라이의 반응은 매우 긍정적이었다. 저우는 "최고의 방식"이라고 평가하면서 "미국이 그 방안의 실행을 약속한다면 우리는 이 이슈가 유엔에서 심각

---

36) telegram 3439 from USUN, "Korea in 27th GA: Comment on Deferral Vote(Sep. 24, 1972)", Box 2427, SN 1970-73, RG 59.

37) Memorandum for the Secretary from Alexis Johnson, "Senior Review Group Meeting(Aug. 10, 1972)," Box 2427, SN 1970-73, RG 59.

38) Memorandum of Conversation: Chou En-lai & Kissinger, Feb. 18, 1973, 2:43 p.m.-7:15 p.m., Box 98, Henry A. Kissinger Office Files, NPM, p.44.

하게 거론되지 않도록 최선을 다하겠다"고 말했다. 키신저가 "그것은 유엔에서 토론을 피할 수 있다는 것을 의미하는가"라고 묻자 저우는 "그렇다"고 확인했다. 저우언라이의 이 답변은 중국이 북한을 포함한 사회주의권에 대해 영향력을 행사해 미국이 원하는 대로 UNCURK가 해체되도록 협력하겠다고 약속한 것에 다름 아니었다.

UNCURK가 유엔의 한국전쟁 개입의 정당성과 중국 개입의 부당성을 상징하는 존재였다는 점을 상기하면, 상기한 저우언라이의 발언은 중국으로선 결정적인 정치적 양보를 의미했다. 중국에게 '조용한' UNCURK 해체는 유엔의 한반도 문제에 대한 '부당한 판단'을 불문에 부치는 것과 같은 의미였기 때문이다. 그럼에도 불구하고 저우가 키신저의 제안에 "최선을 다하겠다"고 협력 의사를 표명한 것은 그만큼 중국이 대미 관계를 중시하고 있었음을 시사한다. 미국과 같이 중국은 UNCURK 문제로 인해 양국 관계가 훼손되는 것을 원하지 않았고, 특히 유엔에서 미중 간의 대결 국면을 만들고 싶지 않았던 것이다.

이처럼 UNCURK 문제는 해결의 방향성을 찾았으나, 다른 한편으로 UNC 문제는 복잡한 양상을 보였다. 미국에게 UNC는 한마디로 말하면 '안전보장상 절대적으로 필요하지는 않으나 중요한(significant, although not essential) 것'[39]이었다. 여기서 '절대적으로 필요하지 않다'고 평가된 것은 UNC가 국제법적으로 주한미군의 주둔에는 영향을 미치지 않기 때문이다. 즉 미국 정부는 주한미군의 경우 한미상호방위조약에 법적 근거를 두고 있고 UNC 산하 부대가 아니라는 점을 명확하게 인식하고 있었던 것이다.

그러나 유엔군사령관이 주한미군사령관을 겸하는 등 UNC와 주한미군이 사실상 일체화되어 있었던 만큼, 북한이 제기하는 '유엔 모자를 쓴 외국군'이라는 비난을 피할 수 없었다. 더군다나 UNC가 정전협정의 서

39) Kenneth Rush to Kissinger, Subject: Removing the U.N. Presence from Korea, May 29, 1973, Box 99, NSC Files, NPM, p.1.

명자라는 사실을 상기하면, UNC 해체는 서명자의 상실에 따른 정전협정의 기능 약화 혹은 정지 사태를 야기할 우려도 있었다. 더욱이 미국에게 UNC 해체는 한반도 유사시 주일미군의 출동이나 주일미군 기지의 이용 제한을 초래할 우려도 있었다.[40] 미 국무부의 그린(Marshall Green) 차관보는 UNC의 역할에 대해 다음과 같이 정리했다.

(1) UNC는 한국군에 대한 작전통제권을 행사하여 한국의 대북 공격 가능성을 봉쇄한다.
(2) 한반도 유사시 유엔 소속 제3국의 병력을 한국으로 불러 모으는 모체가 된다.
(3) 정전협정 이행을 위한 공식적 역할을 담당한다.
(4) 미국과 제3국 병력이 한국 방위를 위해 형식적인 절차 이외의 어떠한 사전협의 없이(without any more than pro forma prior consultation) 주일 기지를 사용할 수 있도록 하는 법적 조건을 제공한다.
(5) 북한의 무력 공격을 유엔에 대한 공격으로 간주하는 근거가 되어 북한을 심리적으로 압박할 수 있다.[41]

이처럼 UNC의 역할을 중시하면서 미국 정부는 일단 UNC와 UNCURK 문제를 분리해 단계적으로 대응하는 방책을 마련했다. 즉 1973년 유엔총회에서는 UNCURK만 '조용하게' 해체한 후 1974년 이후 UNC 문제에 대응하기로 한 것이다. 그러나 미 국무부의 보고서에도 자주 등장하듯이 미국 입장에서 유엔총회의 결의에 법적 근거를 두는 UNCURK는 '전술적 문제'(tactical concern)인 반면, 유엔 안보리 결의에 기초한 UNC는 '전략적 문제'(strategic concern)로서 도저히 양보할 수 없는 사안이었

40) UNC가 해체되면 '일본국내 유엔 군대의 지위에 관한 협정'(1954년 2월)이나 '한국 유사시 의사록'(이른바 '한국 밀약', 1960년 6월) 등 한반도 유사시 주일미군의 출동 및 주일 기지 이용에 관한 미일 간 및 유엔과 일본 간의 협약이 무효화될 가능성이 검토됐다. 이에 대해서는 Lee(2012)가 자세하다.

41) Memorandum for the Secretary from Marshall Green, "UN Presence in Korea,"Mar. 15, 1973, Box 328, Winston Lord File, RG 59.

다.[42] 따라서 닉슨은 1973년 8월 24일 UNCURK 해체를 허가하면서도 UNC에 대해서는 "어떠한 해체 시도도 좌절시킬 것"을 지시했다.[43] 하지만 이러한 미국의 의도에 대한 중국의 입장은 여전히 유동적이었다.

4. 미중 협력과 UNCURK의 '조용한' 해체

미국 정부는 1973년 6월 14일 한국 정부에 의한 활동정지(suspension) 작업에 이은 정식 해체(dissolution)를 골자로 하는 2단계 UNCURK 해체방안과 함께, 1974년 유엔 총회에 앞서 UNC 해체 문제를 중국과 논의하겠다는 내용을 적은 문서를 중국에 전달했다. 이어 6월 19일에는 키신저가 직접 주미 중국연락사무소 소장 황쩐(黃鎭)을 만나 이를 명기한 문서를 전달했다. 여기서 키신저는 "우리는 한국 정부에 대해 가까운 시기에 UNC 문제를 제외하고 이러한 제안의 일부를 발표하도록 권고했다"고 말해 한국에 의한 UNCURK의 자발적 해체를 재확인했다.[44]

한편 전술한 바와 같이, 키신저는 이미 1973년 2월에 UNCURK의 자발적 해체를 저우언라이에게 약속했는데, 이는 당사자인 한국의 양해하에 이뤄진 것이 아니었다. 때문에 미국 정부는 UNCURK를 포기하도록 집요하게 한국 정부를 설득했다. 이 과정에서 UNCURK의 주요 회원국이었던 호주는 UNCURK 탈퇴를 선언하며 한국을 압박했다. 결국 한국의 김용식 외무장관은 1973년 7월 12일 "유엔 회원국의 의사를 수용한다"고 밝혀 UNCURK의 자발적 해체에 동의했다.

따라서 일단 쟁점은 UNC 문제로 좁혀졌으나 중국은 미국의 UNC/UNCURK 분리 대응 방안에 대해서는 여전히 반대한다는 태도를

---

42) Memorandum for Kissinger, "Korean Question(Aug. 3, 1973)", Box 2429, SN 1970-73, RG 59.

43) Memorandum for the Secretary of State, "Strategy on the Korean Question in U.N. General Assembly(Aug. 24, 1973)", Box 99, NSC Files, NPM.

44) Handed over Jun. 14, 1974, Box 99, NSC Files, NPM; Memorandum of Conversation: Kissinger & Huang Zhen, Jun. 19, 1973, Box 328, Winston Lord Files, RG 59.

급히지 않았다. 키신저는 9월 26일 황화와의 회담에서 "UNC는 정전협정과 관련되는 문제인 만큼 과도적 조치를 취할 필요가 있다"면서 "이 문제를 적어도 1년간 보류하고 싶다"고 요청했다. 이에 대해 황화는 "UNC는 한반도 당사자 관계의 진전에 방해가 될 뿐"[45]이라고 말해 UNCURK/UNC 동시 해체 입장을 고수했다.

이처럼 미중 간 협상이 난항을 거듭하는 가운데 북한은 1973년 9월 독자적인 결의안을 자력으로 유엔에 제출하며 대결 태세를 분명히 했다. 이 결의안은 UNCURK와 UNC를 명시해 해체를 요구했을 뿐만 아니라 한국에 있는 외국군, 즉 주한미군의 철수를 주장했다. 미 국무부의 유엔 정세평가에 따르면 북한의 결의안은 한국 지지 결의안과 함께 유엔 제1위원회를 통과해, 두 결의안 모두 3분의 2 이상 동의를 요하는 '중요사항'으로 지정되어 총회에서 표결에 붙여질 가능성이 높았다.[46]

그러나 유엔에서 미중 대결이 임박해오자 중국이 타협의 신호를 보내오기 시작했다. 차오관화(喬冠華) 외교부장은 1973년 9월 퐁피두(Georges Pompidou) 프랑스 대통령에게 "중국은 한반도 문제를 둘러싸고 대립하길 원하지 않는다. 대립 상태에서 벗어나는 묘안이 있으면 수용할 것"이라고 전향적인 태도를 취했다. 중국 외교부의 한반도 담당자는 같은 해 10월 방중한 중립국감시위원회 관계자에게 "1973년 유엔 총회에서는 UNCURK 해체 이외의 변동이 있어서는 안 된다. UNC 문제는 추가적인 대책이 필요하다"고 말했다.[47]

미중 간의 의견차는 키신저의 제6차 방중 직전인 1973년 11월초 마침내 해소됐다. 황화가 미국의 스칼리(John A. Scali) 유엔대사와의 회

45) Memorandum of Conversation: Kissinger & Huang Hua, Sep. 26, 1973, Box 374, Winston Lord Files, RG 59.

46) Memorandum for the Secretary, "Korean Question in the UN General Assembly(Oct.31, 1973)", Box 2421, SN 1970-73, RG 59.

47) 한국 외무부, "최근 미국 중국에 의한 한국문제 거론 사례" 『Kissinger, Henry 미국 국무장관 중국(구 중공) 방문, 1973』, 외교사료관 소장자료, 분류번호: 722.12 US/CP, 등록번호: 5802, 2004년 공개.

담에서 대립하는 결의안을 하나로 묶기로 합의했기 때문이다. 즉, 중국 측이 당면한 제28차 유엔총회에서는 UNCURK만을 '조용히' 해체하는 것에 동의한 것이다.[48] 그러나 이 같은 중국의 행동은 또다시 북한의 양해를 얻지 못한 채 일방적으로 취해진 것이었다.

같은 해 11월11일 키신저를 맞이한 저우언라이는 "타협하게 됐다. (중략) 그러나 우리는 북한이 동원한 지지국과 토론하지 않으면 안 된다"면서 11월14일 혹은 15일로 예정된 한반도 문제의 유엔총회 상정을 연기해줄 것을 요청했다.[49] 저우의 이 요청은 미국과의 비밀 합의를 이행하기 위한 대북 설득이 실패했음을 강하게 시사한다. 저우는 "우리 측 대사(황화)가 너무 서둘러 약속해 버렸다"고 불만을 토로하면서 "소련과 그 추종세력이 방해책동을 벌일 것"이라고 우려했다. 이에 대해 키신저는 유엔대사에게 중국과의 협력에 만전을 기하도록 지시하겠다고 답했다. 여하간 이 장면은 UNCURK 해체를 둘러싼 미중 간 교섭이 정치적으로 마무리되는 순간이었다.

여기서 주목할 것은 중국이 UNCURK만이 아니라 UNC 문제에 대해서도 상당히 유연한 태도를 보였다는 점이다. 저우언라이는 11월 12일 열린 회담에서 UNC 해체에 동반하는 정전협정의 평화협정 전환 문제에 대해 "이 문제에 대한 해결책을 찾지 않으면 안 된다"면서도 "이것은 오랜 시간을 필요로 한다"[50]고 말했다. 이 같은 저우의 태도는 정전협정의 유효성을 인정하면서 UNC 해체에 앞서 '안정'을 담보하는 제도적 정비가 필요하다는 미국의 생각과도 일맥상통하는 것이었다.

중국은 UNCURK 해체에 관한 미국과의 사전합의를 이행하기 위해

---

48) Winston Lord to Kissinger, Subject: Your Trip to China, "The international Scene(Oct. 11, 1973)", Box 100, NSC Files, NPM, p.6.

49) Memorandum of Conversation: Kissinger & Chou En-lai, Nov. 11, 1973, Box 100, NSC Files, NPM, pp.35-36.

50) Memorandum of Conversation: Kissinger & Chou En-lai, Nov. 12, 1973, Box 100, NSC Files, NPM, p.17.

사회주의 진영과 제3세계권, 특히 당사자인 북한에 대한 설득 공작을 치열하게 전개했다. 중국이 구체적으로 어떻게 북한 등에 영향력을 행사했는지는 불투명하지만, 이 점과 관련해 미 국무부는 "중국은 우리와의 타협안을 관철시키기 위해 자기 능력 이상을 발휘하고 있다(overplay its hand in pressing for support for the compromise resolution)"고 평가했다.[51)]

결국 1973년 11월 21일 열린 제28차 유엔총회 제1위원회에서는 양측 의견의 절충이 시도되었고, UNC에 대해서는 일절 언급하지 않은 채 UNCURK 해체 결의안만 총회에 제출되어 만장일치로 가결됐다. 이렇게 UNCURK는 과거의 활동을 불문에 부친 채 그야말로 '조용히' 해산됐다. 한반도 문제는 매년 UNCURK가 한국의 통일정책을 지지하는 보고서를 유엔총회에 제출하는 과정에서 진영 간 대립으로 확대재생산되어 온 만큼, UNCURK 해체는 유엔의 한반도 문제에 대한 정치적 개입의 대의명분이 크게 훼손되었음을 시사했다. 다시 말하면 UNCURK가 해체됨으로써 한반도 문제는 사실상 유엔으로부터 분리되게 됐다.

한편 UNCURK가 해체되는 과정에서는 미·중·소 3각관계의 일면도 노출됐다. 당시 키신저와 저우언라이는 UNCURK 해체에 관한 미중 간의 비밀합의가 사전에 유출돼 소련이 이 문제에 개입해 방해공작을 펼칠 가능성을 크게 우려했다. 그러나 키신저는 그 1년 후인 1974년 10월 차오관화와의 회담에서 "소련인들은 UNCURK가 어떻게 그렇게 조용하게 사라졌는지 나에게 물어왔다. 소련은 아직도 우리의 이면합의 사실을 알지 못한다"고 말했다.[52)]

---

51) DOS Briefing Paper, "Korea,"undated, Box 371, Winston Lord Files, RG 59.

52) Memorandum of Conversation: Chiao Kuan Hwa & Kissinger, Oct. 4, 1974, box 331, Winston Lord Files, RG 59.

Ⅴ. 나오며

1. 미중화해와 한반도 문제

'권력정치'(power politics)가 지배한 데탕트기에 미국과 중국은 상호 화해를 시도하면서 한반도 문제를 조정, '관리'하는데 협력할 필요성을 공유했다. 이때 미중 양국이 추구한 한반도 문제의 방향성이란 키신저와 저우언라이 회담록에서도 드러나듯이 이 문제의 국지화 및 안정화였다. 국지화란 한반도 문제가 미중관계에 장애요인이 되지 않도록 이 문제를 당사자 간의 문제로 국한시키는 것을 의미했고, 안정화란 이 문제의 국지화를 실현하기 위해 한반도의 긴장완화를 모색하는 것을 의미했다. 미중 양국은 이러한 전략적 이해를 공유하면서 '한반도를 둘러싼 미중협조체제'(U.S. and China Concert of Korean Peninsula)라고도 부를 수 있는 위기관리시스템을 구축해 나갔다. 이는 사실상 한반도 문제가 이전과는 다른 새로운 구조적 조건에서 전개된다는 것을 의미했다.

우선 미중화해는 한반도 안정화를 위한 물리적 요인인 주한미군의 역할을 재규정했다. 당초 닉슨 정권은 NSDM-48에 기초해 보병 1개 사단을 철수시킨 후 주한미군의 추가적인 대폭 삭감을 모색했지만, 이 계획은 미중화해 과정에서 중단됐다. 왜냐하면 중국이 주한미군을 자국의 안전보장에 위협이 되는 존재가 아니라 일본이나 소련의 한반도 진출이나 관여를 억제하는 역할을 수행하는 것으로 재인식했기 때문이다. 중국의 양해 하에 닉슨 정권은 주한미군 추가삭감계획을 철회하는 한편, 그 역할을 한반도 및 동북아시아의 안정자로서 재정의한다. 안정자로서의 주한미군은 지역의 불안정을 야기할 수 있는 남북 양측의 무모한 군사행동을 억제하는 한편, 한반도에서의 '힘의 공백'을 메움으로써 주변 강대국 간의 세력균형을 유지, 궁극적으로 지역 전체의 안정을 도모하는 역할을 맡는 것으로 재설정되었다. 요컨대, 주한미군은 미중 화해의 결과, 순수한 군사적인 맥락을 넘어 동아시아 지역 전체의 불안정 요인을 통제하는 정치적 '공공재'로서 재정립된 것이다. 그러나 남북한 당사자의 관점에서 보면, 안정자로서의 주한미군의 계속적 주둔은 군사적 수단에 의한 통일이라는 전략적 의도의 좌절과 분단체제의 실질적인 동결을 의미했다.

실제로 주한미군의 부분감축이 한반도 정세에 미친 영향은 지대했다. 1971년 3월 주한미군 제7사단이 철수한데 이어 제2사단이 후방으로 재배치되어 그 작전지역을 한국군이 접수함으로써 동서 약 250㎞에 이르는 군사분계선(MDL)은 한국전쟁 이후 처음으로 남북한 군대만의 대치선이 되었다. 국지화한 군사분계선은 정전체제의 국지화와 안정화를 촉진하는 물리적 기반을 제공했다.

또 하나 중요한 포인트는 미중이 화해하면서 정통성을 둘러싼 남북간 경쟁에 대해 일정한 규범을 제시한 것이다. 한마디로 말하면 이는 한반도에 '두개의 한국'이 존재함을 관련국 모두가 실질적으로 인정하는 과정이었다. 중국은 공식적으로는 '하나의 중국' 원칙에 의거해 북한 주도의 '하나의 조선'을 지지했지만, 그렇다고 한미동맹과 한국의 존재를 부정하지 않았다. 미국도 대중관계의 진전과 한반도의 긴장완화를 촉진하기 위해서는 북한의 정치적 지위를 인정하는 것이 불가피하다고 생각했다. 이 같은 상호간 전략적 이해의 공유를 토대로, 미중 양국은 그때까지 한반도에서의 정통성의 불균형을 초래하는 원인으로 지적되어왔던, 즉 한국에만 한반도 '유일합법정부'라는 의미의 정통성을 부여하는 근거로 기능해왔던 '유엔 모자'를 제거하는 데 협력했다. 그 상징적인 조치가 1973년 유엔총회에서 UNCURK를 '조용하게' 해체한 것이다.

UNCURK의 해체는 또 다른 '유엔 모자', 즉 UNC 해체 문제와 연동되어 복잡한 양상을 띠었지만, 결과적으로 중국은 '조용한' UNCURK 해체라는 미국과의 사전합의를 지키기 위해 사회주의 진영과 제3세계권, 특히 당사자인 북한에 대한 설득 공작을 적극적으로 전개했다. 중국에게 있어 '조용한' UNCURK 해체는 유엔에 의한 과거의 '부당한 결정'을 불문에 부쳤다는 의미에서 커다란 정치적 양보였다. 이는 그만큼 중국이 미국과의 전략적 관계를 중시했다는 것을 의미한다. 여하 간에 한국전쟁 이후 한국의 통일 방안과 유일합법성을 정치적으로 지지하는 국제법적 실체로서 기능해온 UNCURK의 해체는 한반도에 '정통성이 있는 두 개의 국가'가 존재한다는 사실을 국제적으로 승인한 것에 다름 아니었다. UNCURK 해체는 유엔의 한반도 문제에 대한 정치적 개입의 명분을 크게 훼손, 한반도 문제의 국지화를 더욱 촉진하는 계기가 된다.

2. 남북관계의 변화

한편 남북 쌍방의 정권 담당자에게 미중화해라는 '위로부터의 데탕트'는 상위 동맹국인 미국 및 중국과의 관계를 재조정하고 자율성을 강화할 수 있는 기회였다. 그러나 다른 한편으로 남북한이 각각 '닉슨 쇼크'와 '저우언라이 쇼크'로 받아들였듯이, 오히려 그 상황은 상위 동맹국으로부터 남북한이 방기될 수도 있는 위기를 의미했다. 남북 쌍방이 미중접근에 대한 즉자적 대응수단으로 긴장완화와 대화를 모색한 것은 동맹의 배신행위에 의해 발생할 수 있는 정권 및 체제 리스크를 회피하기 위한 차선의 선택이었다고 평가할 수 있다.

이 같은 맥락에서 남북 쌍방이 분단 이후 처음으로 정치적 대등성에 입각해 한반도 문제의 당사자 해결에 대한 의욕을 표방한 1972년의 '7·4남북공동선명'은 그로부터 5개월 전에 민족자결을 주창한 미중 간의 상하이 코뮈니케의 '한반도 버전'이라고 평가할 수 있겠다. 다른 한편으로 이 성명에서 '조국통일원칙'의 제1 항목으로 제시된 '자주'는 후원자인 상위 동맹국에 대한 남북한 양측의 불신이 공명(共鳴)한 결과라고 이해할 수 있다. 여기에서 우리는 각각의 동맹관계 이완에 대한 우려와 더불어, 강대국 간의 전략적 흥정에 의해 자신의 운명이 결정·관리되는 사태를 경계하겠다는 남북한의 '결의'를 읽을 수 있다.

물론 남북한 쌍방이 처음으로 정치적 존재를 상호 인정하고 '공존의 원칙'을 만들어낸 것은 분단 이후 대립구조 속에서는 존재하지 않았던 발상이었다. '7·4남북공동성명'은 지금까지도 민족통일에 대한 열정과 목표의 표상으로 자리 잡고 있다. 이 성명을 발판으로 남북한은 사실상 '정부 간' 합의인 1990년 12월의 남북기본합의서와 사실상 '국가 간' 회담에 해당하는 2000년 6월의 남북정상회담으로 상징되는, '공존'과 통일을 향한 상호관계를 점차 발전시킬 수 있었다. 남북관계는 미중화해 과정에서 도출된 미중 간의 한반도 문제를 둘러싼 접점을 실질적으로 수용하는 방향으로, 다시 말하면 '대화 없는 대결'에서 '대화 있는 대결'로 변모해 갔다.

그럼에도 불구하고 당시 남북한 양측이 합의한 '자주'는 미중화해에 대한 반작용적 선택의 성격이 강했기 때문에 지속력에 한계가 있었다. 북한은 여전히 남조선혁명 노선을 포기하지 않았고, 남한은 당분간 경제 분야를 중심으로 한 기능주의적 교류를 고집함으로써 자국 주도의 통일을 쟁취하는 시간과 수단을 확보코자 했다. 이 시기 남북한 간의 국력(특히 1인당 GNP)이 거의 균형에 도달한 점도 한 치 양보 없는 '적자생존' 경쟁을 부추기는 요인으로 작용했다.

7·4남북공동성명을 발표한 지 5개월 후 남북한 쌍방이 각각 조국통일을 내세워 '유신체제'와 '유일체제'라는 전대미문의 권위주의 체제를 거의 동시에 구축한 것은 미중화해에 따른 대립구조의 변화에 대응하기 위한 국내체제의 정비이면서, 동시에 '동상이몽'의 야욕을 상호 차단하는 새로운 '장벽의 구축'을 의미했다. 이 같은 '적대적인 쌍둥이 권위주의 체제'의 등장은 '두 개의 민족적 정통 국가'의 의제(擬制)를 구체화하고, 분단구조를 더욱 고착화했다. 물론 남북한 쌍방의 권위주의 체제화

는 미중화해가 낳은 한반도 문제의 국지화라는 외적 요인을 남북한 정권담당자들이 국내정치적으로 이용한 결과로 볼 수 있겠지만, 이는 어디까지나 미중이 의도했던 분단구조의 안정화라는 전략적 범주 안에서 벌어진 일이었다.

3. 동북아시아 데탕트의 뒤틀림

그렇다고 '한반도를 둘러싼 미중협조체제'가 이후 확고한 갈등관리기제로서 안착한 것은 아니었다. 한반도 문제를 둘러싼 미중의 전략적 협력은 각각의 동맹 간의 데탕트와 안전보장에 대한 인식차를 심화시켰을 뿐 아니라, 이에 대한 남북한 쌍방의 대응이 완전히 다른 방향으로 전개됨으로써, 결과적으로 미중이 기대했던 한반도 문제의 안정화와 국지화는 왜곡되고 만다. 1973년 6월 남북한이 각각 표방한 '두개의 6·23선언'이 말해주듯이, 남한은 미중의 한반도 문제 개입과 '두개의 한국'이라는 현실을 수용함으로써 스스로의 안전보장과 정통성을 확보하려 한 반면, 북한은 미중관계와 남북관계의 진전이 주한미군의 철수를 촉진시키기는커녕 분단의 고착화를 강화하는 방향으로 진행되자 크게 반발했다.

미중화해에 의한 대립구조의 국지화는 한반도 정세의 안정화에 기여했지만, 이는 동시에 한반도에 대한 미중의 전략적 의도와 통일의 주도권을 둘러싸고 경쟁하는 남북한 당사자의 인식 사이에 심각한 갈등을 노정했다. 당초 주한미군 1개 사단이 철수하자 닉슨 독트린의 적용을 둘러싸고 한미동맹에 심각한 균열이 발생했고, 남한은 이를 돌파하는 방편으로 북한과 대화에 나섰다. 그러나 미중 간 전략적 관계가 구축되어 주한미군이 오히려 '안정자'로서 계속 주둔하게 되자 이번에는 북중동맹에서 주한미군에 대한 중대한 인식차가 발생, 안보 및 위협의식을 둘러싼 갈등이 표면화했다. 북한은 중국이 대만문제와 마찬가지로 주한미군 문제에 대해서도 미국을 강하게 압박할 것을 기대했지만, 중국의 지도자들은 주한미군 철수를 주장하면서도 '조선반도의 평화와 안정'이라는 상투적인 전제조건을 보태는 것을 잊지 않았다.

북한이 1974년 3월 북미 평화협정을 제안한 것은 중국의 대미정책에 대한 불신감의 발로에 다름 아니었다. 이 같은 북한의 '역공'은 7·4남북공동선언에 명문화된 '자주', 즉 한반도 문제의 국지화가 이미 효용을 상실했음을 시사했다. 북한은 그때까지 불문에 부쳐왔던 한국군에 대한 작전통제권이 한국전쟁 중 미군에 이양된 사실, 한국군이 정전협정에 서명하지 않은 점 등을 제기하며 한반도 문제에 대한 남한의 당사자 능력을 부정하기에 이르렀다. 북한은 중국과 북베트남처럼 미국과 직접 담판을 통해 스스로 안보 불안을 해소하는 것을 목표로 하는 한편, 이를 통해 한미동맹을 교란해 남한을 고립시키려 했다. 이를테면 한국전쟁 이래의 '통남봉미(通南封美)에서 '통미봉남(通美封南) 전략으로의 전환을 꾀한 것이다.

남북관계의 악화는 부메랑이 되어 미중관계에 투영되었다. 북한이 한국전쟁의 전후처리 방안으로 북미 평화협정을 제기한 이상, 정전협정 관계국인 미중 양국은 이에 대응하지 않을 수 없었다. 그러나 한반도 문제에 대한 미중의 '공동 영향력' 행사는 1974년 이후 현저해진 양국관계의 침체와 더불어 점점 한계점에 봉착하게 된다. 이 시기 미중은 양국 간의 전략적 이익을 중시하면서도 어떻게든 동맹이익을 보전하겠다는 자세를 취했다. 중국은 대미관계의 악화를 우려하면서도 미국과 직접 담판을 요구하는 북한을 지원했는가 하면, 미국이 NSDM-251를 통해 마련한 주한미군의 주둔과 정전체제의 유지를 사실상 양립시킨 한반도 안정화 방안을 끝내 수용하지 않았다. 이로써 미국과 중국은 1974년과 1975년 유엔총회에서 각각의 동맹이익을 대변해 정면 대결했다.

4. '적대적 협력관계'로서의 미중관계

그럼에도 불구하고 이 시기 한반도 문제를 둘러싼 미중 대결은 '한미 vs. 북중'의 대립구조 하에서 전개됐던 한국전쟁 이래의 미중대결과는 본질적으로 다른 것이었다. 미중은 겉으로는 각각 남한과 북한을 감싸면서 대결자세를 취했으나, 무대 뒤에서는 지속적으로 비밀협상을 전개하며 정전체제의 동요를 막고자 했기 때문이다. 남북대화라는 '소(小) 데탕트'는 조기에 막을 내렸으나, 한반도 문제를 둘러싼 미중 간의 전략대화는 우여곡절을 겪으면서도 유지된 것이다. 사실 한반도 문제는 이 같은 미국과 중국의 물밑 교섭을 통해 조금씩 재규정되어 갔다.

1975년 유엔총회에서 상반되는 양측의 결의안이 동시에 채택되는 '이변'이 연출된 것은 물론 미중대결의 결과였지만, 다른 측면에서 보면 이는 미중 간의 '전략적 타협'의 산물이었다. 미중이 각각 동맹이익을 내세워 정면 대결한 끝에 유엔총회가 채택한 '이중(二重)의 결의'는 역설적으로 한반도에서 두 개의 적대적인 합법정부를 승인하고 안전보장상 최대쟁점이었던 주한미군 문제를 사실상 무기한 동결시키는, 그야말로 미중 양국이 기대한 한반도 현상유지책에 다름 아니었기 때문이다.

실제로 차오관화 중국 외교부장이 갈파했듯이, 1974년과 1975년 한반도 문제를 둘러싼 미중 대결의 실상은 '절반은 실제사격(real cannon), 절반은 공포사격(empty cannon)'[53]으로 포연만 자욱한 '한바탕 쇼'였다. 미중은 UNC의 구체적인 해체 방안에는 이견을 보였으나, 정전체제의 안정화라는 전략목표와 '안정자'로서의 주한미군의 계속 주둔에 대해서는 이견이 없었기 때문이다. 한반도 안정이라는 전략적 이익을 공유하면서도 상호간 동맹이익을 존중해 그 협력의 한계조차 인정한다는

53) Memorandum of Conversation: Chiao Kuan-Hua and Henry A. Kissinger, September 28, 1975, 8:10 p.m.-11:55 p.m., Box 374, Winston Lord Files, RG 59, p.2.

의미에서, 한반도 문제를 둘러싼 미중관계는 '적대적 협력관계'(antagonistic cooperation relation)로 특징지을 수 있을 것이다.

그 연장선상에서 키신저의 1975년 유엔총회 연설은 미중 간 '물밑 협상'에 의거해 정전체제를 평화체제로 전환하기 위한 장기적 플랜을 제시한 것으로 평가할 수 있다. 남북관계의 개선을 도모하면서 단계적으로 정치회담을 개최하는 구상을 제시한 것으로 유명한 이 연설의 핵심은 다름 아닌 정전체제의 안정화였다. 키신저가 제안한 '남·북→남·북·미·중→ 남·북·미·중·일·러'(2→4→6)의 동심원적 다국간 정치협상의 구조는 1991년 12월 채택된 남북기본합의서와 그 후 4자회담, 2003년 이후 6자회담을 통해 구체화되어 갔다. 하지만 이러한 키신저 구상의 이면에는 상당기간 통일이라는 급격한 '현상타파'를 도모해서는 안 된다는 미중 양국의 전략적 판단이 자리 잡고 있었다.

이처럼 미중의 의도는 한반도 분단구조의 해소가 아니라, 분단구조의 안정화, 고착화를 더욱 촉진해 통일문제의 해결을 반영구적으로 지연시켰다. 닉슨과 마오쩌둥 간 대화록을 통해서도 확인할 수 있듯이, 미중의 관심은 오히려 '제2의 한국전쟁'에 휘말리지 않겠다는 것, 한반도가 분단된 채 평화로운 지역(peacefully divided region)으로 유지되는 것, 더욱이 이 과정에서 한반도 문제에 대한 양국의 영향력을 계속 유지하는 데 있었다. 이는 키신저가 19세기 초 유럽의 세력균형체제를 지탱하는 구조로서 중시했던 '정통성 질서'(legitimate order)(Kissinger 1957(a), 1-2, 144-145; idem 1957(b), 316-321)가 한반도에 투영된 것이라고도 말할 수 있겠다.

5. 한반도를 둘러싼 미중 협조체제

이는 또한 미중 간 적절한 견제와 협력을 골자로 하는 '한반도를 둘러싼 미중 협조체제'라는 새로운 현실정치 구조의 탄생을 반증한다. 한반도를 둘러싼 이 새로운 위기관리시스템은 '제2의 한국전쟁'과 '분쟁의 국제화' 가능성을 원천적으로 차단했고, 이로써 미중관계도 안정을 기할 수 있었다. 미중이 각각의 약소 동맹국에 대한 공약을 유지하면서도 한반도의 안정을 공동으로 담보하는 이 체제는 남북 쌍방에 넘어서는 안 될 라인을 강제함으로써 남북관계의 안정을 요구해왔다. 한반도 분단구조는 남북간의 대립과 경쟁을 동반하면서도 미중의 전략적 이해관계 안에서 적절하게 통제, 관리되어지는 체제로 재편된 것이다. 그러나 분단된 한반도의 관점에서 보면, 분단체제가 이 시기 미중의 현상유지책에 의해 의제적(擬制的) 안정을 강요당했다고 말할 수도 있을 것이다.

물론 미중의 한반도 문제에 대한 공동개입으로 인해 당사자인 남북한 간 정통성 및 안전보장을 둘러싼 경쟁이 종결된 것은 아니다. 이후에도 남북한 쌍방은 뒤질세라 미중의 영향력으로부터 탈피해 자율성을 제고하려 하는 한편, 안전보장의 측면에서 우위에 서기 위해 각각 군비를 확충하고, 정통성을 둘러싼 경쟁에서도 결코 물러서지 않았다. 그러나 이 같은 남북한 쌍방 간 대립과 경쟁은 적어도 미중화해 이후에 구축된 새로운 '게임의 룰'의 테두리 안에서 이루어졌으며, 사실상 '산업화 경쟁' 혹은 체제 간 '효율성을 둘러싼 전쟁 없는 무한경쟁'으로 수렴되어갔다.

남한의 박정희 정권은 국내 통제를 강화하면서 수출지향적인 경제성장에 몰두했고, 북한의 김일성 정권은 1974년 '사회주의 대건설'이라는 슬로건 하에서 그때까지 가건물이 많았던 평양에 대규모 건축물을 차례차례 짓기 시작했다. 미중화해 이전까지 상대의 존재조차 부정하는 '배타적 통일관'에 사로잡혀 있던 남북한 쌍방은 이 시기 공식적으로 주창해온 '통일'에의 열망과는 달리, 실질적으로는 '두 개의 한국'의 '공존'을 현실적인 소요조건으로 수용한 가운데 체재경쟁을 본격적으로 개시한 것이다.

이는 이념적 편집증과 민족주의의 논리가 약화된 증거이자, 미중의 전략적 의도와 한반도를 둘러싼 구조적 조건이 바뀌지 않는 한 일방적

통일은 불가능하다는 현실인식의 반영이었다. 이는 또한 한반도라는 권력정치가 교차하는 지정학적 공간 속으로 '긴 평화'(Gaddis 1987)와 '극단의 시대'(Hobsbawm 1994)가 이중적으로 투사되는 과정이었다. 데탕트기에 전개된 미중화해와 남북대화, 미중 비밀협상이라는 '세 가지 드라마'를 통해 한반도 분단구조는 이전보다 훨씬 공고해졌고, 탈냉전 후 새로운 불안정요인을 내재하면서도 그 기본 속성을 유지하고 있다.

참고문헌

1차 자료

Nixon Presidential Materials(NPM) & Central Subject Numeric Files 1970–73, Record Group 59, The U.S. National Archives and Records Administration.

한국 외교부 1973년 작성 외교문서, 외교사료관.

2차 자료

Burr, William ed. 1998. *The Kissinger Transcripts: The Top–Secret Talks With Beijing and Moscow*. New York: The New Press.

Choi, Chang–Yoon. 1979. "Soviet Reactions to the Withdrawal of U.S. Forces from Korea". *Korea Observer* Vol. 10, No. 4, pp.367–389.

Gaddis, John Lewis. 1987. *The Long Peace: Inquires into the History of the Cold War*. New York: Oxford Univ. Press.

Hobsbawm, Eric J. 1994. *Age of Extremes: the Short Twentieth Century, 1914–1991*. London: Michael Joseph.

Kissinger, Henry A. 1957(a). *A World Restored: Metternich, Castlereagh and the Problems of Peace, 1812–22*. Boston : Houghton Mifflin.

Kissinger, Henry A. 1957(b). *Nuclear Weapons and Foreign Policy*. New York: Harper & Brothers.

Lee, Dongjun. 2012. "From the Secret 'Korean Minute' to the Open 'Korea Clause': The United States and Japan and the Security of the Republic of Korea". *Asian Perspective* Vol. 36, No. 1, pp. 123–145.

Litwak, Robert S. 1984. *Detente and the Nixon Doctrine: American Foreign Policy and the Pursuit of Stability, 1969–1976*. Cambridge: Cambridge University Press.

Ross, Robert S. 1993. "U.S. Policy Toward China: The Strategic Context and the Policy-making Process". in Ross, Robert S. ed., *China, The United States, and The Soviet Union: Tripolarity and Policy Making in the Cold War*. Armonk, New York: M.E. Sharpe.

Stilwell, Richard G. 1977. "The Need for U.S. Ground Forces in Korea". *AEI Defense Review*. No. 2, pp. 14-28.

U.S. Department of State. 2006. *Foreign Relations of the United States 1969-76, China 1969-72* Vol. 17, Washington D.C.: U.S. Government Printing Office.

中共中央文献研究室編. 1997.『周恩来年譜』下巻. 北京： 中央文献出版社.

岡部達味. 2002.『中国の対外戦略』. 東京: 東京大学出版会.

神谷不二編. 1976.『朝鮮問題戦後資料(第1巻)』. 東京: 日本国際問題研究所.

木宮正史. 2005.「韓国外交のダイナミズム: 特に一九七〇年代初頭の変化を中心に」. 小此木政夫·張達重編『日韓共同研究叢書14 戦後日韓関係の展開』. 東京: 慶應義塾大学出版会), pp. 35-73.

______. 2006.「朝鮮半島冷戦の展開: グローバル冷戦との『乖離』, 同盟内政治との連携」.『アジア研究』Vol.52, No.2. pp. 16-25.

倉田秀也. 2005.「朝鮮半島平和体制樹立問題と米国」. 山本吉宣編『アジア太平洋の安全保障とアメリカ』. 東京: 彩流社, pp. 151-176.

______. 2006.「米中接近と韓国」. 増田弘編『ニクソン訪中と冷戦構造の変容』. 東京: 慶応義塾大学出版会), pp. 153-179.

毛里和子·増田弘監訳. 2004.『周恩来·キッシンジャー秘密会談録』. 東京: 岩波書店.

ラルフ·N.クロフ. 1976.『米国のアジア戦略と日本』(桃井真訳, 原著は1975年). 東京: オリエント書房.

李東俊. 2008.「韓米日安保体制の歴史的展開と『国連の権能』: 1950-70年代における米国の対日及び国連軍司令部政策を中心にして」. 現代日本学会『日本研究論叢』第28巻, pp. 83-113.

______.「米中和解と朝鮮問題、1971-73年: 在韓米軍と正統性をめぐる攻

防と協力」. アジア政経学会『アジア研究』第55巻4号, pp. 1－19

______. 2010.『未完の平和: 米中和解と朝鮮問題の変容, 1969－1975年』. 東京: 法政大学出版局.

황원탁. 2006.「停戰協定의 대체 이후 韓國防衛體制에 관한 연구: 同盟結束理論을 중심으로」. 단국대학교 박사학위논문.

홍석률. 2001.「1970년대 전반 동북아 데탕트와 한국 통일문제: 미중 간의 한국문제에 대한 비밀협상을 중심으로」. 한국사연구회『역사와 현실』 통권 42호. pp. 207－241.

______.「1970년대 전반 북미관계: 남북대화, 미중관계 개선과의 관련 하에서」. 한국국제정치학회『국제정치논총』제44집2호. pp. 29－54.

제2장 중일 국교정상화와 대만 문제, 1971-72년

이노우에 마사야(井上正也)

Ⅰ. 들어가며

대만 문제는 오늘날 중국과 일본 관계에서 잠재적인 분쟁 요인이다. 중화인민공화국(중국)이 대만을 본토와 불가분의 부분으로 간주하는 한 대만의 국제법적 지위는 계속해서 불확실할 수밖에 없다. 이에 대해 일본정부는 대만해협을 미일 동맹체제 하에서 일본의 평화와 안전에 미치는 영향이 지대하다는 인식을 견지해 왔다.

현재의 대만 문제의 기원은 중국과 일본이 1972년 9월 29일 외교관계를 정상화한 당시로 거슬러 올라간다. 당시 중일 양국은 공동성명에서 대만 문제에 대해 다음과 같이 각각의 입장을 피력했다.

> 중화인민공화국 정부는 대만이 중화인민공화국 영토의 불가분의 일부임을 거듭 표명한다. 일본국 정부는 이러한 중화인민공화국 정부의 입장을 충분히 이해하고 존중하며, 포츠담선언 제8조에 기초한 입장을 견지한다.[1)]

중일 국교정상화의 결과, 일본정부는 그때까지 유지해왔던 중화민국(대만)과의 외교관계를 중단할 수밖에 없었지만, 대만과의 실질적인 관계는 유지할 수 있었다.

---

1) Joint Communiqué of the Government of Japan and the Government of the People's Republic of China, September 29, 1972.

전후 중일관계에서 대만 문제는 가장 민감한 이슈였다. 중국 지도자들은 대만은 본토와 분리할 수 없는 일부라는 기본입장에서 한 치도 양보할 수 없다고 끊임없이 주장해왔다. 따라서 중일 국교정상화 교섭에서 일본은 기존의 일본-대만 관계에는 실질적으로 상처를 입히지 않으면서도 중국의 입장을 수용하는 타협안을 마련하는데 심각하게 고민해야만 했다.

중일 국교정상화 과정에 대한 연구의 대부분은(가령, Ogata 1988; Soeya 1998) 당시 일본총리였던 다나카 가쿠에이(田中角榮)의 정치적 리더십을 강조해왔다. 기실 대만과 관계를 단절한 다나카의 단호한 결정은 중일 화해를 가능케 한 필수불가결한 요소였다. 때문에 중일 국교정상화는 정치적 리더십이 주도한 외교의 전형적인 예로서 흔히 거론된다(早坂 1987; 中野 1982).

그러나 중일 국교정상화를 목표로 한 다나카의 '정치적 리더십'과 이니셔티브는 언론보도와 다나카의 측근들에 의해 과장된 측면도 강한 것으로 보인다. 광범위한 인터뷰와 외교사료를 토대로 이루어진 최근 중일 국교정상화 관련 연구는 일본정부의 대만 문제에 대한 정책변경 과정과 중국과 교섭에 임한 일본 외무성의 역할을 생생하게 보여준다(井上 2010; 服部 2011).

이 장에서는 전후 중일관계에서 아마도 가장 중요했던 1971년 7월의 '닉슨 쇼크'(키신저의 역사적인 중국 방문)를 전후한 시점에 초점을 맞추어 이 시기에 대만 문제에 대한 일본정부의 정책이 어떻게 변화해 중일 국교교섭이 궤도에 오르게 됐는지를 일본 외무성의 관점에서 살펴보고자 한다. 몇몇 기존 연구는 중일 국교정상화 과정에서 일본정부가 대만의 안전보장이나 아시아에서의 '힘의 균형' 문제를 등한시했다고 지적하면서 일본의 대중 접근을 미중 화해에 자극받은 '베이징 돌진(突進)'으로 평가절하했다(岡崎·中嶋 1996, 33; 岡崎 2008, 47-62). 하지만 최근 공개된 외교사료는 이 같은 주장을 반박하고 있다. 이들 외교사료는 일본정부가 중국과의 국교정상화 후에도 대만과 실무적인 관계를 유지하기 위해 얼마나 고심했고, 특히 중국 본토에 의한 대만 영유권 주장으로 이어질 수 있는 대만의 법적 지위를 결정하는 것을 조심스럽게 회피하고자 했음을 보여주고 있다. 따라서 이 장은 일본정부가 중국과의 국교정상화 교섭 과정에서 어떻게 대만 문제에 대한 타협안을 구상하고 만들어나갔는지를 사료실증적으로 규명하는 것을 목표로 한다.[2)]

본론에 들어가기에 앞서 이 장에서 활용한 기초 자료에 관해 간단히 언급하고자 한다. 이 글은 최근 일본 정보공개법에 의해 기밀 해제된 외무성 문서를 활용했다. 2001년 정보공개법의 시행에 의해 일본 외무성은 1972년 중일 정상회담과 외무장관회담과 관련된 기록(관련 자료는 2003년에 출판되었다(石井 등 편))을 모두 기밀 해제했다. 더욱이 필자는 1960년대에 생산된 중일관계 관련 외무성 문서에도 접근할 수 있었고, 전직 외무성 관리들과 인터뷰를 통해 공식 외교문서에 존재할 수 있는 사료적 간극을 어느 정도 메울 수도 있었다. 지난 10여 년간 치열하게 전개된 정보공개 요청 활동의 결과 일본 외교문서가 대거 공개됐고, 이로써 우리는 전후 일본 외교의 보다 완전하고 신뢰할 수 있는 모습을 파악할 수 있게 됐다.

---

2) 미중화해 과정에서 대두된 대만 문제에 대해서는 양측의 타협안을 추적하는 관점에서 이뤄진 Accinelli(2005, 9-55)의 연구를 참조할 만하다.

Ⅱ. 사토 정부의 대중 접근 실패

'동아시아 냉전'은 한국전쟁에 이은 20년간의 미중 대결구도로 전개되었다. 그러나 이 같은 냉전 구도는 1971년 7월 헨리 키신저(Henry Kissinger) 미국 국가안보보좌관이 중국을 비밀리에 방문한데 이어, 유엔총회에서 알바니아가 주축이 된 중국 가입 결의안이 통과되고 같은 해 10월 25일 대만이 유엔에서 축출되면서 급변한다. 중국은 유엔총회에 자리를 확보했음은 물론 안전보장이사회의 상임이사국으로 화려하게 국제사회에 복귀했다. 일본은 대만과 중국 모두에게 대표권을 허용함으로써 대만이 유엔에서 지위를 유지하게 하는 방안을 모색했지만 결국 실패했다.

중국의 유엔 복귀는 그때까지 대만과의 외교 관계를 중시해왔던 일본의 대중 정책의 전환을 예고했다. 1971년 11월 24일 모리 하루키(森治樹) 일본 외무성 외무차관은 메이어(Armin H. Meyer) 주일 미국대사에게 "(두 개의 중국과) 일본의 관계가 조만간 역전될 것"이라면서 "일본은 중국과 외교관계를 갖겠지만, 동시에 '반(半)독립적인' 대만과도 관계를 유지할 것"이라고 말했다.[3] 당시 일본 외무성이 오랫동안 중국과의 양자관계에서 채택해온 '정경분리'(政經分離) 정책의 반전을 심각하게 검토한 것은 분명하다.

가장 큰 문제는 일본이 어떻게 중국과 교섭을 시작할 것인가 였다. 1970년 1월 미국과 중국이 대사급 회담을 개시한다고 발표한 직후 사토 에이사쿠(佐藤栄作) 정부는 파리에서 중국과 대사급 회담을 개최할 가능성을 시사했지만, 중국은 이 제안을 단호히 거절했다(増田 2006, 118-133). 저우언라이(周恩來) 중국 총리는 1971년 6월 관계정상화를

3) Meyer to Rogers, Nov. 24, 1971, Record Group (RG) 59, Subject Numeric File (SNF), POL CHICOM-JAPAN, National Archives II, College Park, MD, USA(NA).

위해 일본이 반드시 수용해야 할 전제조건들을 발표했다. 이 3가지 전제조건은 나중에 중일 '수교 3원칙'으로 불렸다(古川 1988, 325).

(1) 중화인민공화국이 중국을 대표하는 유일한 합법정부이다.
(2) 대만은 중국 영토의 불가분의 일부이다.
(3) 일본-대만 평화조약은 불법, 무효이므로 파기되어야 한다.

중국은 '수교 3원칙'에서 대만 문제를 일본과의 관계정상화의 핵심 요건으로 규정한 것이다. 중국은 미중화해 후 일본이 대만에 더해 경제적, 군사적 영향력을 확대할 가능성을 우려했다. 중국은 대만 주둔 미군이 철군한 후 일본이 그 공백을 메우게 된다면 '대만 해방'을 실현하려는 자국의 전략적 목표가 크게 훼손될 것으로 예상했다. 중국이 대만과 일본을 떼어놓는 것에 얼마나 집착했는지 이해하기에 충분한 대목이다.

미중관계의 극적인 전환을 목격한 사토 정부는 비공식 채널을 통해 중국에 접근하는 태도를 취했다. 1971년 9월 12일 사토는 중국에 광범위한 인적 네트워크를 갖고 있던 오카다 아키라(岡田晃) 홍콩 총영사에게 베이징 당국과 개인적으로 접촉할 것을 지시했다(岡田晃 1983, 146-148). 또 호리 시게루(保利茂) 집권 자민당 간사장은 자신이 중국 본토를 방문하길 희망한다는 서신을 11월 베이징을 방문하는 도쿄 도지사 미노베 료키치(美濃部亮吉)를 통해 저우언라이에게 전달하는 방안을 추진했다. 미노베는 그 해 11월 베이징을 방문할 예정이었다.[4)]

흥미로운 것은 사토 자신이 구두로 '수교 3원칙' 제1, 2 조항의 수용 의사를 피력했다는 점이다. 사토는 오카다가 "일본정부는 대만이 중국 영토의 일부로서 하나의 지방이라고 인정할 태세가 되어 있다"고 중국 지도자들에게 말하는 것을 허용했다. 다만 사토는 일본이 최종적으로 '수교 3원칙'을 받아들일 것이라고 시사하면서도 교섭수단으로 이를 수용하는 것은 조심스럽게 회피했다. 이러한 사토의 행동은 '수교 3원칙'에 대한

4) Kusuda Minoru, interview by author, Tokyo, July 16, 2003.

동의 여부를 애매모호하게 하면서 중국을 협상 테이블에 앉히는 것을 겨냥한 것이었다.

그러나 저우언라이가 호리의 서한 접수를 거부하고 오카다의 대중 접촉이 성과를 내지 못하면서 일본의 대중 접근은 난관에 봉착했다. 1971년 11월 10일 미노베와의 회담에서 저우언라이는 호리 서한에서 "(일본 정부는) 중화인민공화국 정부가 중국을 대표하는 정부였다고 (인정한다)"로 시작되는 문장을 비판했다. 저우는 "일본인들은 첫 번째 원칙을 받아들이지 않았다. 더욱이 대만 또한 '중국을 대변하는 정부'라고 주장하고 있는 만큼, 일본측 언급은 통속적인 '두개의 중국'에 기초하고 있다"고 평가 절하했다. 그는 또 '대만은 중국 인민들의 영토이다'라고 언급된 호리 서한의 내용에 대해서도 "'중국 인민'은 구체적으로 '중화인민공화국 인민'을 의미하지 않는다"고 지적했다(古川 1988, 352-353).

1972년 1월1일 사토는 일기장에 "우리는 올해 중국과 외교관계를 수립하지 않으면 안 된다. 그러나 국부(대만)에 대한 처리가 나에겐 골치 아픈 문제이다. 나는 베이징을 방문해 이 문제를 해결할 필요가 있다"고 적었다(佐藤 1998, 5). 비공식 접촉을 통해 중국 접근이라는 목표를 이루지 못한 사토는 이제 대만 문제에 대한 중대한 변화를 도모할 태세였던 것이다. 1월6일 산 클레멘테에서 열린 미일 정상회담에서 사토는 닉슨(Richard Nixon) 미국 대통령에게 솔직하게 일본의 외교노선에 대해 다음과 같이 피력했다.

> 일본은 지금껏 중국을 다루면서 경제와 정치를 분리해왔다. 즉, 정치적으로는 대만에, 경제적으로는 대만과 중국에 동시에 접근해왔다. 이제 일본의 관계정상화 정책이 성공한다면 일본은 베이징 당국과 원칙적으로 정치적, 경제적 관계를 갖고 대만과는 오로지 경제적인 관계만을 가질 것이다.[5)]

5) Memorandum of Conversation, Nixon, Sato, et al., Jan. 6, 1972, Nixon Presidential Materials(NPM), National Security Council Files(NSCF), NA.

이 언급은 사토 자신도 외무성과 같이 대만과 외교적 관계를 청산한다는 결론을 내리고 있었음을 보여준다.

1972년 2월 20일 닉슨의 역사적인 중국 방문이 이뤄지고 2월 27일 미국과 중국 간에 공동성명(상하이 코뮈니케)이 발표됐다. 상하이 코뮈니케에서 미국은 "대만으로부터 모든 미국 군대와 군사시설을 철군 혹은 철거한다는 최종목표를 확인한다"고 공표했다. 그러나 미국은 다음과 같은 표현을 사용함으로써 대만 문제에 대한 기존의 공식적인 입장에 변화를 주지 않는데 성공했다.

> 미국은 대만해협 양측의 모든 중국인이 중국은 단지 하나이며 대만은 중국의 일부분이라고 주장하고 있다는 것을 확인한다. 미국정부는 이 입장에 이견을 제기하지 않는다.

미국은 대만 문제에 대한 법적 입장을 유지했고, 중국은 대만 독립에 반대한다는 미국의 다짐을 수용했다. 이렇게 양국은 대만 문제에 대한 타협안을 도출했다(*The Department of State Bulletin* 1972, 435-438).

상하이 코뮈니케가 발표된 다음날 사토는 대만 문제에 대해 이전보다 더욱 진전된 입장을 피력했다. 중의원 예산위원회에 출석한 그는 "중화인민공화국이 유엔에 복귀했으므로 대만은 '하나의 중국' 원칙에 입각해 중화인민공화국에 속한다"고 밝혔다. 또한 사토는 처음으로 '수교 3원칙' 가운데 두 번째 조항을 수용한다는 입장을 공식적으로 표명했다.[6]

그러나 외무성은 사토의 언급이 대만 문제에 대한 일본정부의 공식 입장과 모순된다고 보고 신중한 자세를 취했다. 외무성 내 아시아국은 중국과 관계개선을 위해 적극적인 입장을 개진했지만, 외무성은 "공식적인 중일 교섭을 시작하기 위해 일본정부는 대만이 중국의 일부라고 표명할지 여부를 결정해야 한다"는 다소 애매한 입장을 표명했다.[7] 외

6) 중의원 예산위원회 회의록 No. 5, 1972년 2월 28일(http://kokkai.ndl.go.jp/, 2011/6/21 검색).

무성 외무심의관 야스카와 다케시(安川壯)나 조약국장 이가와 가쓰이치(井川克一) 등은 국제법적으로 대만을 중국의 일부로 승인하는 나쁜 선례를 만들 것을 우려하면서 중국의 주장에 동조하기를 꺼렸다.[8] 대만을 중국의 일부로 인정하는 것은 1951년 일본-대만 평화조약의 '폐기'를 의미하므로 정치적, 법적 부담이 컸던 것이다. 때문에 몇몇 외교관들은 베이징과 교섭을 추진하기 위해 일방적으로 일본-대만 평화조약을 파기하는데 대해 강하게 반발했다.[9]

일본 외무성은 비록 중일 국교정상화의 결과 대만과 외교관계를 단절할 수밖에 없게 되더라도 어떻게든 대만과 관계를 유지해야 한다는 방침 하에 관련 정책을 마련하는데 골몰했다. 그러나 외무성은 여전히 중일 국교정상화 교섭 자체를 매우 비관적으로 보았다. 외무성은 설령 정부 간 대화가 개시되더라도 일본이 만족할 만한 협상안에 도달하는 데는 최소한 수년이 소요될 것으로 예상했다.[10] 더욱이 외무성은 중일 국교정상화는 사토 내각이 집권하는 한 불가능하다고 판단하고, 사토가 교섭을 서두르기 위해 대만의 지위에 관한 사항을 중국에 불필요하게 양보할까 우려했다.[11] 때문에 외무성은 어떠한 오해도 불식시키기 위해 1972년 3월 6일 대만 문제에 대한 일본정부의 공식 입장을 발표했다(楠田 2001, 1972년 3월 4일). 여기서 외무성은 "대만의 법적 지위는 정해지지 않았다"는 종래의 입장을 고수하면서 '수교 3원칙'의 두 번째 조항에 대해 "이해할 수 없다"는 의견을 표명했다.[12]

외무성의 수동적 대응에도 불구하고 사토는 총리 임기가 만료될 때

---

7) 中国課「日中関係の問題点」, 1971年11月4日, 外務省公開外交文書, 公開文書番号 2005-97.
8) 中国課「中国問題検討会」, 1971年11月5日, 外務省公開外交文書, 公開文書番号 2005-97.
9) 가령, Suzuki Takashi(Ambassador to the Burma) to Foreign Minister, May 27, 1972, 外務省公開外交文書, 公開文書番号 2005-98.
10) 中国課「日中政府間交渉に際しての要注意事項」, 1971年10月5日, 外務省公開外交文書, 公開文書番号 2005-300.
11) Meyer to Rogers, Mar. 23, 1972, RG59, SNF, POL CHICOM-JAPAN, NA.
12) Foreign Minister to Ambassador to the US et al., March 6, 1972, 外務省公開外交文書, 公開文書番号 2005-97.

까지 비공식 접촉을 통한 대중 접근 노력을 이어갔다. 사토 자신의 일기에 따르면 그는 베이징과 비공식 접촉을 통해 '수교 3원칙' 수용 입장을 표명하면 중국 방문이 가능하다는 인상을 갖고 있었던 것으로 관측된다(佐藤 1998, 1972년 5월6일). 그러나 다른 한편으로 사토는 일본-대만 평화조약의 '폐기'에 대해선 고집스러울 정도로 반대했다. 1972년 5월 10일 전 주일 미국대사인 머피(Robert Murphy)와의 회견에서 사토는 '수교 3원칙'의 첫 번째 및 두 번째 조항은 수용할 수 있지만 대만과의 평화조약의 폐기를 요구하는 세 번째 조항은 일본에겐 너무나 큰 과제이므로 '역사적 맥락'에서 고려돼야 한다는 의견을 피력했다. 사토는 이어 "때문에 중국이 이 문제에서 양보하고 그런 관계의 측면을 유지할지 여부가 일본-중국 간 정부 대화의 주제가 돼야 한다"고 말했다.[13] 실제로 사토는 중국을 방문해 대만과의 평화조약을 유지하기 위해 저우언라이와 협상하는 방안을 다각도로 모색했다. 사토의 목표는 중국이 일본-대만 간의 공식적 관계를 용인토록 하는데 있었던 것이 아니라 일본이 대만과 경제적 관계를 지속하는 것에 있었던 것으로 관측된다. 그러나 이러한 사토의 희망은 결국 실패했다.

---

13) Ingersoll to Rogers, May 12, 1972, RG 59, SNF, POL CHICOM-JAPAN, NA.

Ⅲ. 일본의 대중 접근 과정

1972년 7월 7일 사토에 이어 다나카 가쿠에이가 총리에 취임하면서 일본은 대중 접근을 구체화한다. 오히라 마사요시(大平正芳) 외상은 진작부터 중국과의 국교정상화에 장애가 되는 요인들을 해소할 의지를 불태우고 있었다. 오히라는 외상 취임일에 하시모토 히로시(橋本恕) 외무성 중국과장에게 비밀리에 중국과의 교섭 준비에 착수할 것을 지시했다. 당초 하시모토 단독으로 진행하던 교섭 준비에는 외무성의 핵심 멤버였던 다카시마 마스오(高島益朗) 조약국장과 구리야마 다카카즈(栗山尚一) 조약과장이 가세했다.[14] 오히라가 비밀리에 교섭 준비에 임한 것은 무엇보다 관련 정보가 자민당의 친(親)대만 그룹에 흘러들어가 자신의 대중 접근 정책에 악영향을 줄 수 있다고 판단했기 때문이다.[15] 오히라는 특히 자민당의 친대만 그룹이 일본-대만 평화조약의 폐기에 반대하고 나선다면 중국과의 관계정상화는 불가능할 것으로 예상했다.

오히라가 고심했던 문제는 '수교 3원칙'의 두 번째 조항과 미일 안보조약 간의 간극이었다. 1969년 11월 21일자로 오키나와의 행정권을 일본으로 이양하는 것을 골자로 하는 미일 공동성명에서 일본은 "대만의 평화와 안전보장 유지는 일본의 안전보장에 중요하다"고 밝혔다(The Department of State 1969, 953-957). 이른바 '대만 조항'으로 불린 이 언급은 대만해협의 안전보장에 대한 일본의 공약을 내포하고 있었지만, 그 해석에 있어서는 자민당뿐만 아니라 외무성 내에서 온도차가 존재했다. 이와 관련해서 외무성의 하시모토 중국과장은 일본이 중국과 수교하기 위해서는 '대만 조항'을 수정하거나 폐기해야 한다고 주장했다.[16] 이에 대해 오히라 외상의 측근으로 외무심의관 등을 역임한 야스카와와 자민당의 친대만 그룹 정치인들은

14) Hashimoto Hiroshi, interview by author, Tokyo, Nov. 8, 2008.
15) Hashimoto Hiroshi, interview by author, Misato, Saitama, Apr. 10, 2006.
16) 橋本恕「中国政策要項」, 1972年4月17日, 外務省公開外交文書, 公開文書番号 2005-301.

미국정부가 일본을 불신하게 된다는 이유로 미일 안보조약의 적용 범위에서 대만을 제외하는데 대해 강하게 반대했다.[17)]

오히라 외상은 오랫동안 미국과 호혜적 관계를 다져온 자민당의 유력 정치인이었다. 오히라는 일본정부의 중국에 대한 입장을 미국에 설명할 준비를 마치자마자 호겐 신사쿠(法眼晋作) 외무성 외무사무차관에게 잉거솔(Robert Ingersoll) 주일 미국대사를 만날 것을 지시했다. 1972년 7월 15일 비밀리에 이뤄진 회견에서 호겐은 일본정부가 대만문제에 대해 성명을 발표할 법적 지위에 있지는 않지만 이 사안에 대한 중국의 주장에 대해 "최대한 이해를 표명할" 준비가 되어있다고 잉거솔에게 말했다. 호겐은 일본정부의 입장을 보다 구체적으로 다음과 같이 설명했다. (1) 미중화해에 따라 일본은 대만해협 및 그 주변에서 군사적 충돌이 발생할 가능성이 매우 낮아졌다고 본다. 따라서 대만 방어를 위해 일본에 주둔중인 미군은 중일 국교정상화의 장애요인이 되지 않는다는 이론적 결론이 필연적으로 도출된다. (2) 일본은 미일 안보조약 하에서 대만에 대한 공약을 주장하기 위한 중일 국교정상화는 추진할 의도가 없다.[18)] 이 같은 맥락에서 호겐은 일본의 정책은 정치적으로 대만의 법적, 영토적 처분 문제에 관해 타협점을 도출하는 것에 모아져야 한다고 강조했다. 호겐이 "때문에 그 결론은 가장 애매한 것이 될 것"이라고 언급했듯이, 다나카 내각과 전임 사토 내각은 똑같이 대만 문제에 대해 적절한 타협안을 도출한다는 기본목표를 공유했다.

이처럼 다나카 내각은 대만의 법적 지위에 관해 미국의 동의를 이끌어내기 위해 애썼지만, 그렇다고 중국이 일본의 입장을 수용할지 여부에 대해서는 전혀 확신할 수 없었다. 일본정부는 결과가 보장되지 않는 정책을

---

17) 安川壯「日米安保条約の観点から見た日中国交正常化の問題などに関する私見」, 外務省公開外交文書, 公開文書番号 2005-207.

18) Ingersoll to Rogers, July 15, 1972, RG59, SNF, POL CHICOM-JAPAN, *Japan and the United States: Diplomatic, Security and Economic Relations, 1960-1976* (Washington DC: National Security Archives, 2000) (JUDSE).

추진한 셈이다. 하지만 중국은 일본의 새로운 대중 정책을 잘 파악하고 있었다. 중소 분쟁과 소련의 대일 접근이라는 정세 변화에 즈음해(小沢 1995, 105-109) 저우언라이는 중국 외교부 내에 '일본 연구회'를 조직하고 일본과 국교정상화에 대비하도록 했다(金冲及 主編 2000, 336-337). 저우언라이는 다나카 내각이 성립하기 전에 이미 중국공산당 내 원로 일본통인 쑨핑화(孫平化)를 일본에 보냈다. 1972년 7월 22일 도쿄의 오쿠라호텔에서 열린 첫 번째 중일 비공식 접촉에서 쑨핑화는 오히라에게 중국정부는 정상회담을 환영하며 만약 다나카와 오히라가 베이징을 방문한다면 공개적인 자리에서 일본을 곤란하게 하지는 않을 것이라고 말했다. 또한 그는 중국정부는 일본정부에 "국교정상화를 위한 전제조건으로 '수교 3원칙'을 인정하라"고는 요구하지 않을 것이라고 덧붙였다. 대신 쑨핑화는 "'수교 3원칙'은 종국적으로 해결돼야 한다"고 말했다. 이는 중국이 일본이 '수교 3원칙'을 완전히 수용할 때까지 일본과의 교섭을 추진하지 않겠다는 기존의 입장을 변경했음을 강하게 시사했다. 이에 대해 오히라는 중국의 제안을 환영한다면서 일본정부는 제3자를 경유하는 교섭이 아니라 중국과 직접 교섭을 희망한다고 답했다.

그러나 오히라의 적극적 태도와는 달리 다나카는 여전히 신중했다. 다나카는 1972년 7월 23일 공명당 당수인 다케이리 요시카쓰(竹入義勝)가 방중에 앞서 저우언라이 등 중국 지도부의 태도를 포함한 중국 문제 전반에 대해 브리핑하겠다는 것도 거절했다. 다나카는 여전히 자민당 내의 친대만 그룹이 정부의 대중 접근 노선을 방해할 수 있다고 우려했다(石井 등 편 2003, 198-199). 다나카는 물론이고 외무성 또한 신뢰할 수 있는 정보의 부족으로 중국이 중일 정상회담에서 어느 정도 타협에 응할지 예상할 수 없었다(栗山 1999, 40).

이 같은 상황에 변화를 준 것이 바로 이른바 '다케이리 메모'이다. '다케이리 메모'는 다케이리가 저우언라이와의 회담 내용을 메모한 것이다. 1972년 7월 27일 다케이리를 만난 저우언라이는 향후 열릴 정부

간 대화에서 중국은 다음과 같은 두 가지 점에 유념할 것이라고 말했다(石井 등 편 2003, 11).

(1) 우리(중국)는 미일 안보조약을 언급하지 않을 것이며, 1969년 미일 공동성명에 대해서도 말하지 않을 것이다.
(2) 우리(중국)는 전쟁배상에 대한 권리를 포기할 것이다.

더욱이 저우언라이는 일본과의 공동성명에서 대만 문제를 포함시키지 않을 것이라면서 양국이 다음과 같은 세 가지 사항에 대해 '암묵적 동의'를 할 것을 제안했다.

(1) 일본정부는 대만이 중국 국내문제라는 것을 인정한다.
(2) 일본정부는 중일 공동성명이 발표된 후 대만으로부터 대사관 및 영사관을 철수시킨다.
(3) 중국정부는 대만 해방 후 일본기업에 대해 호혜적으로 고려하겠다.

이처럼 저우언라이는 정부 간 대화를 염두에 두면서 교섭의 큰 틀을 제시했다. 즉 중국정부는 일본과 국교를 맺기 위해 미일 안보체제와 전쟁배상 같은 핵심 이슈에 대해 양보하는 대신 오로지 대만과의 외교관계만 단절할 것을 일본에 요구한다는 것이다. 1972년 8월 4일 저우언라이와의 대화 내용을 다나카와 오히라에게 전달한 다케이리는 다나카의 중국 방문으로 중일관계를 정상화할 수 있다고 설득했다.

오히라는 그동안 비밀리에 진행해온 '중국 연구'를 공개화해 외무성 내 모든 부서장이 참여하는 '중국문제대책협의회'를 설치했다. 중국문제대책협의회가 설치된 날 오히라는 "다나카 총리와 나는 중국과 국교정상화를 촉진하기 위해 비공식 루트가 아니라 외무성을 통한 공식 노선을 구축하기로 합의했다"고 말했다.[19] 전임 사토 내각이 추구했던 비

19) 「中国問題対策協議会第1回会議要録」, 1972年 8月. 2日, 外務省公開外交文書, 公開文書番号 2005-207.

공식 접촉을 통한 대중 접근이 외교당국 간의 접촉으로 공식화되었다. 1972년 8월 12일까지 4차례 열린 협의회에서 대만의 법적 지위 문제는 중일 간 교섭을 통해 '정치적'으로 해결한다는 원칙이 확립됐다.

중국과의 정부 간 교섭에 앞서 오히라는 자민당 의원 후루이 요시미(古井喜實)를 통해 일본의 공동성명 초안을 중국에 전달하도록 했다. 오히라의 개인 고문인 후루이는 1950년대 말부터 자민당 내 친중파 정치인으로서 중일관계에 깊숙이 관여해왔다(古井 1978, 122-123). 사실 이 초안은 앞서 언급한 구리야마 조약과장이 여름휴가 중에 작성한 것으로 공동성명안과 토론쟁점안으로 구성됐다.[20] 특히 구리야마는 이 초안에서 '다케이리 메모'와 관련해 일본이 양보할 수 있는 마지노선을 제시했다. 그럼에도 불구하고 외무성 당국은 실제 정상회담에서 중국측이 '수교 3원칙'과 관련해 어느 정도 요구해올지 가늠할 수 없었다. 이와 관련, 구리야마는 "개인적으로 이 협상이 그다지 잘 진행될 것이라고는 생각하지 않았다"고 회고했다(栗山 1999, 42).

일본측이 잠정적으로 쟁점이 될 것으로 예상한 것은 역시 '수교 3원칙' 가운데 두 번째 조항이었다. 일본정부는 이미 다른 서구국가들과 마찬가지로 중국의 대만에 대한 영유권의 법적 승인 주장은 수용하지 않을 방침이었지만, 양국이 만족할 만한 협정문안의 구체적 내용은 그야말로 정치적 영역이었다. 1970년 가을 중국을 승인한 캐나다와 이탈리아는 공히 공동성명에서 중국의 대만에 대한 영유권 주장에 유의한다(take note)고 말했다. 1972년 2월 미중 간의 상하이 코뮈니케에서 미국정부는 "미국은 대만해협 양측의 모든 중국인이 중국은 하나이며 대만은 중국의 일부분이라고 주장하고 있는 것을 인정하고 있다(acknowledges). 미국정부는 이 입장에 이론을 제기하지 않는다"고 말했다. 이에 대해 1972년 5월 네덜란드는 중국측의 주장을 "존중하고(respect), 중화인민공화국이 중국의 유일한 합법정부임

20) Kuriyama Takakazu, interview by author, Tokyo, Sept. 4, 2008.

을 인정한다(recognized)"고 말했다. 이처럼 다양한 표현은 후발주자인 일본이 중국과 국교를 정상화할 경우 중국 주장을 더욱 반영하는 형태가 될 것으로 기대되는 상황이었음을 시사한다.

이와 관련해서 1972년 9월 1일 하와이에서 열린 미일 정상회담에서 오히라 외상은 닉슨에게 "일본은 적어도 네덜란드가 수용했던 수준으로 가야하는데 장벽을 완전히 해소하지는 못할 것"이라고 말했다.[21] 오히라의 언급이 시사하듯이 일본정부는 '네덜란드 방식'을 기초로 대만 문제 관련 표현을 고민하고 있었던 것이다. 결국 외무성은 최종적으로 하시모토 중국과장이 제안한 "이해하고 존중한다(understand and respect)"는 표현을 만들어냈다.[22] 일본정부는 이미 1972년 3월 공식입장으로 중국의 대만에 대한 주장을 이해(understanding)한다고 표명한 바 있다. 여기에 하시모토는 네덜란드의 전례를 참고해 '존중한다(respect)'를 보탠 것이다.

중일 교섭을 위한 외무성 내 준비모임에서 핵심적 역할을 맡았던 하시모토는 일본정부 내외의 다양한 의견과 주장을 모두 컨트롤하는 것은 불가능하다고 판단했다. 따라서 하시모토는 베이징에서 합의가 이뤄지면 반대파의 의견을 무시하고 밀어붙여야 한다고 생각했다.[23] 그러나 하시모토 자신도 다나카 총리가 단 한차례의 베이징 방문으로 중국과 합의를 할 수 있을지는 확신하지 못했다. 1972년 8월 9일 외무성의 준비모임에서 하시모토는 "대만 문제와 관련해 우리는 조약국이 만든 기본안으로 교섭에 임해야 하며, 중국이 이에 반대한다면 가까운 장래에 다시 베이징을 방문한다고 약속한 후 일본으로 되돌아와야 한다"고 말했다.[24] 심지어 하시모토조차 다나카 총리가 중국을 방문하더라도 합의점 도출이 어려울 것이므로 다시 돌아와 재도전해야 할 것으로 예상하고 있었다.

---

21) Memorandum of Conversation, Tanaka, Ohira, Nixon et al., Sept. 1, 1972, NPM, NSCF, NA.
22) Kuriyama interview op cit.; Hashimoto interview op cit., Nov. 8, 2008.
23) Hashimoto interview op cit., Nov. 8, 2008.
24) 「中国問題対策協議会第3回会議要録」, 1972年8月9日, 外務省公開外交文書, 公開文書番号 2005-207.

Ⅳ. 중일 국교정상화와 대만 문제

1972년 9월 25일 다나카 총리는 베이징에 도착, 그날 오후에 바로 첫 번째 정상회담을 가졌다. 회담 모두에 다나카는 "지금껏 대만 문제가 중일관계의 걸림돌이 되어왔다"고 지적한 후 국교정상화를 위해 이 현안에 대해 머리를 맞대자고 말했다. 오히라 외상은 "일본정부가 대만에 대한 중국의 주장을 '양해하고(understanding)' '일본-대만 평화조약이 효력을 상실한다는 것'을 중국이 수용하면 중일 국교정상화가 성립됨과 동시에 일본-대만 평화조약 또한 종식된다는 점을 이해해주길 바란다"고 말했다(石井 등 편 2003, 52-56).

1972년 9월 26일 열린 첫 번째 양국 외무장관회담에서 다카시마 조약국장은 국제법적 측면에서 일본-대만 평화조약에 대한 일본정부의 입장을 설명했다. 또한 다카시마는 일본의 첫 번째 공동성명 시안을 제시하고 다음과 같이 구두로 설명했다. 첫째, 일본정부는 전쟁상태의 종료를 규정한 일본-대만 평화조약이 무효라는 입장을 취할 수 없다. 따라서 일본은 언제 전쟁이 종료됐다고 특정하지 않은 채 단지 "전쟁종료의 사실만 확인"하기를 희망한다. 둘째, '수교 3원칙'과 관련, 공동 코뮈니케에는 외교적 승인을 언급하는 구절을 포함시키되, 대만의 법적 지위와 일본-대만 평화조약은 공동 코뮈니케에서 분리시킬 것을 제안한다.

다카시마는 특히 대만의 법적 지위 문제와 관련해 "일본정부는 판정을 내릴 권리가 없다"면서 "때문에 카이로 및 포츠담 선언에 입각해 대만은 중국에 귀속돼야 한다는 것을 '이해하고 존중한다(understand and respect)'는 것이 최상"이라고 말했다. 결국 대만 문제에 대한 '암묵적 합의'와 관련해서 다카시마는 일본정부는 중국과 비밀협정을 맺을 수 없다고 주장했다. 그는 일본이 중일 국교정상화로 대만과 단교하는 것을 수용했으므로 "중국은 일본을 믿어줄 것"을 희망했다(石井 등 편 2003, 110-116).

다카시마는 외무성 내부의 법적 검토를 거쳐 일본의 계획을 설명했으나 중국은 일본-대만 평화조약이 유효하고 합법적이라는 일본의 주장을 강하게 비난했다. 지펑페이(姫鵬飛) 중국 외교부장은 "일본의 생각은 중국 인민을 설득시킬 수 없다"면서 전쟁상태의 종료를 명확히 할 것을 요구했다. 또한 중국도 새로운 공동 코뮈니케 시안을 제출했는데, 이 시안은 기본적으로 오히라가 후루이를 통해 중국에 전달했던 일본의 시안에 기초하고 있었다(石井 등 편 2003, 85). 그러나 중국은 일본이 대만은 중국 영토의 불가분한 일부라는 것을 일본정부가 "이해하고 존중한다"는 것에 대해 이의를 제기하면서, 새로운 대안으로 "일본국 정부는 카이로 선언에 기초해 중화인민공화국 정부의 입장을 수용한다"라고 문구를 수정할 것을 제안했다(石井 등 편 2003, 120-122). 1972년 9월 26일 오후에 열린 두 번째 정상회담에서 저우언라이는 "이 전쟁에서 수백만의 중국인이 희생당했다"고 목소리를 높이면서 온화했던 회담 분위기에 찬물을 끼얹었다. 그는 또 대만이 분쟁지역이라는 일본의 주장을 강하게 비난했다(石井 등 편 2003, 56-57).

오히라와 그의 외무성 측근들은 첫 번째 외무장관회담 직후부터 일본의 공동 코뮈니케 시안에 대한 재검토 작업에 착수했다. 1972년 9월 26일 저녁에 열린 두 번째 외무장관회담에서 오히라는 중국에 다음 회담 때까지 새로운 수정안을 준비할 것으로 요청하고 중국이 제시한 공동 코뮈니케 시안에 대해 2가지 수정을 시도했다. 첫 번째 수정 사안은 전쟁종결 선언에 관한 것이었다. 이와 관련한 첫 번째 선택 방안은 중국이 일방적으로 전쟁종결을 선언하면 일본은 어떠한 법적 부담도 피할 수 있다는 것이었다. 두 번째 선택 방안은 전쟁 상황이 실질적으로 종료됐다고 구체적으로 언급하지 않은 채 "일본과 중국 간에 장차 전면적인 평화적 관계가 구축됐다"고 양국이 선언한다는 것이었다.

두 번째 수정사안은 역시 대만의 법적 지위에 관한 것이었다. 오히라는 대만 문제에 대한 일본의 입장을 반복해서 설명한 후 "일본국 정부는 포츠담

선언 8조의 의거해 중화인민공화국 정부의 입장을 완전히 이해하고 존중한다"는 선에서 문구를 수정할 것을 제안했다(石井 등 편 2003, 86-93). 이 수정된 시안은 구리야마 외무성 조약과장이 제안한 것이었다. 때문에 구리야마는 중국이 일본의 첫 번째 수정안을 거절할 것에 대비해 두 번째 시안 준비에 나섰다. 여기서 구리야마가 주의를 기울인 것은 "카이로선언은 이행되어야 하며, 또한 일본의 주권은 혼슈, 홋카이도, 규슈 및 시코쿠, 그리고 우리(연합국)가 결정하는 작은 섬들에 국한되어야 한다"고 규정한 포츠담선언 8조의 일본 영토 규정이었다. 따라서 구리야마는 대만의 중국 귀속을 규정한 카이로 선언에 대한 언급은 피하면서 일본정부가 수용한 포츠담 선언을 언급함으로써 중국 주장에 대한 간접적 지지 의사를 보여주도록 노력했다.[25] 구리야마의 수정안은 중국의 대만에 대한 영유권 주장에 대한 법적 승인을 회피하면서도 '하나의 중국, 하나의 대만'을 부인함으로써 일본이 중국의 입장을 정치적으로 보다 잘 이해하고 있다는 것을 보여주려는 의도였다. 구리야마에 따르면 그는 중국 출발 전에 하시모토 중국과장을 제외하고 어느 누구에게도 이 아이디어를 설명하지 않았으며, 첫 번째 외무장관회담이 끝난 후에야 오히라에게 내용을 설명했다.[26] 이 같은 일본의 준비에도 불구하고 중국은 일본의 수정안을 수용하지 않았다. 지펑페이 중국 외교부장은 일본의 제안을 면밀히 검토하겠다고 언급하면서도 "우리는 전쟁상태의 종결에 대해 특별한 관심을 갖고 있다"고 지적했다.

두 번째 외무장관회담에서 대두된 새로운 쟁점은 공동 코뮈니케의 전문(前文)이었다. 일본 쪽 안은 전문에서는 '수교 3원칙'에 대한 언급을 피하고 그 구체적 내용을 코뮈니케 본문에 분리해 삽입하는 것이었다. 이에 대해 중국 쪽 안은 코뮈니케 전문에 일본정부가 "'수교 3원칙'에 대한 양해를 표명했다"는 내용을 포함하고 있었다. 중국은 코뮈니케 전문에서 "일본정부가 '수교 3원칙'에 대한 양해를 표명했다"고 밝히면

25) Kuriyama interview, op cit.

26) Ibid.

굳이 본문에 이를 언급할 필요가 없다고 주장했다. 이 문제에 대한 양국 간의 견해차가 컸기 때문에 두 번째 외무장관회담이 끝난 후에는 합의안 도출이 불가능하다는 의견이 지배적이었다.

이처럼 일본이 힘겨운 교섭을 예상하고 있었던 반면, 중국은 협상을 중단시킬 의도가 전혀 없었다. 저우언라이 또한 일본과 마찬가지로 국교정상화 협상에서 '정치적' 결론이 도출되길 기대하고 있었다. 오히라와 지펑페이는 1972년 9월 27일 만리장성 관광에 나선 도중에 공동 코뮈니케 시안을 둘러싸고 치열하게 교섭했다. 전날 밤 오히라와 외무성 관료들은 일본 쪽 수정안을 다시 만들었다. 우선, 일본은 '수교 3원칙'을 공동 코뮈니케 전문에 포함시켰다. 다만 여기서 일본은 단지 '일본과 중국 간의 비정상적 상태'가 종료됐다는 애매모호한 표현을 사용해 전쟁 종료일을 구체화하는 것을 피하고자 했다(NHK取材班 1993, 160). 그날 오후 시작된 공동 코뮈니케 문안 작성을 위한 양국 실무회의에서 일본은 재수정된 안을 제시했다(石井 등 편 2003, 91). 중일 양국이 대만의 법적 지위를 둘러싼 문제를 이후 논의하지 않은 것으로 볼 때 이 문제는 이 실무회의에서 합의된 것으로 관측된다. 중국은 결국 대만의 지위에 대해 일본의 견해를 수용했고, 대신 지펑페이 중국 외교부장은 9월 27일 밤에 열린 제3차 외무장관회담에서 중국의 재수정안을 제시했다. 전쟁상태의 종결을 확인하는 문제와 관련해 지펑페이는 '전쟁상태의 종결'이라는 문구를 공동 코뮈니케의 전문에 삽입하고 양국 간의 '비정상적 상태'라는 문구는 본문의 마지막 부분에 넣을 것을 제안했다. 중국은 전쟁상태의 종결은 시간의 제한에 구속되지 않는다면서, 이로써 양국 모두 해석상의 뉘앙스를 남길 수 있다고 주장했다(石井 등 편 2003, 94-100). 여기에 오히라가 동의했고, 공동 코뮈니케 작성은 마무리됐다(石井 등 편 2003, 108).

1972년 9월 28일 열린 제4차 외무장관회담 및 최종 정상회담에서 대만 문제는 마지막으로 화제에 올랐다. 일본은 '다케이리 메모'를 통해 제안한 중국과의 '암묵적 합의'를 부인하고 일찌기 오히라가 제시한 방법을 주장했다. 오히라는 외무성이 준비한 메모를 읽으면서 일본은 '두 개의 중국'을 지지하지 않으며 대만에 대해 어떠한 야망도 품지 않을 것이라고 강조했다. 그러나 오히라는 일본정부는 '일본과 대만 간의 인적, 경제적 교류를 포함한 다양한 사적 교류'를 억제하지 않을 것이라면서, 타이베이의 일본 대사관을 철수한 후 대만과 사적 교류를 위한 접촉 라인을 마련하는 것이 필요하다고 주장했다(石井 등 편 2003, 69). 하시모토가 작성한 회담록에 따르면 저우언라이와 중국은 당초 매우 불쾌한 표정으로 오히라의 발언을 청취했으나 끝까지 들은 후에는 안도하는 발언을 했다(石井 등 편 2003, 70). 저우언라이는 다나카와 오히라가 보여준 호의에 감사를 표시하고 중국정부는 "어떤 일이 있더라도 합의내용을 이행할 것"이라고 말했다(石井 등 편 2003, 71-72). 중일 양국 총리는 1972년 9월 29일 오전 인민대회당에서 열린 서명식에서 중일 공동 코뮈니케에 서명했다. 서명식 후 열린 기자회견에서 오히라는 일본정부는 "대만과의 평화조약이 효력을 상실하고 폐기됐음을 인정한다"고 선언했다(中野 1982, 143-145). 대만 문제를 둘러싼 중일 간의 견해차가 극복됨으로써 양국의 관계정상화가 실현된 것이다.

V. 나오며

일본-대만 평화조약과 대만의 법적 지위를 어떻게 처리할 것인지를 둘러싼 대만 문제는 중일 관계정상화의 성패를 가늠하는 최대의 난관이었다. 기존 연구들은 이 과정에서 다나카 총리가 보여준 정치적 리더십을 강조해왔다. 그러나 대만과 외교관계를 단절하되 실질적인 관계는 유지하는 것을 목표로 한 일본정부의 외교노선은 이미 사토 내각 말기에 구축되어 있었다. 따라서 이후 남은 과제는 일본정부가 '수교 3원칙'을 중국과 외교교섭 착수를 위한 '전제조건'으로 수용할 것인지, 아니면 중일 국교정상화 성립의 '결과'로서 만들어나갈 것인지 선택하는 것이었다.

일본 외무성은 대만 문제에 대한 중일 간의 현격한 인식차를 고려할 때 국교정상화를 목표로 하는 교섭은 수년이 소요될 것이라고 비관적으로 예상했다. 그러나 다나카 내각 성립 이후 중국의 획기적인 대일정책 전환의 결과 중일 교섭은 급진전을 이뤘다. 따라서 중일 국교정상화가 성공한 요인은 다나카의 '정치적 리더십'이라기보다는 중국의 대일정책 전환 때문이었다고 평가할 수 있다. 일본정부는 대만의 법적 지위는 결정되지 않았다는 입장을 유지하면서도 포츠담선언을 인용함으로써 대만 독립을 지지하지 않는다는 '정치적 메시지'를 중국에 보냈다. 이렇게 중일 양국은 오늘날도 지속되고 있는 대만 문제에 대한 정치적 타협을 성공적으로 이뤄냈다.

참고문헌

Nixon Presidential Materials(NPM) & Record Group(RG) 59, National Archives II, College Park, MD, USA(NA).

日本 外務省 公開 外交文書.

日本 衆議院 會議錄.

National Security Archives. 2000. *Japan and the United States: Diplomatic, Security and Economic Relations, 1960-1976.* Washington DC: National Security Archives.

The Department of State. 1972. *The Department of State Bulletin*, March 20.

The Department of State. 1969. *Public Papers of the Presidents: Richard Nixon, 1969.*

Robert Accinelli. 2005. "In Pursuit of a Modus Vivendi." in *Normalization of U.S.-China Relations: International History*, eds. William C. Kirby et al., Cambridge, MA: Harvard UP.

Ogata, Sadako. 1988. *Normalization with China: A Comparative Study of U.S. and Japanese*, Berkeley: Institute of East Asian Studies, University of California.

Soeya, Yoshihide. 1998. *Japan's Economic Diplomacy with China, 1945-1978.* Oxford: Clarendon Press.

早坂茂三. 1987.『政治家 田中角栄』. 東京: 中央公論社.

中野士朗. 1982.『田中政権 886日』. 東京: 行政問題研究所.

井上正也. 2010.『日中国交正常化の政治史』. 名古屋: 名古屋大学出版.

服部龍二. 2011.『日中国交正常化: 田中角栄, 大平正芳, 官僚たちの挑戦』. 東京: 中公新書.

岡崎久彦·中嶋嶺雄. 1996.『日本にアジア戦略はあるのか: 幻想の中国·有事の極東』. 京都: PHP研究所.

岡崎久彦. 2008.『台湾問題は日本問題』. 東京: 海竜社.

石井明·朱建栄·添谷芳秀·林暁光 編. 2003.『記録と考証: 日中国交正常化·日中平和友好条約締結交渉』. 東京: 岩波書店.

増田弘. 2006.「米中接近と日本: 本政府(外務省)·自民党の対中国接近政策の失敗」. 増田弘編『ニクソン訪中と冷戦構造の変容: 米中接近の衝撃と周辺諸国』. 東京: 慶應義塾大学出版会.

古川万太郎. 1988.『日中戦後関係史』. 東京: 原書房.

岡田晃. 1983. 『水鳥外交秘話　ある外交官の証言』. 東京: 中央公論社.

佐藤栄作. 1997.『佐藤栄作日記』. 東京: 朝日新聞社.

楠田実. 2001.『楠田実日記: 佐藤栄作総理首席秘書官の二〇〇〇日』. 東京: 中央公論新社.

小沢はるこ. 1995.「日中関係におけるソ連」. 増田弘·波多野澄雄 編.『アジアのなかの日本と中国—友好と摩擦の現代史』. 東京: 山川出版社.

金冲及 主編. 2000.『周恩来伝』2. 東京: 岩波書店.

栗山尚一. 1999.「日中国交正常化」.『早稲田法学』74-4.

古井喜實. 1978.『日中十八年一政治 家の軌跡と展望』. 東京: 牧野出版.

NHK取材班. 1993.『周恩来の決断: 日中国交正常化はこうして実現した』. 東京: 日本放送出版協会.

제2부

한국 - 대만 - 일본 삼각관계의 변용

1971년 유엔 총회에서 '알바니아 결의안'의 표결에 앞서 저우슈카이 대만 외교부장이 유엔탈퇴를 선언하고 퇴장하고 있다.

1971년 유엔총회에서 유엔 가입안이 가결되자 차오관화 중국 대표가 활짝 웃고 있다.

1972년 9월 다나카 가쿠에이(오른쪽) 일본 총리가 중일 국교정상화 합의 문서를 든 채 마오쩌둥 중국 국가주석과 악수하고 있다. 왼쪽은 저우언라이 총리

제3장 유엔 퇴출 후 대만의 한국·일본 관계*

차이둥지에(蔡東杰, Tsai Tung-Chieh)

Ⅰ. 대만의 유엔 퇴출 배경

제2차 세계대전 뒤 냉전구조의 출현으로 동서대립이 격화되는 가운데 1960년대 중반 국제정세의 2가지 변화가 미국의 전략적 판단과 외교정책에 큰 영향을 주었다. 첫째, 1962년 쿠바 미사일 위기는 냉전 대결을 다시 격화시켰다. 특히 미소 양국의 군비경쟁은 핵 위협에서 우주경쟁으로 이어졌고, 대륙간탄도미사일(ICBM)이 출현하고 소련의 무기가 양적인 면에서 미국에 근접해져 미국의 안보 공간은 크게 약화되었다(Russert and Starr 1992, Ch.12). 둘째, 미국은 제3세계 국가들과의 관계에서 곤경에 처했다. 미국은 일반적으로 대외 원조를 제3세계와 우호적인 관계를 구축하는데 이용해 왔다. 그러나 미국은 제3세계 국가들에게 명시적 혹은 암시적으로 미국의 냉전 전략에 협력할 것을 요구해 상당한 반감을 불러일으켰다. 또한 미국이 오랫동안 흑인을 차별해 온 결과 제3세계에서는 미국이 집요하게 인종평등 원칙을 따르지 않으며 계급투쟁과 사회혁명의 필요성을 인정하지 않는다고 인식했다(Spanier 1991, 212-215). 이러한 요인으로 인해 미국은 개발도상국으로부터 외교적 지지를 받지 못했다.

제3세계권의 미국에 대한 불만으로 인해 미국은 유엔에서 중국대표권 문제가 제기되는 것을 저지했던 방법을 더 이상 지속시킬 수 없게

---

* 이 글은 『全球政治評論』(第四十九期, 2015)에 실린 논문을 수정, 번역한 것이다.

되었다. 더군다나 제3세계권 국가의 수가 급증하면서 미국이 통제할 수 있는 투표권은 희석되었다. 특히 중국대표권을 논의하면서 미국은 1961년부터 '유예(moratorium)' 정책에서 '중요문제(important question)' 정책으로 전환했는데, 이는 유엔에서 미국의 정치적 영향력이 예전 같지 않다는 사실을 반영했다(Alker and Russert 1967, 175-176)[1] 이러한 현상은 투표권 행사에도 그대로 반영되었는데, 중국대표권 안건 투표에서 대만을 지지하는 표수는 갈수록 줄어들었다.

표 1 1960년대 이후 중국대표권문제 투표 개황

연대	1961	1962	1963	1965	1966	1967	1968	1969	1970	1971
유엔 회원수	104	110	111	117	121	122	126	126	127	131
대만지지 국가	48	56	57	47	57	58	57	56	49	35
중국지지 국가	36	42	41	47	46	45	44	48	51	76
태도 미표명 국가	20	12	13	23	18	19	24	22	27	19

출처 : 유엔총회 자료를 토대로 필자가 정리

위의 표에서 3가지 특징을 파악할 수 있다. (1) 대표권문제 표결과정에서 중국이 얻은 표는 매년 증가 추세였다. (2) 1966년 중국의 문화대혁명이 일어났을 때 증가추세는 꺾였다. (3) 기권 또는 태도를 표명하지 않은 국가는 15-20% 내외의 비율을 계속 유지하여 이 문제가 국제적으로 민감하다는 것을 보여주었다(田進·俞嘉麗 1999, 28)). 지역별로 분석해보면, 미주와 동아시아 지역 국가들은 비교적 대만을 지지하는 입장을 계속 보였지만, 유럽과 아프리카, 중동 지역 국가의 태도는 동요가 많았다(高明 1993, 212). 지역별 지지 분포는 미국과 떨어진 거리와 미국의 영향력은 정비례한다는 것을 보여주었다. 주목해야 할 것은 중국이 대외원조 규모를 크게 늘리기 시작한 이후[2] 중국 지지가 크게

1) 1960년에는 '유예안'이 겨우 8표 차이로 통과되었는데, 이는 이 전략의 동요를 보여주는 것으로 미국의 전략 변화를 촉진시키는 원인이 되었다.

2) 통계자료에 따르면 중국의 대외 원조액은 1969년 4,500만 달러에서 1970년에는 7억 2,250만 달러로 폭증했다. 이와 동시에 대만의 아프리카 수교국도 대거 중국으로 전향했다(高明

늘기 시작했다는 점이다. 1970년 유엔총회에서는 중국을 지지하는 국가가 51표, 대만을 지지하는 국가가 49표로 처음으로 중국을 지지하는 국가수가 대만을 지지하는 국가수를 앞질렀다. 비록 3분의 2 찬성의 문턱을 넘지 못해 중국대표권은 채택되지 못했지만 이 같은 유엔 표결 결과는 미국에 충격을 주기에 충분했다.

중국의 국제적 영향력이 크게 확대되자 미국은 1971년 '중요문제결의안의 변형', 즉 대만과 중국에게 '이중대표권(dual representation)'을 줌으로써 이 문제를 해결 또는 지연하고자 시도했다(周煦 1993, 50). 미국은 이를 실현시키는 방법으로 '2개의 중국'을 공식화했다. 20여년 후 미국 대통령이 되는 당시 유엔주재 미국 대표 조지 부시(George H. W. Bush)가 회의에 제출한 비망록에 따르면 유엔은 '2개 중국'이 병존한다는 '논란의 여지가 없는' 사실을 중시해야 하며, 동시에 회원국들이 이 가운데 어느 하나를 선택하라고 요구할 수 없다고 공언했다(王杏芳主編 1996, 44). 이것은 사실상 미국의 케네디, 존슨 정부에서 일찍이 실시하려 했던 '2개의 중국' 정책과 비슷했다. 로저스(William P. Rogers) 미 국무장관도 1969년 미국은 '2개의 중국'이 병존한다는 사실을 인정할 수밖에 없다는 의견을 표명한 바 있다(林正義 1991, 233-234). 이에 앞서 미국 정부는 1960년대부터 유엔에서 '2개의 중국'에 대한 안건을 제출하는 방안을 연구하기 시작했다. 하지만 미국의 생각은 중국과 대만 양측의 반대에 부딪혀 좌절됐다.

총체적으로 1971년 국제환경은 완전히 바뀌었다. 우선, 앞서 서술한 바와 같이 중국이 대외원조를 통해 아프리카 국가들의 지지를 확보했다(Wolfgang Barke 1987). 둘째, 닉슨(Richard Nixon) 미 대통령이 그해 7월 중국대륙 방문을 선언했다. 셋째, 미국이 재정 위기를 해결하기 위해 금 태환을 중지하면서 달러 가치가 하락, 그 영향으로 제3세계 국가들의

1993, 264).

경제가 악화됐다. 넷째, 키신저(Henry A. Kissinger) 미 국가안보담당 대통령보좌관의 비밀 방중은 일본 등 미국의 전통적인 우방 국가들을 동요시켰다. 이러한 정세 변화 속에서 양안(兩岸) 주권 경쟁의 추는 급격하게 중국으로 기울어졌다. 최대 지지국가였던 미국의 태도가 흔들리는 데 자극받은 주미 대만대사 센젠훙(沈劍虹)은 그 난처함을 다음과 같이 말했다. “분명하게 말해두지만, 우리는 비록 중화민국이 유엔에서 지위를 유지하는 것을 포함하더라도, 중공이 유엔에 진입하는 것을 허락하는 어떤 의안도 지지할 수 없다. 우방국이 우리에게 표결이 있으면 어떻게 투표할 것인가 자문하면 우리는 어떻게 회답할지 알 수 없다. 우리는 다만 우리의 어려운 입장을 설명하고 그들이 자신의 판단에 따라 투표하라고 말할 수밖에 없다(沈劍虹 1982, 55).”

‘자신의 판단’이라는 것은 현실주의적 사고에 입각해 국가 이익에 따라 결정하는 것을 의미한다. 냉전 악화와 미소 군비경쟁으로 안보 공간이 약화되자 미국은 ‘중국과 협력하여 소련을 견제’해야 할 필요성을 절감했다. 미국은 이미 대만을 지지하는 태도가 이전과 같이 굳건하지 않았고, 오히려 중국과 합작하고자 하는 압력을 강하게 받고 있었다. 이러한 현실은 1971년 10월 25일 유엔총회에서 통과된 ‘2758호 결의안’에 그대로 반영되어 있다. “유엔총회는 유엔헌장의 제원칙을 상기할 때, 중화인민공화국의 합법적 권리를 회복시키는 것이 유엔헌장의 보장 및 준수에 필수적이라는 것을 고려하여 중화인민공화국 정부의 대표가 유엔에서 중국을 대표하고 유엔 안전보장이사회의 상임이사국임을 승인하며, 중화인민공화국이 가지는 제권리를 회복시키고 유엔에서 중국의 합법적 대표는 오직 중화인민공화국 정부의 대표임을 인정하며 유엔과 유엔의 관련 조직을 불법적으로 차지하고 있는 장제스(蔣介石)의 대표를 추방함을 결정한다.” 바꾸어 말하면 중국이 대만을 대신해서 중국대표권을 획득한 것이다. 사전에 결과를 예상했던 대만은 표결 전 유엔 탈퇴를 선언했다.

양안의 수교 경쟁은 이후 역전되었다. 이전에는 미국이 대만과 갓 독립한 신흥국가의 수교를 계속 도와주었기 때문에 수교국가 수에서 대만이 중국보다 15-20개국 정도 우세한 '안전거리'를 유지했지만, 1971년 표결 결과는 대만에 치명타를 안겨줬다. 더욱이 중국의 대외관계는 문화대혁명 뒤 점차 이성을 회복했고, 미국의 대중정책 '전환'은 국제적으로도 호응을 얻었다. 이러한 조건의 변화로 중국은 장기간 지속됐던 대만에 대한 외교경쟁의 열세를 마침내 역전시켰다. 중국은 1971년 단번에 수교국을 65개로 늘려 55개 수교국의 대만을 추월했다. 이후 1979년 미국이 대만과 단교를 할 때까지 중국과 대간의 수교국은 각각 120개국과 22개국으로 100개국 내외의 격차가 발생했다(蔡東杰 2001, 139). 여기서 양안의 장기간에 걸친 수교 경쟁은 사실상 끝난 셈이었다. 상대적으로 대만은 미증유의 도전에 직면하게 되었다. 대만은 여전히 미국이 주도하는 전략 진영에 속해 있으면서 한국·일본 같은 전통적인 맹방(盟邦)과의 관계마저 전면적으로 재조정할 수밖에 없었기 때문이다.

Ⅱ. 대만과 일본관계: 새로운 관계와 새로운 모델

‘닉슨 쇼크’에 직면한[3] 일본은 새로운 정세에 대응하면서 중일관계의 주도권을 확보하기 위해 움직였다. 새로 집권한 일본의 다나카 가쿠에이(田中角榮) 내각은 1972년 8월 중국과 ‘연합성명’을 발표, 정식으로 외교관계 수립을 선포했다(盧子健 1990, 85-86). 동시에 일본과 대만의 단교를 선포했다.[4] 이어 일본의 고위 인사들이 1972-1973년 사이 집중적으로 중국을 방문하여 1973년 ‘해저케이블건설협의’, 1974년 ‘중일무역협정’ 등 정부 간 협의에 서명하는 등(林代昭 1992, 223-229) 점진적으로 그리고 신속하게 양국의 상호관계를 격상시켰다. 일본은 국가 이익의 중심에 양안정책을 둬왔으나 이 구도는 이후 정세에 따라 변화했다(臧佩紅 2001, 185-201). 일본은 수교 연합성명 제2조에서 “중화인민공화국을 유일한 합법정부로 승인”하면서도 대만이 중국의 일부분이라는 주장에 대해서는 “충분히 이해하고 존중한다”고 대답했으며, 대만의 국제법적 지위문제에 대해서도 여전히 모호하게 “포츠담 선언 제8조를 준수한다는 입장을 견지한다”고 회답했다.[5] 그럼에도 불구하고 일본은 미국과 보조를 맞추어 중국과 새로운 관계를 전개했고, 심지어 한 발 먼저 정식 수교했다. 이것은 원래 정식 외교관계를 맺고 있던 일본과 대만에 서로 충격을 주었다. 양국은 이후의 단계 발전을 재고, 재조정할 수밖에 없었다.

1960년 이케다 하야토(池田勇人)가 수상이 됐을 때 이미 일본은 “대

---

3) 미국은 중국과 새로운 단계의 관계를 전개했음에도 불구하고 대일 정책에는 별다른 변화를 주지 않았다. 1969-1972년 사이 ‘오키나와 반환’ 협상이 그 예이다(中村政則 2008, 104-108).

4) 중일 수교 당일 일본 외무차관 호겐 신사쿠(法眼晋作)는 즉시 주일 대만대사 펑멍지(彭孟緝)에게 이 사실을 통지했다. 이어 양국은 차례로 상대국에 단교를 선언했다(大田篤四郎 2009, 270).

5) 〈포츠담선언〉 제8조는 “일본의 주권은 혼슈, 홋카이도, 규슈, 시코쿠와 연합국이 정하는 작은 섬에 한정될 것”이라고 규정되어 있다. 비록 대만과 펑후(澎湖) 열도의 포기를 요구했지만, 귀속을 결정하지는 않았다(丘宏達編 1989, 442).

중국 정책에서 미국과 같은 태도를 취할 필요가 없다"고 공언했고(田桓主編 1996, 495), 일본과 중국 양국의 무역 촉진을 목표로 1964년부터 상호 연락처를 설치했다.[6] 어떤 측면에서 이것은 나중에 일본과 대만이 특수관계를 발전시키는 '형식'면에서 선구적 형태라고 할 수 있다. 1972년 일본이 대만과 단교한 후에도 양국 사이에는 실질적인 관계를 계속 유지한다는 원칙이 채택됐고, 각각 '재단법인 교류협회'와 '야둥(亞東)관계협회'가 준정부기관 성격을 띤 새로운 통로가 되었다.[7] 두 협회가 '상호 주외 판사처(辦事處) 설치 협의서'에 서명한 뒤, 대만의 야둥관계협회는 도쿄, 후쿠오카(福岡), 요코하마(橫濱) 등 4곳에 판사처를 설치했고, 일본의 교류협회는 타이베이(台北), 까오슝(高雄)에 판사처를 설치했다. 더욱이 이러한 '민간 교류, 정부 제휴'와 같은 준정부기관의 특징을 지닌 '일본 모델'은 미국이 1979년 대만과 단교 뒤 이중승인의 '독일 모델'을 폐기하고 대만과 상호 관계를 맺는 새로운 준칙으로 선택되었다. 미국은 수교 성명에서 '상하이 코미니케'에 언급된 '하나의 중국' 지지를 재차 강조하면서도, 동시에 "이 범위 내에서 미국정부는 대만 주민과 문화, 상무, 기타 비정부관계를 유지할 것"이라는 입장을 표명했다.

일본이 다른 대부분의 국가와 달리 단교 후 대만과 상당히 밀접한 준정부적 관계를 유지했던 것은 대체로 다음과 같은 몇 가지 이유 때문이었다. 첫째, 국제체제의 측면에서 볼 때 일본은 비록 경제 부흥 뒤 다시 영향력 있는 국가로 일어섰지만, 동아시아 지역에서 정치적으로 미국

6) 중국은 1964년 8월 13일 '랴오청쯔(廖承志)판사처 주도쿄연락처'(중국 국무원 외사판공실 직속으로 업무는 외무부(外貿部) 제4국으로부터 청부받았다)를 설치했고, 1965년 1월 28일 일본도 '다카사키(高碕)판사처 주베이징연락사무소'(겉으로는 자민당 의원 다카사키 다츠노스케(高碕達之助)가 경영하는 「동양강판공사」 내에 설치되었지만, 다카사키는 사실상 통산성 대표였다)를 설치했다(羅平漢 2000, 131-135).

7) 1991년 일본 외무성이 발표한 '외교청서'(외교백서, 33쪽)가 처음으로 대만 경제성장이 아시아 태평양 지역에서 중요하다는 점을 공개적으로 지적했다. 이어 1992년 5월 일본에 주재하고 있던 대만의 각 대표처도 각각 '일본 주재 타이베이 경제문화대표처', '일본 주재 타이베이 경제문화대표처 요코하마 분처(分處)', '오사카 주재 타이베이 경제문화판사처', '오사카 주재 타이베이 경제문화판사처 후쿠오카 분처' 등으로 이름을 바꾸었다.

에 종속되어 있었고 정책적으로도 미국의 '대만과 연합해서 중국을 견제(聯台制中)'하는 전략적 포석에 따라야 했다. 둘째, 경제적인 면에서 대만은 대외무역의 상당부분을 미일 양국에 의존할 뿐만 아니라 일본에서 반제품을 수입한 뒤 재가공해서 미국으로 수출하는 경로를 취했다. 따라서 대만의 대미무역 흑자는 계속 증가했고, 대일 무역적자는 갈수록 커지는 특수한 현상이 생겼다. 바꾸어 말하면 대만과 실질적 관계를 유지하는 것은 일본 경제의 확장에 유리했다. 더욱이 1970년대부터 산업 전환기에 들어선 일본은 많은 사양산업의 해외이전을 모색했는데, 이때 대만은 훌륭한 선택지 가운데 하나였다. 셋째, 역사적 친근감이었다. 대만의 일본 식민지 경험은 일본 국내에 '친대만파' 세력을 존재하게 했고, 대만의 일부 정치 엘리트는 일본식 교육을 받아 일본 내 친대만파와 밀접한 관계를 유지했다. 아마도 이러한 점들이 일본이 단교한 뒤에도 대만과 실질적인 관계를 유지할 수 있었던 요인으로 작용했을 것이다.

1970년대 초 대만-일본 관계가 전환된 뒤 쌍방은 상호 '저조한 발전' 단계에 접어들었다. 이 시기 일본은 자민당 일당독주체제를 구축하고, 자민당 내 우파 의원들이 '세이란카이(青嵐會)'(1972년 조직, 발기인 대표 나카가와 이치로(中川一郎), 간사장 이시하라 신타로(石原愼太郎), 집행주석 나카오 에이이치(中尾榮一), 사무국장 하마타 고이치(濱田幸一))와 '일중관계 의원간담회'(1973년 조직, 나다오 히로키치(灘尾弘吉), 후지오 마사유키(藤尾正行), 야마나카 사다노리(山中貞則) 등이 회장을 역임) 등 친대만 성향의 정치단체를 조직했다.[8] 이들 조직은 비록

8) 1993년 오자와 이치로(小澤一郎)가 자민당을 탈퇴해 창당한 신진당(新進黨)은 오자와 다츠오(小澤辰男)를 회장으로 한 '일화(日華)의원연맹'을 결성했다. 1997년 '일화의원연맹'이 '일화관계의원간담회'에 합류함으로써 일본 국회 내에서 최대의 초당파적 친대만 조직을 형성했다(本澤二郎 1998, 146). '일화관계의원간담회'는 다음과 같은 몇 가지 특징을 가지고 있다. 첫째, 구성원 대부분은 침략 역사를 부인하는 우익 매파이다. 둘째, 소장 신세대 성원이 상승 추세에 있고, 일본에 대한 대만의 현실적, 전략적 지위를 중시한다. 셋째, 다수의 성원은 양안관계에서 '양다리를 걸치는' 태도를 취해 '일중우호의원연맹'에도 가입

표면적으로는 국회의원이 조직한 2급 단체였지만, 구성원으로 많은 실력파 인사를 포함하고 있어 영향력은 무시할 수 없었다.

중일수교는 대만이 1971년 유엔에서 퇴출된 뒤 또 한 차례 겪은 가혹한 외교적 시련이었다. 이러한 상황에서 대만은 기본 외교 인식을 수정하지 않을 수 없었다. 그렇지 않으면 국가의 생존 이익이 치명적으로 위협받을 수 있었다. 보수세력의 제약, '반공복국(反共復國) 정책이 여전히 통치자의 구호였음에도 불구하고 장징궈(蔣經國)가 1973년 제창한 '총체(總體) 외교'라는 명칭은 이러한 조정정책의 방향을 보여주는 징표였다(蔣經國a, 1-8). 장징궈는 총체외교에 대해 "…타이베이는 다방면의 루트를 통해 기타 국가와 관계를 유지해야 하고, …형식상의 외교관계 외에 본질적인 외교에 주의를 기울여야 하며, …우리가 대외발전 능력을 가지게 되면, 우리의 대외관계를 계속 발전시킬 수 있다"고 설명했다(蔣經國b 1973, 6-12). 이 말은 이후 '실무외교'의 선구가 되었다.

대만은 전통적인 외교무대에서 잇달아 패배했지만, 단교한 국가들과 '일본 모델' 또는 '미국 모델'과 비슷한 준정부적 관계를 형성하여 국제관계를 이어갔다. 이후 상무대표단, 상무판사처, 무역대표처, 경제문화대표처, 무역여유(旅遊)판사처, 위엔뚱(遠東)상무처, 위엔뚱무역중심, 심지어는 손중산(孫中山)센터 또는 자유중국센터 등 매우 다양하고 탄력성 있는 형식이 계속 만들어졌고, '형식이나 명칭에 구애되지 않는'다는 원칙 아래 국제관계 실험에서 상당히 특수한 외교교류 형태를 만들어냈다(Bellows 1976, 593-610; Clough 1981, 141-159; Lee 1988, 104-117). 본질적으로 이러한 정책은 주권국가 사이에 교류를 맺는 전통적 모델을 파괴하고 실질적인 상호의존적 교류(interdependent contact)로 대체한 것으로 평가할 수 있으며, 일종의 예외적인 발전결과라고 할 수 있다.

해 있다(張進山 2003, 110-111).

Ⅲ. 한국과 대만관계: 안정적 상호관계 가운데 변수의 출현

1960년대와 비교해서 1970년대 대만 내부 정치와 사회는 상대적으로 안정되었지만, 양안 간의 외교경쟁은 오히려 점차 가열되어 '외적으로 긴장되고 내적으로 이완되는(外張內弛)' 형세였다. 반면 한반도에서는 대만과 반대의 상황이 전개되었다. 1960년 4·19혁명, 1961년 5월 박정희의 군사쿠데타가 발생하는 등, 1968-1969년을 제외하고[9] 1960년대 한국은 상대적으로 혼란한 시기를 보냈다. 1972년 박정희가 유신헌법을 선포하여 통치 권력을 강화한 뒤 한국은 안정화 추세를 보였다(簡江作 2005, 209). 1960년대 후반부터 한국은 국내건설 우선 계획을 추진했다. 데탕트의 도래에 따라 1969년 3월 국토통일원을 설립하는 한편 1970년 8월 '평화통일' 구상을 발표했다(李敦球 2007, 29-30).[10] 양안이 유엔 '중국대표권'을 둘러싸고 치열하게 경쟁하던 1971년 8월 남북한은 적십자사를 매개로 정식 접촉을 성사시켰다. 여세를 몰아 남북한은 1972년 7월 4일 '남북공동성명'을 발표한데 이어 분단 이후 처음으로 고위급 정치회담을 통해 평화를 진전시켰다. 이후 1975년 3월까지 남북한은 판문점에서 10차례에 걸쳐 남북회담을 열었다.

한국은 대만과 함께 미국 주도의 '자유진영'(한국은 냉전시기 중화민국을 '자유중국'으로 불렀다)에 속했고, 항상 양안 간의 중개 역할을 했다(예를 들면 중국 대륙의 '반공인사'들은 많은 경우 한국을 통해 대만으로 도피했다).[11] 1964년 미국이 베트남전 개입을 확대한 뒤 한국과 대만은

---

9) 1968년 1월 미국의 보조적 일반 환경조사선(Auxiliary General Environmental Research, AGER)으로 명명된 첩보함 푸에블로(Pueblo, AGER-2)가 북한 원산항 부근에서 나포된 이후 일련의 긴장상황이 연출됐다(Koh 1969, 264-280; Hamm 1977, 545-555; Lerner. 2001, 647-675).

10) 한국은 또 1973년 6월 23일 '평화통일외교정책 특별선언'(6·23선언)을 발표했다.

11) 1953년 한국전쟁이 끝난 뒤 대만으로 간 14,850명의 '반공포로' 외에 1982년 미그 19기를 몰고 온 우잉건(吳榮根), 1983년 미그 21기를 몰고 온 쑨텐진(孫天勤), 1985년 H-5 경폭격기를 몰고 온 샤오텐룬(蕭天潤), 1986년 미그 19기를 몰고 온 천바오중(陳寶忠)과 1983년 여객기를 납치한 '6의사(義士)' 등이 모두 한국을 거쳐 대만으로 갔다.

적극적으로 이 전쟁에 함께 참여했다. 이 과정에서 한국과 대만 사이에는 '형제 국가'라는 친밀감이 형성되었다. 특히 1966년 박정희 대통령의 대만 방문으로 양국 관계는 최고의 우호협력 관계로 발전했다.

그러나 유엔에서 '중국대표권'을 둘러싼 논란은 양안관계뿐만 아니라 '이후 사태의 전조가 되는'(一葉知秋) 계기가 된다. 앞서 언급한 바와 같이 1970-1971년 사이 미국이 '이중대표' 제안을 시도한 가운데 영향력이 커진 제3세계 국가들과 미국 간의 경쟁이 치열해졌다. 그 결과 국제질서의 구조가 팽팽한 양극(tight bi-polarity)에서 느슨한 양극(loosen bi-polarity)으로 전환되고 새로운 데탕트 시기가 도래했다. 이는 대외정책에서 이데올로기의 역할이 축소되었음을 의미한다. 이러한 상황에서 한국은 1971년부터 공산국가를 '적대국가', '적성국가', '비적대국가'로 나눈데 이어(張少文. 2009, 60), 1973년 '6·23선언'을 선포함으로써 공산권 국가에 정식으로 문호를 개방했다. 여기에는 최종적으로 중국과 외교관계를 수립하겠다는 복선이 깔려 있었다(Kim 1994, 31-48). 실제 중국과 한국의 외교관들은 1974년부터 접촉을 시작했다. 한중 양국은 1974년 우편통신 교류에 합의했고(陳峰君·王傳劍. 2002, 309), 여행증명서(travel document)도 상호 승인했다. 이는 물론 한국과 대만의 기존 관계에 영향을 미쳤다.

중국은 '문은 닫지만 걸어 잠그지는 않는다(關門但不上鎖)'는 정책을 펼쳤다.[12] 즉 중국은 한편으로는 중국과 북한 사이에 존재하는 '혈맹' 관계로 인해 중국이 남북통일에 절대적으로 중요하다는 사실을 한국에게 각인시켰고, 다른 한편으로는 1979년 중국의 '개혁개방' 이후 확대된 중국시장에 진출하려는 한국에 희망을 안겨주었다(潘世偉 1993, 113).[13] 한국은 냉전 후기부터 새로운 국제정세에 대응하기 위해 베이

12) 중국 외교부장 황화(黃華)가 1980년에 한 발언으로 張小文 1989, 47에서 인용.

13) 사실상 한국과 중국은 1975년부터 홍콩과 싱가포르를 통해 간접적으로 무역 교류를 시작했고, 1988년부터 민간 직접 교류를 시작했다. 1991년 중국국제상회와 대한무역진흥공사(KOTRA)가 각각 양국에 사무소를 개설했다. 이후 한국은 대규모 중국 투자 활동을 전개했다.

징과의 교류 접촉을 강화했는데, 이는 결과적으로 타이베이와의 우호 관계에 변화를 가져왔다. 특히 1983년 5월 5일 중국 민항기 납치사건은 한국과 중화인민공화국이 '관계정상화'를 개시하는 계기를 제공한 반면, 한국과 대만 관계가 악화되는 서막이었다.

이 사건은 줘창런(卓長仁) 등 6명이 중국민항 296편을 납치해 한국에 착륙시킨 사건이다. 대만정부에게 이들 6명은 자유세계에 투항한 '반공 6의사'였지만, 국제법상으로는 '비행기 납치범'이었다. 한국은 이 사건을 중국과 외교관계를 정상화하는 '돌파구'로 삼고자 했다. 한국은 국제법적 관례를 적용해 민항기를 납치한 6명에 대해 '납치범' 죄목으로 1년 반 동안 복역하도록 했는데, 이를 계기로 중국과 처음으로 정부 간 접촉이 성사됐다. 한중 양국 대표(중국은 민항국장 센투(沈圖), 한국은 외교부 수석대표 공로명)는 5월 10일 처음으로 양국의 정식 국호를 사용한 협의서에 서명했다(許家屯, 1993, 351-352). 이에 대해 외교적으로 좌절을 맛본 대만에서는 한바탕 반한(反韓) 풍조가 일어났다. 더욱이 1984년 한국에서 열린 아시아청소년농구대회에서 한국 측이 대만팀에게는 국기 사용을 금지하고 외교관계가 없는 중국에게는 오히려 국기를 사용할 수 있게 하자 대만은 이에 항의하고 선수단을 철수시켰다. 1974년 워터게이트 사건으로 닉슨이 하야함에 따라 미중 관계정상화 일정도 순연되었다. 여기에 1979년 박정희 시해사건과 1980년 광주민주화운동 등 한국에서 발생한 일련의 정치적 격변은 한중 간의 상호교류 속도를 어느 정도 지연시켰다. 하지만 한국과 중국은 1983년 뒤늦게 정식 접촉을 시작했다.

Ⅳ. 나오며

현실주의(realism)의 관점에서 보면 한 국가의 외교정책은 독립·자주의 확보와 어느 정도 계량할 수 있는 국가이익으로 결정되지만, 냉전 초기인 1950-1960년대에는 패권체제(hegemony system)와 이념외교(ideological diplomacy)의 영향으로 대만, 한국, 일본에게 이러한 이성이 작동할 수 있는 공간이 주어지지 않았다. 어쨌든 제2차 세계대전이 냉전 초기의 구조를 형성한 것과 마찬가지로 1960년대 후반 이후 국제적 환경(특히 권력배분 상황)의 격변은 이들 국가에 중요한 영향을 미쳤다.

동아시아 지역은 냉전시기 '전선(前線)'이라는 전략적 지위를 지니고 있었기 때문에 다른 지역보다 이러한 구조적 변화의 영향이 직접적이고 뚜렷했다. 소련에 대한 세계적인 포위망을 형성하는 전략적 목표를 위해 미국은 우선 중국의 전략적 가치를 재인식했고, 이로 인해 유엔에서 '중국대표권' 의제에 대한 미국의 입장이 동요했다. 결국 미국은 중국과 '관계정상화'와 '수교'라는 새로운 정책을 채택했다. 미국 동아시아 전략의 전환은 양안관계, 한반도 정세, 한국과 일본의 중국정책에 대한 기본인식에 영향을 주었을 뿐 아니라 냉전 이래 형성된 전통적 맹방(한국, 대만, 일본) 간의 상호관계도 변화시켰다.

"집집마다 모두 곤란한 일이 있다(家家有本難念的經)"는 중국 속담이 있는데, 개별 국가는 서로 다른 도전에 직면하고 서로 다른 방식으로 해결한다. 대만은 '실력에 비해 현격한 차이가 있는' 냉혹한 도전에 직면한 데 비해, 일본의 문제는 평화헌법이 국가의 자주성을 구속하는 것이었고, 한국은 '실력이 비슷하고 매우 근접한'(한국경제는 1974년 비로소 북한을 능가했다. 일본과 대만은 해협이라는 천연요새를 갖고 있다는 점이 한국과 달랐다) 상대가 마주하여 안전을 위협하고 있었다. 이 때문에 한국, 대만, 일본 3국은 1970년대 이러한 도전에 대해 서로 다른 정책을 선택하며 대응했다. 대만은 '고도의 의존, 소극과 보수'적인 방식을 선택했다. 일본은 '상대적 의존, 대체로 독립과 탄력성을 가진' 정책을 선택했다. 한국은 '상대적인 의존, 더욱 독립적인' 노선을 선택했다. 1980년 1월 1일부로 '미국·대만공동방어조약'(Sino-American Mutual Defence Treaty)이 중지된 뒤, 미국과 대만은 공개적인 우방관계만 남았다. 미국과 동아시아 각국의 전략적 거리를 먼 곳에서 가까운 곳으로 순서를 비교해보면, 한국, 일본과 대만으로 구분할 수 있다. 어떤 면에서 한국의 위치는 미국과 중국 사이의 대칭 평형점에 더 근접해 있다고 볼 수 있다.

냉전이 종식되고 21세기에 들어선 지금, 국제질서 구조와 국가 정책의 선택은 여전히 계속 연관되어 있다. 따라서 한국, 대만, 일본이 1970년대 경험했던 상호관계를 검토해보면 중요한 역사적 교훈을 충분히 얻을 수 있다.

참고문헌

Alker, Hayward and Russert, Bruce. 1967. *World Politics in the General Assembly*. New Haven Yale University Press.

Barke, Wolfgang. 1987. *The Economic Aid of PRC to Developing and Socialist Countries*. Munchen: K.G. Saur.

Clough, Ralph. 1981. "Taiwan's International Station." in Chiu, Hungah and Downen, Robert eds. *Multi-System Nations and International Law: the International Status of Germany, Korea and China*. Baltimore: University of Maryland Press.

Russert, Bruce and Starr, Harvey. 1992. *World Politics: the Menu for Choice*. New York: W.H.Freeman and Company.

Bellows, Thomas. 1976. "Taiwan's Foreign Policy in the 1970's: a Case Study of Adaptation and Viability." *Asian Survey*. Vol.16. No.7.

Hamm, Michael J.. 1977. "The Pueblo and Mayaguez Incidents: A Study of Flexible Response and Decision-Making." *Asian Survey*. Vol.17. No.6.

Kim, Hakjoon. 1994. "The Establishment of South Korean-Chinese Diplomatic Relations: A South Korean Perspective." *Journal of Northeast Asian Studies*. Vol.13. No.2.

Koh, B. C.. 1969. "The Pueblo Incident in Perspective." *Asian Survey*. Vol.9 No.4.

Lee, Thomas. 1988. "Quasi-Diplomatic Relations of the Republic of China: Their Development and Status in International Law." *Issue & Studies*. Vol.24. No.7.

Lerner, Mitchell. 2001. "A Failure of Perception: Lyndon Johnson, North Korean Ideology, and the Pueblo Incident." *Diplomatic History*. Vol.25. No.4.

蔡東杰. 2001.『兩岸外交策略與對外關係』. 台北: 高立圖書.
陳峰君·王傳劍. 2002.『亞太大國與朝鮮半島』. 北京: 北京大學出版社.
高明. 1993.『中華民國外交關係之演法, 1950-1972』. 台北: 五南.
簡江作. 2005.『韓國歷史與現代韓國』. 台北: 台灣商務印書館.
蔣經國a.「行政院長施政報告」.『立法院公報』第62卷 第13期.
蔣經國b. 1973.「行政院長提出施政方針及報告並備質詢」.『立法院院會記錄』2月 24日.
John Spanier, 方海鶯譯. 1991.『當代美國外交史』, 台北: 桂冠書局.
本澤二郎. 1998.『台灣ロビー』. 東京: 株式會社データハウス.
李敦球. 2007.『戰後朝韓關係與東北亞格局』. 北京: 新華出版社.
林代昭. 1992.『戰後中日關係史』. 北京: 北京大學出版社.
林正義. 1991.『台灣安全三角習題』. 台北: 桂冠圖書.
羅平漢. 2000.『中國對日政策與中日邦交正常化』. 北京: 時事出版社.
盧子健. 1990.『一九四九以後中共外交史』. 台北: 風雲論壇.
中村政則著, 張英莉譯. 2008.『日本戰後史』. 北京: 中國人民大學出版社.
大田篤四郎著, 梁雲祥等譯. 2009.『簡明日本外交史』. 北京: 世界知識出版社.
潘世偉. 1993.『投身亞太新合縱的韓國』. 香港: 三聯書店.
丘宏達編. 1989.『現代國際法基本文件』. 台北: 三民書局.
沈劍虹. 1982.『使美八年紀要』. 台北: 聯經.
田桓主編. 1996.『戰後中日關係文獻集: 1945-70』. 北京: 中國社會科學出版社.
田進·俞嘉麗. 1999.『中國在聯合國』. 北京: 世界知識出版社.
王杏芳主編. 1996.『中國與聯合國』. 北京: 世界知識出版社.
許家屯. 1993.『許家屯香港回憶錄』. 台北: 聯經.
臧佩紅. 2001.「戰後日本的對台政策」. 米慶餘·王曉德編.『現代亞太地區國際關係研究』. 天津: 天津人民大學出版社.

張進山. 2003.「日本政界的台灣幫及其對中日關係的影響」. 盧曉衡編.『中國對外關係中的台灣問題』. 台北: 海峽學術出版社.

張少文. 2009.『韓國外交與對外關係』. 台北: 台灣商務印書館.

周煦. 1993.『聯合國與國際政治』. 台北: 黎明出版公司.

張少文. 1989.「八十年代中共的對韓政策」.『共黨問題研究』第15卷 第9期.

제4장 미중화해와 한국 - 대만관계*

외교정책 결정자들의 인식과 대응

박정현

Ⅰ. 들어가며

1970년대 동아시아 국제관계를 미국과 중국의 정책변화 측면에서만 조망하면 제대로 설명되지 못하는 경우가 많다. 미중화해로 미국과 중국, 일본은 냉전에서 벗어났지만, 냉전체제의 주요한 당사국이었던 한국과 대만은 여전히 냉전 상황에서 벗어나지 못하고 있다. 따라서 미중화해 이후 동아시아 국제질서의 변화는 당사국의 입장에서 살펴보면 훨씬 구체적이고 입체적으로 이해할 수 있다.

냉전시기 한국과 대만[1]은 동아시아 반공진영의 주축이었다. 양국은 동아시아 반공진영에서 상호 협력해 가장 적극적으로 활동했고, 반공진영 국가를 하나로 모으는데 역량을 집중했다. 한국과 대만은 반공이라는 기치 아래 형제와 같은 우의와 협력을 과시하고 국제사회에서 서로 긴밀하게 보조를 맞췄다. 한국과 대만은 공동의 적으로 중화인민공화국(이후 중국으로 약칭)과 북한을 설정하고 중국과 북한을 견제하는데 힘을 합쳤다.

물론 한국-대만 관계는 미국의 동아시아 정책과 밀접한 관련이 있었

---

* 이 글은 『아세아연구』(57권 3호, 2014.9)에 실린 논문을 수정한 것이다.

1) 이 글에서 중화민국과 중화인민공화국의 명칭은 현재 일반적으로 통칭되는 대만과 중국으로 기술했다. 대만의 명칭은 문맥상 필요한 부분에서는 중화민국, 국민당정부로 기술했다.

다. 한국전쟁 이후 미국 동아시아 정책의 초점은 일본을 중심으로 중국에 대한 견제와 중국의 세력 확장을 억제하는 데 맞춰졌다. 미국의 적극적인 중재와 권유로 한국전쟁 기간 동안 대만은 일본과 우호조약을 체결했고, 한국도 1965년 일본과 국교를 정상화했다. 이후 동아시아 질서는 미국을 중심으로 동아시아 각국이 반공을 기치로 서로 협력하는 관계를 유지했다. 이 가운데 반공의 보루로 중요한 역할을 수행한 국가가 한국과 대만이었다.

한국과 대만은 정치·외교 분야뿐만 아니라 사회·문화에 걸쳐서도 우호관계를 강화했고, 군사적으로도 협력관계를 유지했다. 경쟁관계에 있던 경제 분야에서도 협력과 공동 시장개척 등 우호관계를 확대해 나갔다. 이렇게 영원히 형제와 같은 우호관계를 유지할 것 같던 한국과 대만은 미중화해와 냉전질서의 변용에 의해 더 이상 양국의 협력을 바탕으로 외교정책을 추진하는 것이 불가능해졌다.

미중화해는 중국과 북한을 주적으로 설정하고 반공전선을 형성했던 한국과 대만 등 아시아 각국에 큰 충격을 주었다. 미중화해 이후 아시아 반공전선은 붕괴되었고, 아시아 각국은 진영 논리가 아니라 자국의 민족적 이해관계에 따라 새로운 외교정책을 모색했다. 미중화해 이후 아시아에서 강대국 간의 충돌 가능성은 줄어들었지만, 지역 내에서 자국의 이익을 위해 서로 대립하는 경향이 증가했다(장준갑 2009, 206-207). 동아시아 지역은 역사적, 민족적, 이데올로기적 갈등이 중첩되면서 이전에 적대관계였던 중국, 북한뿐만 아니라 동맹관계였던 한국, 대만, 일본 간에도 이해관계가 엇갈렸다.

아시아 데탕트의 주요대상은 중국이었다. 미국의 동아시아 정책이 미중화해를 통해 소련을 견제하는 정책으로 바뀌면서 한국-대만 관계도 변화하게 되었다. 키신저(Henry A. Kissinger) 미 국가안보담당 대통령보좌관의 극비 방중에 이은 닉슨(Richard M. Nixon) 대통령의 중국 방문은 동아시아 국제질서를 뿌리부터 흔들어놓았다. 미국은 더 이상 대만을 아시아 정책의 파트너로 인정하지 않고 중국과 관계 개선을 선언했다. 미중관계의 개선으로 대만은 미국의 방위 보호를 받기는 했지만, 정치적으로 국제관계에서 중국의 한 지역으로 전락했다. 대만은 중국을 대표하는 국가로 더 이상 인정받지 못했고 서방국가들도 차례로 중국과 수교하고 대만과 단교했다. 고립상태에 빠졌던 대만은 비슷한 처지에 있던 한국과 전통적인 우호관계를 유지하려고 했지만, 한국도 현실적인 노선으로 전환했다.

미중화해 이후 한국과 대만 양국은 서로 다른 현실적 요구 속에서 서로 다른 이해관계에 직면했다. 이것은 양국이 정치적으로 더 이상 동반자적 의식을 가질 수 없게 했다. 한국과 대만은 변화된 현실에서 서로 다른 노선을 취하면서 냉전 완화 이후 국제질서에 대응해갔다. 양국은 진영 논리에서 벗어나지 못했지만, 생존과 발전을 위해 각자의 정책을 인정하고 독자적인 노선을 걸었다.

미중화해 이후 동아시아 냉전질서가 크게 변용되면서 반공진영의 주축이었던 한국과 대만은 대외정책에서 난관에 봉착했다. 분단이라는 조건 하에서 현실적으로 공산주의 세력과 맞서고 있는 상황에서 냉전의 변용은 양국 대외정책의 정체성에 혼란을 가져왔다. 이에 따라 한국과 대만은 변화된 동아시아 국제질서에서 새로운 상황에 적응하든지 원칙을 고수하든지 선택을 해야 했다. 이러한 선택의 기로에서 외교정책 결정자들의 상황인식은 중요한 역할을 했다. 미중화해 이후 한국과 대만의 대외정책 변화과정을 이해하기 위해서는 외교정책 결정자들의 상황인식과 대응방침을 살펴볼 필요가 있다. 이 장에서는 1960년대에서 1973년까지 미중화해 전후 한국과 대만의 외교정책 결정자들이 동아시아 국제질서의 변화를 어떻게 인식하고 어떤 대응방침을 정했는지 살펴보고, 이러한 대응이 한국과 대만관계를 어떻게 변화시켰는지 살펴보려고 한다. 아울러 동아시아 냉전 와해 이후에도 양국은 냉전질서에서 왜 벗어나지 못했는지도 살펴볼 것이다.2)

---

2) 이 주제에 관한 연구는 기미야 다다시(木宮正史)와 왕은미(王恩美), 손준식의 연구가 있다. 냉전시기 한국 대만관계를 연구한 기미야의 연구는 냉전시기 반공진영의 정치기구인 ASPAC을 중심으로 한국과 대만의 반공외교를 분석했다. 왕은미의 연구는 1971년 대만의 유엔 탈퇴와 중화인민공화국의 유엔 가입과정에서 한국정부의 입장에 대해 분석했고, 이후 외교정책의 변화를 포괄적으로 서술했다. 손준식의 연구는 1948년 수교 이후 1992년 단교까지 한국과 대만의 외교관계를 개괄적으로 서술하고 있다. 木宮正史(2002), 王恩美(2011a, 2011b), 손준식(2013). 그밖에 장준갑(2009), 李圭泰(1994), 최명해(2008) 등은 미중화해 이후 한국·중국·일본의 대외정책 변화를 기술하면서 부분적으로 다루고 있다.

Ⅱ. 반공을 기치로 한 한국과 대만의 우호협력

대만은 한국전쟁이 발발하자 한국에 병력의 지원 의사를 가장 먼저 표명했고, 이후 한국에 각종 지원을 아끼지 않았다. 1950-60년대 한국과 대만은 분단국가라는 공통점, 중국과 적대적인 관계라는 점, 반공이라는 공동목표, 미국의 냉전 보루라는 공통의 지정학적 조건 등으로 긴밀한 유대관계를 유지했다. 한국과 대만은 미국을 중심으로 한 안보체제에 포함되어 있으면서도 일본처럼 미국의 강력한 지원을 받은 것이 아니라 미국 안보체제의 변경에 있었기 때문에 미국의 정책 변화에 따라 냉전시대의 외톨이가 될 우려를 안고 있었다. 이에 한국과 대만은 독자적인 동아시아 집단안보체제를 구축하겠다는 염원을 공유했다. 동아시아 집단안보체제는 1949년 이후 계속 시도되었지만, 미국의 반대와 무관심으로 성사되지 못했다.

한국과 대만은 미국이 자국의 이익을 위해 양국을 희생시킬지 모른다는 불안감이 있었기 때문에(「ASPAC 창설계획」 1963-65, 86) 독자적인 지역안보체제 결성을 희망했다. 이것은 미국과의 양자 조약 이외에 다른 지역안보체제에 가입되어 있지 않은 대만의 입장에서는 더욱 절실한 문제였다. 1960년대 ASPAC(아시아·태평양 이사회)은 양국이 독자적인 정치·군사 안보체제를 구축하려는 시도였다. 하지만 한국과 대만, 베트남을 제외한 아시아 대부분의 국가들은 집단안보체제를 형성하게 되면 의도치 않게 한국과 대만의 안보 위협에 휘말릴 우려가 있으며, 오히려 지역의 긴장을 높일 가능성이 있다면서 반대했다. 미국도 간접적으로 이러한 지역집단안보기구의 결성에 반대했다.

주변국가의 우려에도 불구하고 한국과 대만은 아시아 집단안보체제 구축을 목표로 ASPAC 창설을 계획하면서 긴밀하게 협력했다. 1963년 2월 한국과 대만의 외무장관이 회담을 가졌다. 여기서 양국은 소승적

이익에 좌우되어 자체의 단결을 약화시키면 적을 유리하게 하는 것이라고 지적하고 철저한 반공과 상호 굳건한 단결을 유지할 것을 합의하여(「ASPAC 창설계획」 1963-65, 84), 공산주의에 대한 강한 적대감과 반공세력의 강한 연대의식을 강조했다. 이것은 냉전질서에서 반공이 최대의 이익이었고, 미국의 협조와 동의를 얻을 수 있는 가장 좋은 방법이었기 때문이다.

한국과 대만은 아시아 지역에 점증하는 공산주의 침략의 위협에 대비해서 아시아 자유국가 사이의 결속과 반공체제의 강화를 목적으로 지역 내 집단방위와 경제·문화·기술 등 상호협력 강화하기 위한 기구로 ASPAC을 설립하기로 합의했다(「ASPAC 창설계획」 1963-65, 89-90). 한국과 대만은 ASPAC을 통해 지역의 집단안보체제를 확립하고 상호 경제협력을 통해 영향력을 확대해 나가려는 구상을 했다. 양국은 긴밀하게 협력해서 ASPAC 창설을 주도했다. 특히 한국은 국제기구 창설을 주도함으로써 지역 내 문제에 주도적 영향력을 행사하기를 원했다(「ASPAC 창설예비회담」 1965, 155).

한국과 대만은 ASPAC의 방향을 설정하는 데에도 긴밀하게 협력했다. 한국과 대만 양국의 노력으로 1966년 4월 ASPAC 창설을 위한 참가국 외무장관회담이 열렸는데, 한국, 대만, 베트남을 제외한 국가들은 ASPAC의 반공 의제에 대해 반대의사를 표명했다. 일본은 회의가 반공 정치회의로 끝나거나 군사블록 결성의 계기가 되는 것에 대해서는 명백하게 반대했다. 일본은 회의가 참가국이 경제, 사회 및 문화 등에서 자유로운 의견교환을 할 수 있는 기회가 되어야 한다면서, 반공조직이나 군사블록 결성을 위한 것을 의제로 삼는 데에도 반대했다(「ASPAC 창설예비회담」 1965, 155). 말레이시아도 일본의 입장에 동조하여 경제개발, 문화교류 등의 문제를 회의 토의의 중심으로 할 것을 희망했다(「ASPAC 창설예비회담」 1965, 125).

한국의 외교정책 결정자들은 한국 및 대만이 투철한 반공국가라는 국제적인 인식에 비춰 볼 때, ASPAC을 창설하려는 한국의 계획에 참가대상국의 동조를 얻기 위해서는 결코 반공기구 결성이 목표가 아니라는 것을 참가대상국에 설득해야 한다는 점을 분명히 인식하고 있었다.[3] 한국은 이러한 상황을 고려하여 회의의 군사적 성격과 반공적 성격을 희석시키고, 경제·문화 중심으로 회의 의제를 조정했으며, 지역안보체제에 관한 의제는 이후 문제로 유보했다. 대만은 이러한 한국의 노력에 협력했고 일본의 입장에 반대했다. 이에 한국과 대만은 자유 아시아 국가들의 유대와 국제지위 향상, 지역적 경제협력 증진과 문화교류 촉진에 회의의 중점을 두고 있다는 것을 강조하여 참가대상국을 설득했다(「ASPAC 창설예비회담」 1965, 160-161). 한국은 참가국을 설득하여 회의가 일회성으로 끝나지 않고 회의를 상설기구화하기 위해 노력했다. 대만은 일본이 지속적으로 상설기구 설치와 연차회의 개최에 반대하고 정치문제를 배제하려는 의도에 대해 불만을 토로하고, 다른 참가국을 설득해서 회의의 항구화와 상설기관 설치에 노력을 기울이는데 한국과 입장을 같이했다(「ASPAC 창설예비회담」 1965, 214).[4]

대만은 미국과 방위조약을 맺고 있을 뿐, 마닐라 정상체제나 기타 지역방위기구에 참여하고 있지 못했기 때문에 ASPAC을 이용해 반공군사동맹을 결성하는 것을 항상 염두에 두고 있었다(「ASPAC 제3차 각료회의」 1968, 89). 한국도 내부적으로 안전보장을 위해 지역 내 군사동맹 가담이 유리하다고 판단하고 있었다(「한국의 외교정책」 1970, 3). 이를 위해 한국은 일본 등의 반대에도 불구하고 ASPAC을 정치기구로 발전시키기 위해 노력했다(「한국의 외교정책」 1970, 13-14). 하지만 한국, 대만, 베트남을 제외한 ASPAC 회원국 다수는 ASPAC이 지역안보체제

3) 〈한중 현안문제로서 국무총리가 특히 언급하여야 할 사항과 그 내용〉, 「정일권 국문총리 중화민국 방문」 1964, 51. 외교자료 가운데 전문 등 안건을 분류하기 어려운 것은 본문 주로 처리했고, 구체적인 안건명이 있는 경우는 안건명를 표기하여 각주로 처리했다.

4) 일본은 ASPAC을 정치, 경제, 사회, 문화 등 여러 분야에 걸친 지역 국가의 광범한 참여로 연1회 외상들이 모여 의견 교환하는 단순한 토론 포럼이 되기를 희망했다. 또한 지역 경제협력은 일본이 주도하고 있는 동남아 경제개발 각료회의를 통해 추진하려 했다.

로 발전하는 것에 대해 부정적이었다. 이에 한국은 처음으로 주도한 지역협력회의인 ASPAC을 지속시키기 위해 일본 등이 반대하는 군사문제에 대한 논의를 배제시켰다. ASPAC 제3차 각료회의를 앞두고 한국은 ASPAC에서 군사동맹 창설을 거론하는 것은 ASPAC의 건전한 발전에 오히려 유해한 일이므로, ASPAC 헌장이 채택되어 ASPAC이 지역협력기구로서 완전한 요건을 갖출 때까지 이 문제를 공식적으로 거론하지 않기로 했다(「ASPAC 제3차 각료회의」 1968, 84). ASPAC은 이후에도 중국, 북한, 북베트남의 침략에 대한 논의는 진행했지만, 군사 분야에 대한 논의는 거의 배제하고 참가국의 상호 경제·기술·문화 협력방안을 주로 논의했다(「ASPAC 제3차 각료회의」 1968, 81-82).

1969년 아시아에 대한 개입을 축소하겠다는 닉슨독트린이 발표된 뒤, ASPAC 참여 국가는 내부적으로 지역 협력에 대해 상이한 입장을 보이기 시작했다. 한국과 대만은 여전히 북한과 중국의 위협에 대처하는 아시아 국가의 단결을 주장했지만, 일본은 중국이 미·소 양국과 대결정책 및 민족해방전쟁 지원책을 추구하면서 동시에 평화공존책도 모색하고 있다고 지적하고, 중국과 아시아 국가의 협조 가능성을 제기했다. 이미 1968년 제3차 각료회의에서도 일본은 베트남전 종식 후 동남아 진출의 정책적 기반 구축을 위해 중국, 북베트남 등으로 ASPAC의 참여 범위를 넓히려 했다. 이러한 구상에는 말레이시아, 호주, 뉴질랜드도 동의 의사를 보였다(「ASPAC 제3차 각료회의」 1968, 92). 아울러 일본은 아시아 문제 해결을 위해 아시아 국가 간의 협력이 필요하다는 것에는 동의했지만, 아시아의 긴장을 완화시키고 평화를 유지하는데 비난과 대결은 문제를 해결하지 못하고, 오히려 배타적 정치그룹이 형성되고 있다는 인상을 조성하게 될 것이라고 주장함으로써 한국, 대만 등의 반공정책에 대해서는 다른 입장을 보였다(「ASPAC 제5차 각료회의」 1970, 202-203).

한국과 대만은 거의 모든 외교문제에서 서로 긴밀하게 협력하고 상호 입장을 지지했다. 1966년 대만이 한국의 아시아개발은행 이사국 선임을 지지하고, 한국은 IMF, IBRD에서 대만을 지지하기로 약속하는 등 양국은 국제기구에서도 긴밀하게 협력했다(「한·중 경제각료회담」(제1차) 1966, 11-12). 한국과 대만은 유엔에서도 '하나의 한국', '하나의 중국' 정책을 통해 북한과 중국의 유엔 가입을 저지했다. 1966년 박정희 대통령의 대만방문 이후 한국과 대만은 정치·외교 분야뿐만 아니라 경제, 군사 분야에서도 협력을 강화했다. 경제적으로 양국은 경쟁관계였지만, 가능한 분야에서 협력관계를 유지했고, 상호보완적인 발전을 위해 협력했다. 양국은 국제시장에서 과당경쟁을 자제하고 해외 진출에서 상호협력을 촉진하기 위해 각 업종별로 시장정보를 교환하며, 선진국 수입제한 및 무역정책에 대해 수시로 정보를 교환하고 필요한 공동행동을 취하기로 합의했다. 또한 선진국 투자유치의 공동 노력, 양국 간 교역 불균형의 시정 및 생산기술 교환, 기술 연수생 교환 등 경제분야에서 광범위한 협력관계를 구축했다(「제3차 한중경제각료회담」 1967-1968, 358-359).

군사적으로 한국과 대만은 상호 군사교류를 활발히 전개했고, 중국, 북한문제에 관한 정보도 수시로 교환했다. 이 과정에서 대만은 중국과 북한의 제휴관계를 견제하면서 한국과 대만의 연계를 더욱 강조했다(「ASPAC 창설계획」 1963-1965, 86). 한국과 대만은 공산진영을 견제하기 위해 공동으로 심리전을 준비하여 실행하기도 했다. 1966년 양국은 심리전 합작에 합의했다. 대공산권 심리전은 내용이 상당히 광범위했다. 그 내용은 먼저 정치적으로 양국의 반공연맹 활동을 주축으로 민간 반공연합전선을 결성하고, 반공정권의 기초를 강화하는 것이었다. 심리 방면에서는 양국이 공동으로 대공(對共) 심리전 텔레비전 프로그램을 제작, 방송하는 것을 비롯해, 대중, 대북 공중·해상 선전물 살포의 기술합작과 경험 공유, 대공 흑색선전 등을 협력한다는 것이었다. 선전 방면에서는 반공사업에 불리한 보도기사의 발행을 피하고 유리한 보도기사로 수정 재발행 할 것을 약속했다. 책략 방면에서는 양국의 정보기관이 밀접하게 협력해서 거짓정보와 흑색선전을 통해 공산세력을 분열시키고, 미국의 타협주의자, 일본의 친공분자에 타격을 가한다는 것이었다.[5] 대공산권 심리전은 양국이 반공을 기반으로 정권의 기초를 강화하고, 대공산권 선전과 공작에 공격적으로 대응하여 반공진영의 단결을 도모하려는 것이었다.

1966년 한국 외무장관 이동원은 대만외교부장 선창후안(沈昌煥)과의 대담에서 "베이징이 아세아에 있어 평화와 안전에 대한 위협이며, 분쟁의 근원인데, 영국은 군사적으로 의지할 수 없고, 아프리카, 아랍, 일본 등은 실질상 아무런 도움이 되지 못한다. 따라서 아세아에서 한국과 대만만이 실제적으로 의지할 수 있는 나라"라는 점을 강조했다.[6] 이와 같이 1950-60년대 한국과 대만은 국제상황의 변화와 상관없이 상호 긴밀한 협력관계를 유지했다.

한국과 대만은 공동운명체와 같은 긴밀한 우호 협력관계에도 불구하고 경제 분야에서는 서로 경쟁과 견제가 존재했고, 우호조약 체결 과정에서 상호 이해관계의 대립으로 오랜 기간 신경전을 벌이기도 했다. 한국과 대만 간에는 1952년부터 우호조약 체결이 논의되었다. 대만 입장에서는 어떤 나라와도 상호우호조약 체결을 환영했고, 특히 한국과는 조속히 우호조약을 체결하기 희망했다. 한국은 양국 간의 밀접한 관계로 인해 일정한 성의를 보이기 위해 우호조약 체결을 검토했는데, 양국 간의 조약은 통상 면에서는 대만산 중요물자인 쌀, 소금, 석탄, 설탕을 수입하는데 유리했기 때문에 이익이었다. 하지만 상호 국민의 출입국 및 여행에서 대만의 한국 교민은 550명 정도인데 비해 한국의 화교는 2만 5,000 명(1962년 현재)이나 되어 한국이 절대적으로 불리했다. 이

---

5) 〈加强中韓心戰合作草案〉, 「中韓心戰合作」 1966, 5-6.

6) 〈이동원 외무부장관과 중국 심창환 외교부장의 회담〉, 「박정희대통령 동남아 및 중화민국 순방」 1966, 233.

를 개방하면 화교가 한국 상업을 농단할 우려가 있어 한국정부는 중국인의 출입국을 억제할 필요가 있었기 때문에 출입국과 여행 개방 문제를 제외하려고 했다. 이 문제가 계속 발목을 잡아 우호조약의 체결은 지연되었고, 이는 양국 사이의 현안이 되었다.[7] 당시 한국·대만 우호조약 체결에 대해 한국 외교 실무자 사이에는 유리한 점을 강조하는 견해와 불리한 점을 강조하는 두 가지 견해가 대립했다.

한국·대만 우호조약 체결의 유리한 점을 강조하는 견해는 한국과 대만 간의 전통적인 우호관계와 대만이 한국에 물심양면으로 지대한 원조를 베풀었다는 점을 강조했다. 또한 우호조약 체결이 현실적으로 아시아에서 공산 침략의 위협을 가장 많이 받고 있는 양국의 상호협력과 유대를 강화하는 데 기여할 것이고, 대만의 한국에 대한 감정이 한층 호전될 것이라는 점을 강조했다. 중국인의 자유로운 출입국 허용으로 인한 장기 불법 체류자와 경제 활동의 제한 해제 문제는 현행법으로 충분히 통제할 수 있고, 한국은 동남아 국가와 달리 화교의 수가 2만 5,000명 정도로 그다지 많지 않기 때문에 문제될 여지가 별로 없다는 점을 들어 우호조약 체결에 찬성했다(「한·중간의 우호조약」 1952- 1965, 145-149).

반면 우호조약 체결을 반대하는 입장에서는 한국·대만 우호조약이 체결되어 중국인의 자유로운 출입국을 허용하면, 다수의 중국인 유입이 불가피하게 될 것인데, 장기불법체류자, 밀수범, 탈세 등 사회질서를 교란하는 사태가 필연적으로 발생할 것이라는 점을 들어 반대했다. 여기에 중국인에 대한 경제 활동 제한이 완화되면 중국인들이 한국에서 경제력을 증대시키는 토대를 법적으로 보장해주는 결과가 초래되는 것도 반대의 이유였다. 반대론자들은 한국과 대만이 새로운 조약을 통해 생사를 같이 하는(同生共死) 관계에 들어갈 것인지 또는 한국이 대만과 다른 독자적인 외교노선을 취할 것인지에 관한 이해득실을 검토

7) 〈대한민국과 중화민국 간의 우호조약안 설명〉, 「한·중간의 우호조약」 1952-1965, 24-25. 한국과 대만 우호조약 체결에 관한 자세한 내용은 王恩美, 2011b 참조.

할 때, 우호조약 체결이 이러한 면에서 이득보다 손실이 많다는 점도 고려해야 한다고 보았다. 따라서 기존의 우호관계 지속이 현명한 방책이므로 대만 쪽 제의에 대해 소극적인 태도를 취할 것을 건의했다.[8)]

한국 내에서는 우호조약 체결에 대부분 반대했고 소수만이 찬성 입장을 보였다. 1952년 우호조약 체결이 처음 제의된 이후 1964년까지 찬반의 논란이 계속되면서 우호조약 체결은 계속 지연되었다. 한국정부는 자유로운 출입국 보장과 영사관 개설이 한국정부에 불리하다고 보고 조약 체결을 미루었다. 대신 한국정부는 1962년부터 우호조약에 앞서 문화협정을 먼저 체결하자고 제안했다. 하지만 대만에서는 우호조약이 비정치적·비군사적 우방조약으로 양국 사이에 현존하는 우호, 외교 및 기타관계를 협정하는데 불과함에도 한국이 미루는 것에 대해 불만을 표시하고 문화협정 우선 체결에 반대했다. 이 문제는 1964년 10월 12일 정일권 국무총리가 대만을 방문해서 정식으로 조약을 체결할 때까지 한국과 대만 사이에 줄다리기가 계속되었다.

1950-60년대 한국과 대만은 반공을 기치로 정치·군사적으로 굳건히 협력했고, 국제사회에서도 상호 이익을 위해 긴밀하게 협력했다. 비록 경제적, 실질적 이익 면에서 상호 경쟁하고 견제하기도 했지만, 한국과 대만은 반공의 최전선에 서있다는 동질감과 상호 이해관계의 일치로 정치·외교·군사적으로 동반자적 협력관계를 유지했다.

8) 〈대한민국과 중화민국 간의 우호조약안 설명〉, 「한·중간의 우호조약」 1952-1965, 151-161.

Ⅲ. 미중화해 이후 한국 대만의 외교적 균열

1960년대 중반까지 강고했던 동아시아 냉전질서는 미국이 중국을 현실적인 대화상대로 인식하기 시작하면서부터 흔들리기 시작했다. 1960년대 후반 들어 중국이 대외관계에서 적극성을 보이고 서방국가들도 8억 인구를 가지고 중국대륙을 지배하고 있는 중국을 제외하고 국제문제를 논의하는 것은 현실적으로 한계가 있었기 때문에 중국을 대화상대로 인정하기 시작했다. 특히 미국은 중국과 소련의 대립을 이용하여 소련을 고립시키기 위한 방책의 하나로 중국과 관계 개선에 나서기 시작했다.

국제정세의 변화와 함께 중국의 유엔 가입 문제가 본격적으로 논의되기 시작했다. 중국의 유엔 가입문제가 논의되기 시작한 것은 1961년 알바니아가 중국 가입과 중화민국 축출을 내용으로 하는 결의안을 제출한데서 비롯됐다. 이후 유엔에서 중국에 대한 지지가 증가하자, 서방진영에서는 1965년 중국 가입문제를 "중요문제로 지정하는 결의안"으로 통과시켜 중국의 유엔 가입은 유엔총회에서 2/3의 찬성표가 필요하도록 했다(「한국의 대중국(구중공) 정책」 1971, 11). 1960년대에는 대만이 중국에 비해 외교적으로 우위를 점했지만, 1970년 들어 캐나다가 중국 승인한 뒤 적도기니, 이탈리아, 에티오피아, 칠레 등이 중국을 승인하고, 벨기에, 오스트리아, 룩셈부르크 등이 외교관계 수립을 위해 중국과 교섭하면서 중국이 대만보다 우위를 점하기 시작했다. 중국 승인국가가 증가하고 미국의 대중국 정책 전환 가능성으로 중국의 유엔 가입 가능성이 점차 높아졌다.

1970년 제25차 유엔총회에서는 중국대표권 문제에 대해 공산 측 찬성안이 처음으로 과반수를 넘어섰다(찬성 51, 반대 49, 기권 25). 이것은 중요문제 결의안에서 서방 측 안이 찬성 66, 반대 52, 기권 7로 가결되었기 때문에 부결되었지만, 중국의 유엔 가입이 점차 현실화되었다(「중국(구중공)의 유엔 가입 추진 및 각국의 중국 승인」 1970, 187). 독일의 전문가들은 1971년 또는 1972년에는 중화민국이 유엔으로부터 축출되지 않기 위해 스스로 유엔을 탈퇴하든가, 아니면 본토 수복의 꿈을 포기하고 대만공화국으로 독립하는 길이 있다고 관측했다(「중국(구중공)의 유엔 가입 추진 및 각국의 중국 승인」 1970, 212). 일본에서는 중국의 유엔 가입이 3년 이내에 이루어질 것으로 예상했다(「한국의 대중국(구중공) 정책」 1971, 14).

하지만 국제사회의 일반적 관측과 달리 대만은 여전히 대륙의 중국이 붕괴될 수 있다고 보았다.[9] 이것은 장제스(蔣介石)를 비롯한 대만 지도자들의 일관된 인식이었다. 이들은 대만이 유엔에서 탈퇴해도 국제적으로 대만의 지위는 약화되지 않을 것이고, 대만은 여전히 반공과 자주를 기본자세로 국제정세 변화에 상관없이 대륙 '수복'의 목표를 달성하는데 최선을 다한다는 입장을 고수했다.[10] 대내적으로 반공과 본토 수복, 대외적으로 중국에 대한 국제지위의 우위는 1949년 이래 국민당정부가 대만을 통치하고 대만인을 통제했던 근거였다. 대내외적 명분을 바탕으로 국민당정부는 대만을 안정적으로 통치했다. 따라서 현실적인 외교노선을 취해 공산권 국가와 교류하게 되면 반공과 공산중국 반대라는 구호도 허구가 되기 때문에 국민당정부의 존립 기반을 위협할 수 있었다. 대만 국민당정부는 외교적으로 현실적인 정책전환을 한다고 하더라도 중국과의 외교대결에서 승리할 가능성이 적었기 때문에 국내의 정치적 안정을 위해 '반공복국'(反共復國) 원칙을 고수할 수밖에 없었다. 이러한 현실인식은 대만이 대외문제에서 탄력적인 정책을 취하기 어렵게 만들었다. 대만은 국민당정부가 중국을 대표하는 유

9) 〈최규하 외무부장관과 Loh Ying-Teh 주한 중국대사 면담록〉, 「중국(구중공)의 유엔 가입 추진 및 각국의 중국 승인」 1970, 255.

10) 〈당면 국제정세에 관한 자유중국 정부의 방침과 견해(1971.3.4.)〉; 〈이란주재 한국대사관 보고(1971.3.8.)〉, 「중국(구중공)의 UN 가입(중국대표권문제)」(V.4, 각국 반응 및 언론보도) 1971, 198, 205; 〈중공 유엔 가입 이후 대만의 반응〉, 「중국(구중공)의 UN 가입(중국대표권문제)」(V.3) 1971, 301.

일한 정부라는 입장을 견지해서 중국을 승인하는 국가와는 단교했다(「한국의 대중국(구중공)정책」 1971, 9-10).

대만 외교관들은 국제정세 변화의 현실에 대해 인식을 하고 있었지만, 본국 정부의 반공복국에 대한 완강한 태도로 인해 제대로 입장을 개진하지 못했다. 한표욱 태국 주재 한국대사의 보고에 따르면, 타나트 코만(Thanat Khoman) 태국 외상이 유엔총회에 참석했을 때 중화민국 대표들을 만나 캐나다의 중국 승인과 관련해 캐나다가 중화민국에 대해 비우호적이라고만 말하지 말고, 오히려 중국과 직접 대화를 갖는 도전이 필요하다고 충고했다고 한다. 이에 대해 중화민국 대표는 만일 자기가 그런 건의를 정부에 한다면 자기는 역적으로 몰릴 것이라고 답변했다고 한다(「중국(구중공)의 유엔 가입 추진 및 각국의 중국 승인」 1970, 25). 대만 외교정책의 딜레마는 국제정세의 변화에 따라 탄력적인 정책을 취해야 했지만, 국민당 지도자들의 반공과 대륙 수복에 대한 의지로 인해 효과적으로 정책 전환을 하지 못했다는데 있었다.

1970년에 중국의 유엔가입이 점차 가시화되면서 한국은 대만과의 관계를 조정하고 중국과 관계를 개선하려는 준비를 하고 있었다. 한국의 외교정책 결정권자들은 현실적인 외교정책으로 한국의 국가 이익을 지키고자 했다. 중국대표권 문제에서 한국은 대만의 입장을 지지했다. 박정희 대통령은 1971년 시정방침에서 "소수 자유국가가 중공을 승인하는 추세에 있는데, 중공을 승인하고 유엔 가입에 찬성하는 것은 침략호전의 태도를 바꿀 수 없고, 오히려 발언권과 국제지위를 높여주는 것으로 베이핑(北平)에 대한 유일한 효과적인 방법은 무력을 배경으로 해야 한다"고 성명했다. 또한 최규하 외무장관은 일본을 포함한 아시아 자유국가가 중국과 접촉하는 것에 대해 대만의 입장이 존중받아야 한다고 인식했다(「韓國對外關係」 1971, 5-6). 하지만 중국대표권 문제와 함께 분단국가 유엔 동시가입 방안이 거론되자 한국정부는 한국문제와 중국문제가 서로 다른 별개의 문제라는 것을 명백히 하고, 이 두 문제를 분단국가 문제라고 하여 일괄 처리하거나 두 문제 간에 어떤 연관을 맺는 것에도 반대함으로써 보편성(Universality) 원칙 등 구체적인 문제에서는 대만의 입장을 지지하지 않았다(「중국(구중공)의 UN 가입(중국대표권문제)」(V.3) 1971, 276).[11] 또한 1971년 7월 21일-23일까지 마닐라에서 열린 제5차 세계반공연맹총회에서는 중국의 유엔 가입 저지를 위한 특별위원단을 유엔에 파견하기로 결의하고, 이 연맹의 명예총재인 대만의 구징장(穀靜江)이 한국 대표 파견을 요청했지만, 한국반공연맹은 중국을 자극하지 않기 위해 참여하지 않기로 결정했다(「중국(구중공)의 UN 가입(중국대표권문제)」(V.2) 1971, 352).

한국의 현실 노선은 일관성보다는 각각의 사안에 대해 한국의 입장을 관철시키는 것이었다. 한국은 '하나의 중국, 하나의 대만'에 대해서는 이것이 한국문제에 적용될 때, 한국의 합법성을 인정하고 북한의 합법성을 부정할 수 있었기 때문에 '하나의 중국' 정책을 옹호했다. 하지만 분단국가 유엔 동시가입 움직임에 대해서 한국은 중국과 분단 과정이 전혀 다르기 때문에 중국문제와 한국문제는 서로 다른 차원에서 접근해야 한다는 점을 강조하여 차별성을 강조했다(「한국의 대중국(구중공) 정책」 1971, 14-15).

미국의 힘이 아시아에서 후퇴하고, 주한미군 철수가 현실화하자 한국은 엄청난 충격을 받았다. 동서 냉전의 완화와 미중 관계의 변화에 한국 집정자들은 새로운 대외 '응변책'(應變策)을 찾으려 했고, 이후 변화에서 한국의 이익을 취하려고 했다. 또한 한국은 서독이 주도적으로 동독과 직접 교섭을 진행하는 것을 부러워했고, 북한과도 비슷한 접촉을 할 수 있기를 바랐다. 그래서 먼저 장기간의 남북대치로 발생한 국

11) 중국의 유엔 가입이 가시화하면서 대만을 유엔에 잔류시키기 위해 2개의 중국대표권 문제가 논의되었다. 동시에 모든 분단국가의 유엔 동시가입 문제가 논의되었다. 한국은 유엔으로부터 한반도의 유일한 합법국가로 지위를 인정받았고, 유엔은 1947년 이후 한반도 통일문제에 관여했다. 따라서 한국은 유엔을 통해 통일문제를 해결하고자 했다. 다만, 한국은 분단국가 유엔 동시가입론이 북한을 합법적인 국가로 인정하고 한반도의 분단을 고착시키는 조치라고 인식, 이에 반대했다(「분단국가 유엔가입」 1971, 60-62).

내의 각종 압력을 완화하고 평화적으로 통일문제를 해결하려 했다. 한국은 일부 동유럽 공산국가와 서방이 우호관계를 수립하는 것을 보고, 어떤 적의도 포함하지 않는 공산국가와 먼저 무역, 스포츠, 문화 활동 등의 방법으로 접촉을 시도하고, 이를 통해 정치적인 관계로 나아가는 것도 희망했다(「韓國對外關係」 1971, 33).

경제적인 상황도 한국의 대외정책 변화에 영향을 미쳤다. 한국은 경제적으로 고도의 발전을 해왔지만, 1970년 들어 상품경쟁력 하락과 외채상환 압력으로 한계에 직면했다. 한국은 외채상환 압박으로 수출 확대정책을 실시하고 있었다. 한국 대외무역에서 미국은 50%로 절대적인 비중을 차지했다. 그러나 미국 경제가 쇠퇴하자 미국은 대외무역에서 보호정책을 채택하여 한국의 수출에 큰 영향을 미쳤다(「韓國對外關係」 1971, 43). 한국은 수출목표를 달성하기 위해 새로운 돌파구가 필요했다. 경제적 위기와 국제관계 변화의 물결에 직면해서 한국은 '국가 최고의 현실이익 추구'를 전제로 대외관계에서 이전에 견지해왔던 입장을 수정해야할 필요가 있어 '탄력성과 변동성'의 전략을 채택했다(「韓國對外關係」 1971, 33).

1970년 10월 한국은 〈무역법〉을 수정하여 동유럽 공산국가와 무역을 적극 추진했다(「韓國對外關係」 1971, 23). 이를 통해 한국은 적대국가인 북한, 북베트남, 소련, 중국을 제외한 공산국가에 무역을 개방했다. 무역법 수정은 정치적으로도 한국 대외정책의 변화를 가져왔다. 한국은 '비적성' 공산국가와 무역접촉을 진행하여 북한 외교의 확대를 방지하고 한국의 국제 지위를 공고히 하려 했다. 박정희 대통령과 최규하 외무장관이 1971년 초 발표한 담화에서는 무역의 방법으로 정치목적을 달성하는 것을 강조했다(「韓國對外關係」 1971, 24). 더 나아가 한국은 표면적으로 대만과 여전히 긴밀한 우호협력관계를 유지했지만, 실질적으로 대만에서 벗어나 중국에 접근하는 정책을 모색했다.

대만은 한국 외교정책 변화의 불가피성을 인정하면서도 반공진영 균열에 대해 우려했다. 동유럽 공산국가와 접촉은 여러 제한 조건이 있었지만, 반공진영 이탈의 전조로 여겨져 대만은 매우 민감하게 반응했다. 무역 거래를 통해 중국과의 관계도 필연적으로 발생할 수밖에 없었기 때문에 대만은 한국의 무역정책이 아시아 반공국가의 단결을 와해시키는 것이라고 우려를 표명했다. 이와 함께 한국을 반공진영에 묶어놓기 위해 정책적 대안을 마련했다. 먼저 한국이 수출 확대를 위해 공산권 국가에 무역을 개방했기 때문에 대만은 아시아 자유국가와 경제합작 강화를 통해 반공진영의 이탈을 막으려 했다. 또한 대만의 외교정책 결정자들은 한국과 관계 유지를 위해 한국의 유력인사를 초청해 유대관계를 강화하는 방안도 마련했다. 대만이 김종필 총리를 박정희의 계승자가 될 가능성이 있다고 보고 그를 초청해 양국 간 합작을 강화하고자 한 것이 대표적인 예이다(「韓國對外關係」 1971, 44).

중국의 유엔 가입과 대만의 유엔 탈퇴 이후 한국의 외교관들은 국제정세와 변화 방향에 대해 비교적 정확히 인식하고 대책을 마련했다. 김동조 주미 대사는 미중 관계정상화 이후 무력에 의한 남북문제 해결 시도는 거의 불가능하기 때문에 평화적인 방식으로 문제를 해결하는 방안을 모색해야 한다는 것과 중국의 유엔 가입으로 유엔을 통해 한국 통일을 성취하려는 기본방침을 재검토해야 한다고 건의했다. 아울러 미중화해 이후 미국이 아시아 지역에서 미군을 철수하는 상황에서 한국 자체의 중장기적인 자주국방 정책이 필요하다는 것도 건의했다. 대중국문제에서는 중국이 한반도 현상유지를 원하고 있기 때문에 '2개의 한국' 정책을 수용해야 한다고 건의했다. 아울러 앞으로 중국과의 관계개선이 필요한데, 중국과의 관계개선과 대만과의 우방관계 유지는 양립될 수 없으므로 대만과의 관계를 재설정해야 한다고 건의했다.[12] 이것은 한국 외교정책의 현실과 방향을 집약적으로 분석한 것이었고, 이후

12) 〈주미대사가 대통령에게 보내는 보고서(1971.11.18.)〉, 「중국(구중공)의 UN 가입(중국대표권문제)」(V.3) 1971, 406-411.

한국의 외교정책은 대체로 이 방향에서 크게 벗어나지 않았다.

1970년 들어 중국의 유엔 가입이 가시화 되면서 국제관계는 크게 변화했다. 1950-60대 반공진영의 최전선에 섰던 한국은 국제관계 변화에 대응하여 외교노선을 변화시켜야 했다. 한국의 외교정책 결정권자들은 현실이익을 추구하는 방향으로 외교정책을 변경했다. 한국의 새로운 외교정책 방향은 중국과의 관계 개선과 대공산권 접근이었다. 반면 대만은 현실적으로 외교정책의 변화가 어려워 반공외교정책을 고수했다. 한국이 대만과 보조를 맞추지 않고 외교노선의 변화를 모색하자, 국제적 고립 속에서 반공을 기치로 지지 세력을 결집하려 했던 대만은 반공진영의 균열에 대해 우려했다. 대만은 경제합작 등을 통해 한국이 반공진영에서 이탈하는 것을 막으려 했지만, 한국은 점차 대외정책 변화를 공식화 시켰다.

Ⅳ. 한국의 현실외교와 대만의 원칙외교

미중화해로 동아시아 각국은 강요된 평화체제에 적응해야 했다. 기존의 진영논리는 제대로 작동하지 않았고 각국의 문제는 개별화되었다. 미중화해 이후 한국과 대만은 생존을 위해 자국의 외교·안보 이익을 극대화하고자 했고, 적대세력과도 대화를 모색하여 실질적인 충돌 가능성을 줄이려고 했다. 미중화해의 결과 대만은 미국과의 관계를 재정립해야 했다. 대만은 미국의 방위체제에 포함되어 있었지만, 유엔에서 축출되었고 외교적으로 고립되었다. 반면 미중화해 과정에서 한국문제도 논의되었지만, 한국은 직접적인 피해는 입지 않았다. 따라서 대만과 한국의 아시아 데탕트에 대한 입장은 기본적인 출발점에서 차이가 있었다.

1971년 중국의 유엔가입으로 대만은 체제 경쟁에서 열세로 돌아섰다. 체제 경쟁의 패배는 대만을 위축시켰고, 대만의 선택 폭은 넓지 않았다. 대만은 점차 국제적으로 고립되었지만, 국내적 요인으로 탄력적인 정책을 실시하기 어려웠다. 냉전 시기 반공진영의 일원이었을 때는 경제발전, 국내통제, 국제적 지지 등 선순환의 구조를 갖추었으나, 미중화해로 반공진영이 와해되자 경제적 우위를 제외하고는 경쟁력을 상실했다.

유엔에서 탈퇴한 이후 대만은 외교적 열세를 벗어나기 위해 적극적으로 수교 국가를 방문하여 지지를 호소했지만 기대했던 성과를 거두지 못했다(國史館中華民國史外交志編纂委員會編 2002, 160). 대만은 외교적 좌절이 중국의 대만고립책략에 의한 것으로 규정하고 국내 건설을 위해 대외경제관계의 실질적 확대를 모색했다(川島眞 外 2009, 96). 저우수카이(周書楷) 대만외교부장은 외교정책은 경제·민간 교류가 중점이라는 것을 강조하면서 대만 외교정책의 중점이 외교가 아니라 무역이며, 무역이 대만의 생명선이라는 의견을 표명했다. 이후 대만의 외교는 비수교국과 교류를 확대하고 민간·상무 교류를 강화하는 것

으로 바뀌었다(國史館中華民國史外交志編纂委員會編 2002, 160)

대만은 표면적으로는 탄력외교·현실외교로 전환을 모색한다고 표명했지만, 실제로는 대만의 법통에 반하지 않고, 대만의 기본국책에 영향을 주지 않으며, 대만의 존엄을 훼손하지 않는다는 3대 전제를 여전히 고수했다. 1972년 2월 18일 저우수카이 외교부장은 공산권 국가와의 관계개선을 시사하기도 했지만, 이것은 대만 내부에 엄청난 파장을 불러일으켜 실현되지 못했다(川島眞 外 2009, 97). 대만은 반공을 적극적으로 주장하지 않고 경제·무역 방면에서 다각적으로 교류 확대를 시도했지만, 통치의 합법성과 국내의 안정을 위해 여전히 반중국, 대륙수복의 목표를 유지함으로써 현실적인 외교는 구호에 그쳤고, 실제로는 원칙외교에서 벗어나지 못해 실질적인 효과를 보지 못했다.

국민당정부는 1949년 본토에서 대만으로 철수한 뒤, 반공복국의 철저한 이념과 경제 발전으로 대만인들에 대해 효과적인 통치를 수행해왔다. 반공과 본토 수복은 1949년 이래 대만 국가비상사태 실시의 근거가 되었으며, 정부의 정치활동에 대한 강력한 통제근거가 되었다. 이에 따라 정부의 시책에 반하는 모든 정치활동은 금지되었을 뿐만 아니라 실질적으로 대만인의 정치적 의사결정 활동은 완전히 봉쇄되었다. 대만 인구의 80%를 차지하고 있는 본성인(本省人, 대만출신자)의 정치적 활동에 대한 통제의 근거는 국민당정부의 반공복국 정책 수행을 위한 국가비상사태였다. 그런데 중국보다 열세가 확인되고 본토 수복이라는 구호가 신화에 불과하다는 것이 현실화하자 국민당정부의 대만인에 대한 정치적 통제근거가 사라지게 되었다. 그렇게 되면 자결권을 얻기 위한 대만인의 투쟁이 일어날 것으로 예상되었기 때문에 대만은 더욱 정책적 탄력성을 가질 여지가 없었다(「대만(구중국)과 중국(구중공) 관계」 1973, 63-64). 국제적으로 고립되는 와중에도 대만은 국시(國是)와 존립 이념으로 계속 자국의 정통성과 반공복국을 주장했으며, 중국과 타협이나 협상을 일절 거절했다. 이러한 대만 당국의 태도는 국내 문제와 자체의 존립을 위한 것이었기 때문에 변화를 기대하기 어려웠다(「대만(구중국)과 중국(구중공) 관계」 1973, 52).

1971년 7월 키신저의 중국 방문으로 미국과 중국의 관계정상화가 기정사실화한 가운데 10월 25일 유엔총회에서 대만이 유엔에서 축출되고 중화인민공화국이 중국대표로 유엔에 가입하자 한국은 본격적으로 외교정책의 변화를 모색했다. 중국의 유엔 가입과 미중화해에 따른 냉전의 완화와 동아시아 국제질서의 변화는 한국의 입장에서 매우 당혹스러운 것이었다. 한국은 국제질서의 변화에서 주도적으로 정책을 결정할 수 있는 처지가 아니었기 때문에 한국의 외교정책결정자들은 국제정세의 변화 맞게 현실적으로 외교정책의 방향을 전환해야 했다. 아울러 이전에 외교문제에 대해 광범위하게 정보와 의견을 교환하고 상호 전폭적으로 협조했던 대만과는 관계 재조정이 필요했다.

중국이 유엔에 가입하면서 한국은 외교적으로 딜레마에 봉착했다. 중국대표권 문제는 중국의 유엔 가입에 그치지 않고 유엔 전문기구 및 국제기구에서 많은 논쟁이 예상되었다. 먼저 한국은 중국이 유엔에 가입하면서 중국대표권 문제를 처리한 알바니아 결의안이 기타 분단국 문제로까지 확대되는 것을 우려했다. 한국의 중국 정책은 중국에서 유일한 합법정부는 '중화민국'이라는 가정 하에 수립된 것이었다. 그런데 중화인민공화국이 유엔에서 중국을 대표하게 되고 동아시아의 실질적인 강대국으로 부상하면서, 중화인민공화국 정부도 국제관계의 정상화를 바라고 있었다. 이러한 상황에서 한국이 계속해서 기존의 대중국 정책을 고수하면 한국이 국제사회에서 고립될 우려가 있다는 점을 인식하지 않을 수 없었다. 더욱이 대만은 유엔 전문기구 및 국제기구에 잔류 희망의 주요 명분을 보편성에 두고 있었는데, 한국이 이러한 원칙에 동조하고 대만을 적극 지지할 경우 한국의 대북한 관계에 중대한 영향을 미칠 우려가 있었다.[13] 따라서 보편성 원칙이 한국에 직접적으로 미칠 악영향[14]과 거시적으로 중국과의 대화가 불가피 하다는 점을 고려하여 정책을 결정했다. 한국은 대만의 요청에 대해서는 다른 우방국과 협의해서 측면 지원은 하되, 중국을 자극하는 결의안 등에 표면적으로 나서지 않는 신중한 정책을 취할 것을 결정했다.[15)]

한국은 유엔 산하 국제기구에서 중국의 가입에 대해 대만의 협조 요청에도 불구하고 기권했다. 그리고 공식적인 회의에서 찬반토론을 할 때 대만의 입장을 지지하기는 했지만 적극적인 활동은 자제했다.[16)] 한국은 기존의 대만에 대한 일방적 지지에서 벗어나, 중국과도 일정한 관계를 유지하여 국제사회에서 중국과 지나친 긴장 조성을 회피하려 했다. 이러한 한국의 태도는 대만의 입장에서 분노를 불러일으켰지만, 대만은 국제사회가 중국을 승인하는 분위기에서 한국과 기존의 관계를 유지하기 위해 노력했다.

중국의 유엔 가입 이후 국제기구 내에서 중국대표권을 둘러싸고 논란이 벌어졌으나, 거의 모든 기구에서 중국을 가입시키고, 대만을 축출하는 것으로 결론이 났다. 대만은 16개 기구 가운데 14개 기구에 가입하고 있었지만, 거의 모든 기구에서 축출되었다. 이 과정에서 대만은 한국에 적극 협조를 요청했다. 그러나 한국은 1972년 WHO 총회에서 중국대표권에 대한 대만 측의 협조 요청에 답신하면서 한국의 입장에서 대만을 적극 지지하지 못한다는 사실을 공식화했다.[17)]

---

13) 〈대만 유엔 전문기구 잔류문제와 한국의 입장〉, 「국제기구 내에서의 유엔대표권 문제에 대한 한국의 입장」 1971, 78-79.

14) 유엔의 '보편성' 원칙은 유엔 모든 활동에 정치적 고려를 떠나 참여해야 한다는 것으로 보편성의 원칙에 대해서는 유엔헌장에 규정이 있는 것도 아니고 의미에 정확한 정의가 내려진 것도 없지만, 유엔총회 기조연설이나 사무총장의 연차보고에서 중요한 원칙으로 언급되어 왔다(「중국(구중공)의 유엔 가입 추진 및 각국의 중국 승인」 1970, 272-273). 공산권 및 중립 진영에서 북한, 동독, 북베트남의 유엔 가입을 주장할 때, 이 원칙을 원용했기 때문에 북한의 국제기구 가입을 저지해온 한국은 이 원칙에 동의하지 않았다.

15) 〈대만유엔 전문기구 잔류문제와 한국의 입장〉, 「국제기구 내에서의 유엔대표권 문제에 대한 한국의 입장」 1971, 79.

16) 위의 자료, 92.

17) 〈외무부에서 제네바 대사에게 보내는 전문〉 1972. 4월로 추정, 「국제기구 내에서의 중국대표권에 대한 한국의 입장」 1971-72, 23. 이 내용은 다음과 같다. 1) 한국은 중국과 같은 분단국가로서 유엔에서 한국문제로 미묘하고 중요한 난제를 스스로 지니고 있어

한국은 대만과 관계 재조정에도 불구하고 한국의 국익과 관련된 문제에서는 대만과 적극적인 협조관계를 유지했다. 1973년 9월 유엔사탕회의(ISA)는 새로운 국제사탕협정을 체결했는데, 중국의 유엔 가입으로 대만은 1973년 회의 초청 대상에서 제외되어 새로운 협정 가입이 불가능했다. 당시 한국은 수출회원국이었던 대만으로부터 거의 대부분의 사탕수수를 수입해왔다. 한국은 대만의 배려로 국제 원당 시세가 급등했을 때에도 ISA 보장가격으로 수입해올 수 있었다. ISA 규정은 회원국 간의 전통적인 교역 실적에 기초하고 있고 비회원국과의 거래는 최대한 제한하고 있으므로 대만이 비회원국이 되면 한국은 ISA 보장가격으로 소요 원당을 구입하기 곤란했다.[18] 대만의 회원자격이 박탈되면서 한국은 권리는 누릴 수 없고 협정상 의무만 지게 됨으로써 상당히 곤란한 입장에 있었다. 이에 대만과 쌍무협정을 통해 전통적 회원국 간 거래로 간주되도록 하는 방안을 추진해서 이를 성사시켰다.

한국의 외교정책 결정자들은 국제질서의 변화에 따라 한국의 국제적 입장을 대변할 수 있는 새로운 정책을 실시해야 했다. 이것은 이전까지 고수했던 반공(反共)과 반중공(反中共), 반북한(反北韓) 이미지를 그대로 고수하기 어려워졌음을 의미했다. 한국은 중국의 유엔가입으로 중국과 북한의 연합이 현실적 위협으로 작용하는 상황에서 중국·소련과의 관계 개선, 북한과의 대화를 포함한 대공산권 정책을 완화할 수밖에 없었다.

중국과 북한이 서로 밀착된 관계를 유지하고 있었기 때문에 중국은 한국에 대해 적대적인 태도를 취했다. 중국의 대외정책이 변화하고 중

공산주의 계열 내지 일부 중립계 국가들의 공세 목표가 되고 있다. 2) 전문기구 등에 있어서도 북한의 가입 기도에 직면하고 있는 특수한, 난처한 사정이 있어 매우 입장이 약하다. 3) 실제 문제로서 자유중국이 보편성 원칙을 내세우고 있는 사정은 알 수 있으나 한국으로서는 대북한 관계에 비추어 이 원칙을 수락할 수 없는 입장에 있음을 자유중국 측에서도 이해하고 있을 것으로 알고 있다. 이러한 사정으로 더 자유로운 입장에 있는 다른 영향력이 큰 국가가 전면에 나서는 것이 더 효과적일 수도 있다.

18) 「국제기구에서의 중국대표권 문제 및 한국의 입장」 1973, 12-13. ISA 규정에 따르면 국제원당 시세가 최상한선과 최하한선을 넘어도 각 수입회원국은 전통적인 수출 회원국으로부터 공급보장가격으로 소요 원당을 구입할 수 있는 권리를 가졌다.

국-북한간의 관계가 소원해지거나, 북한의 태도에 변화가 생겨 남북한간에 새로운 관계가 전개되지 않는 한, 한국과 중국의 관계 개선은 기본적으로 어려웠다(「한국의 대중국(구중공) 정책」 1971, 14). 한국은 이러한 상황에서 내적으로 반공정책을 전환할 방안을 모색했다. 이것은 남북관계 개선을 포함해서 공산권에 대한 접근이었다. 한국은 1972년 남북적십자 회담 개최를 통해 북한과 관계를 개선하려고 했고, 1973년 6·23선언을 통해 모든 공산국가와 적극적인 교류를 선언했다. 한국의 외교정책 당국자들은 남북적십자회담과 6·23선언을 통해 대공산권(對共産圈) 교섭, 교류확대를 공식화하고 외교정책의 전환을 국민들에게까지 이해시켰다. 이러한 과정을 통해 정책결정자 차원의 대공산권 교류는 일반 국민에게까지 확대되어 공산권 교류의 공감대가 확산됐다. 반면 국제사회에서 대만의 효용성이 사라지고, 오히려 대만과의 협력이 부담이 되면서, 한국은 대만과 일정한 거리를 유지하는 전략을 취했다. 이러한 한국의 외교정책 변화는 미국에 의해 강요된 수동적인 외교정책이었다(전재성 2005; 장준갑 2009). 한국은 처음에는 수동적으로 유연한 외교정책을 수행했지만, 생존과 경제적 이유로 공산국가에 지속적으로 접근하여 점차 적극적으로 현실적인 외교정책을 전개했다. 또한 남북관계는 국내정치와 연관되어 유동적이었지만, 전쟁 가능성의 감소로 경제개발과 국내정치 강화에 유리한 측면으로 작용했다.

중국의 유엔 가입으로 한국을 중심으로 성립된 반공국가 기구인 ASPAC도 존립의 기로에 놓였다. 한국의 동남아시아 외교의 기반이 되었던 ASPAC은 새로운 한국 외교에 걸림돌이 되었다. 회원국 다수가 중국과 관계 개선을 원했기 때문에 대만이 회원국으로 남아 있는 한 ASPAC의 기능은 점차 저하될 것이 분명했다. 이에 한국은 대만을 지역대표로 ASPAC에 참여시키던지, 대만이 ASPAC에서 자진 탈퇴하도록 외교교섭을 은밀하게 진행했다(「ASPAC 장래에 관한 보고서」 1972, 25-26). 대만은 이러한 한국의 행동에 분노했다.

미중화해와 대만의 유엔탈퇴 이후 서방 국가들은 대만과의 국교를 단절하고 경제·문화적 관계만 유지했다. 미국은 대만의 지정학적 중요성으로 완전히 관계를 단절하지 못했지만, 중국과의 관계를 고려할 때 대만의 입장을 지지해줄 수도 없었다. 결국 대만은 대내외적인 노력에도 불구하고 국제사회에서 고립되는 처지에 놓였다. 이런 상황에서 한국은 대만의 외교적 고립을 덜어줄 수 있는 상대였다. 대만은 한국이 여전히 반공의 보루로 남아 대만과 우방관계를 유지하기를 희망했다. 하지만 한국은 대만의 기대와 달리 반공노선을 고집하지 않았다.

한국이 굳건한 반공진영에서 이탈하여 현실적으로 타협하는 것이 어쩔 수 없는 현실이라는 것을 감안하더라도, 한국의 대만에 대한 현상유지정책과 중국에 대한 관계개선 시도는 대만을 경악케 했다. 반공을 기치로 서로 공조해 왔던 한국과 대만은 실질적 이해관계로 서로의 입장이 엇갈리기 시작했다. 대만은 한국에게 외교적으로 짐이 되었다.

한국의 외교당국은 새로운 환경에 적응하기 위해 지금까지와는 다른 선택을 해야 했다. 대만은 이러한 한국을 이전의 틀 속에 붙잡아 놓기 위해 노력했다. 한국은 국제사회에서 한국의 지위를 유지하려는 현실적인 필요 때문에 중국과의 교섭에 점차 관심을 기울이게 되었다. 반면 대만의 대한국 외교정책의 목표는 한국을 대만의 우방으로 유지하면서 중국과의 교섭을 막는 것이었다. 반공을 목표로 긴밀한 협력관계를 유지했던 한국과 대만은 동아시아 국제질서의 급격한 변동과 함께, 서로 다른 외교적 목표를 설정하고 각자의 생존방식을 찾아갔다.

1972년 7월 4일 남북공동성명 발표 이후 한국은 중국에 접근하고 대만과 소원해졌다. 1972년 이후 한국의 대만 소외정책은 계속 되었다. 1972년 10월 이란에서 열린 아시아 방송연맹(ABC) 총회에서 중국가입안이 상정되었는데, 이때 한국은 기권을 하여 중국에 대해 처음 공개적으로 반대의사를 표시하지 않았다(「中韓關係」 1972, 8). 1973년 3월 16일 대륙붕 석유시추사업 계획 때 중국에 대해 성명을 발표하면서 '중공'(中共) 대신 처음으로 중화인민공화국이라는 정식 호칭을 사용해 대만을 격앙케 했다(「中韓關係」 1972, 140). 1973년 9월 아시아 올림픽 집행위원회에서 실시된 대만의 회원자격을 둘러싼 표결에서 한국은 회의 전 대만지지를 약속했지만 실제 투표에서는 기권했다(「朴正熙大統領外交政策聲明」 1973, 227).

한국의 남북적십자회담과 6·23선언은 대만과 다른 노선을 걷겠다는 징표였다. 대만은 한국의 외교정책 변화와 반공진영 이탈에 대해 상당한 배신감을 느꼈다. 대만은 한국의 6·23 선언에 대해 한국의 입장을 이해했지만 동의하지는 않았다. 첸푸(錢復) 대만 외교부 신문(新聞)국장은 한국이 대만에 대한 태도에 근본적인 변경이 있을 것으로 전망하고, 대만의 많은 사람들이 한국에 환멸을 느낀다는 말로 한국에 대한 불신을 표현했다(「6·23 평화통일 외교선언」(V.2) 1973-1974, 21-22). 〈대만국방부 정보참모차장실 정보보고〉는 한국이 문호개방정책을 채택했지만 한국과 수교하는 공산국가는 하나도 없어 한국은 점점 고립에 빠질 가능성이 있으며, 유엔에서 북한을 가입시키고 한국이 추방될 가능성이 있다고 6·23선언에 대해 훨씬 부정적으로 평가했다(「中韓關係」 1972, 133).

한국 외교정책의 변화와 한국의 대만에 대한 소외정책으로 한국과 대만은 외교관계를 유지하고 있지만 거의 단교에 가까운 경색 상태에 있었다. 대만이 유엔에서 퇴출된 뒤, 국제사회에서 고립에 빠지고 외교상 최대 시련을 겪고 있을 때, 대만과 가장 밀접하고 신뢰관계가 있던 한국이 지나치게 중국 편향을 보이고, 대만과의 외교관계를 무시하며 인적 교류를 제한한 것에 대해 대만은 상당히 실망했고, 대만국민의 한국에 대한 감정도 악화되었다.[19] 대만이 특히 서운하게 생각했던 것은 가장 우호적이라고 생각했던 한국의 태도 변화였다. 한국이 중국을 자극하지 않으려 하는 것은 이해할 수 있었지만, 중국과 북한이 혈맹관계

19) 〈重整與中華民國外交關係之問題〉, 「中韓關係」 1973, 107.

를 이룬 상황에서 한국이 중국과 수교하는 것은 단기간 안에 실현 불가능한 것임에도 대만과의 관계를 지나치게 무시한다는 것을 대만은 받아들이기 어려웠다. 이것은 비슷한 상황의 태국, 필리핀, 일본과 비교해봐도 지나친 태도였다.[20)]

한국의 대만에 대한 태도 변화에도 불구하고 대만은 한국과 다시 우호적인 외교관계를 수립하기 위해 상당한 양보와 인내를 감내하지 않으면 안 되었다. 대만은 한국과 관계 개선을 위한 현실적 대안을 마련했다. 대만은 동아시아 정세 변화의 냉혹한 현실을 인정하고, 한국과 대만 양국이 결정한 외교정책으로 쌍방에게 해를 가하지 않고, 공동의 이익을 추구하는 방향으로 나아가야 한다는 원칙을 정했다. 대만 외교당국은 양국 상호 간 충돌이 있으면 각각 격리하고 상호 간섭을 피함으로써 충돌을 피하려 했다.

한국이 대만에 대한 소원정책(疎遠政策)과 중국에 대한 접근정책을 계속하자 대만은 한국에 비해 상대적으로 우위에 있는 경제협력을 강화하고, 쌍방 의원외교를 강화해서 인적교류를 활성화 했다.[21)] 이러한 협력방안의 일환으로 대만은 한국, 대만, 베트남, 필리핀 4개국 재경(財經) 합작을 추진했다. 대만 재정부장 리궈딩(李國鼎)은 한국을 방문하여 박정희를 만난 자리에서 한국, 대만, 베트남, 필리핀 4개국이 합작을 강화하고 관세동맹을 체결하면 4개국이 상호 우대조건의 공동시장을 결성할 수 있고, 비교적 큰 경제역량을 만들어낼 수 있어 일본에 대한 의존을 줄일 수 있을 뿐만 아니라 상호 경제발전을 촉진시킬 수 있다고 설득했다(「中韓關係」 1972, 47). 박정희도 이 제안에 대해 긍정적인 반응을 보였지만 4개국 재경합작은 결성되지 못했다. 대만은 1973년 9월 4일-13일 타이베이에서 개최된 제8차 한중경제합작회의와 한국 국회의원단 대만방문 등으로 쌍방 합작을 증진시켰다. 대만을 방

20) 위의 자료, 107-108.

21) 위의 자료, 109.

문한 국회의원 김유탁 등은 한국으로 돌아간 뒤, 한국정부의 대만에 대한 소원정책에 불만을 표시했고, 보고서를 통해 국회와 정부에 주의를 촉구했다(「中韓關係」 1972, 140-141).

1973년 한국정부는 국무회의에서 중국이 대만과의 절교를 한중 수교의 전제조건으로 제시했을 경우 한국이 어떤 결정을 내릴지 표결을 했는데, 2/3가 중국의 조건을 받아들여야 한다는데 찬성했다. 이 가운데 집권당이었던 민주공화당 쪽은 반대했고, 행정기관 쪽은 다수가 찬성했다. 이 결과는 박정희 대통령이 시기상조라고 인식하고 결정을 유보했지만 대만으로서는 충격적인 소식이었다. 한국 내의 중국 편향 추세가 바뀌지 않을 것으로 판단하고, 대만은 한국의 민주공화당에 중국과 관련된 자료를 제공하여 일반인의 중국에 대한 환상을 없애려는 정책을 폈다. 동시에 외교적 방식 이외에 양국 간 정당 교류와 한중협회 같은 민간조직과의 합작 등 다양한 접근방식을 통해 양국 관계를 강화했다(「中韓關係」 1972, 142-143). 대만의 노력에도 불구하고 1970년대 이후 한국과 대만은 표면적으로 우호관계를 유지했지만, 실제로는 다른 목표를 향해 가는 형식적인 협력관계로 바뀌었다.

대만은 국내의 정치적 상황과 중국의 고립화 정책으로 현실적인 외교정책으로 전환하지 못하고 국제적으로 계속 고립되었다. 반면 한국은 국제질서의 변화에 적응하여 현실적인 외교정책을 전개했다. 이 과정에서 한국은 중국에 접근하고 대만을 소외시키는 정책을 펼쳤다. 한국의 외교정책 전환으로 한국과 대만은 더 이상 동일한 현실인식을 바탕으로 국제정세에 공동 대처하는 것이 불가능해졌다. 한국의 이러한 행동은 대만에게 큰 실망감을 주었다. 하지만 대만은 현실적으로 당분간 대만과 우호관계를 유지할 수밖에 없었던 한국과 현상을 유지하는 정책을 펼쳤고, 한국이 취약했던 경제관계를 강화하는 실용외교로 전환했다.

Ⅴ. 나오며

한국과 대만은 1949년 이후 비슷한 입장과 상황 속에서 서로 생존을 위해 긴밀한 협력관계를 유지했고, 양국은 상대방의 입장과 처지를 이해하여 국제사회를 서로 지원을 아끼지 않았다. 1950-1960년대 한국과 대만은 반공을 기치로 한 동아시아 냉전체제의 주축을 형성했다. 1960년대 대만은 체제 우월의식을 바탕으로 국내적으로 대륙 수복의 구호를 내걸어 단결을 꾀하고 대외적으로 반공진영을 결집하여 반공의 선봉에 섰다. 대만은 1950-60년대 외교적, 경제적 우세를 바탕으로 중국과의 경쟁에서 심리적 우위를 점했다. 유엔에서 한국 입장을 대변해줄 수 있었던 대만은 한국에게는 든든한 버팀목이 되었고, 한국도 국제사회에서 대만의 입장을 전폭적으로 지지했다. 양국은 냉전체제의 최대 수혜자가 되어 경제개발과 함께 미국의 동아시아 전략의 충실한 이행자가 되었다.

1971년 미중화해로 동아시아 국제질서는 근본적으로 변화했다. 진영논리가 사라지고 각국의 문제는 개별적인 문제가 되었다. 각국의 이해관계가 진영논리에서 벗어나 개별화되면서 동아시아 각국은 개별 국가이익을 보다 중시하게 되었고, 자국의 이해관계에서 출발해서 대외관계를 재구성했다. 따라서 이전의 긴밀했던 공조, 협력관계는 형식화되었고, 각국은 정치적인 이해, 경제적 이익에 따라 양자관계를 재구성했다.

한국과 대만도 국제정세의 변화 속에서 외교정책 변화의 압력을 받았다. 한국은 새로운 상황 변화에 처음에는 수동적으로 외교정책을 전환했지만, 국제질서의 변화를 인식하고 적극적으로 실용적인 현실외교정책을 추진했다. 한국은 중국의 유엔가입으로 중국과 북한의 연합이 현실적 위협으로 작용하는 상황에서 대공산권 정책을 완화할 수밖에 없었다. 한국은 밀접한 협력관계를 유지해왔던 대만과의 관계를 조정하여 대만과 거리를 두는 소원정책으로 전환했고, 대공산권 접근외교를 전개하여 고립을 피하고 국제사회에서 한국의 이해관계가 관철되도록 노력했다. 한편 1971년 유엔 탈퇴 이후 대만은 여전히 반공복국을 구호로 중국·소련을 비롯해서 공산주의 국가와 비타협적 관계를 고수했고, 하나의 중국 원칙을 고수하여 중국 수교국과는 단교했다. 대만의 원칙주의외교는 국제적으로 대만의 고립을 심화시켰다. 국내적으로 반공과 본토 수복을 기치로 정치적 안정을 유지했던 국민당정부로서는 체제 안정을 위해 원칙외교정책을 변경할 여지가 거의 없었다.

미중화해 이후 국제질서의 변화 속에서 한국과 대만의 외교정책 결정자들은 자국의 현실적 이익에 따라 대외정책을 결정했다. 이 과정에서 한국은 현실외교정책으로 전환했고, 대만은 원칙외교정책을 고수하여 한국과 대만의 외교적 지향점은 서로 차이를 보였다. 한국과 대만은 더 이상 반공진영의 보루로서 협력관계를 유지하기 어려웠기 때문에 양자관계의 변화는 필연적인 것이었다. 대만은 한국이 반공진영에서 이탈하여 현실외교정책으로 전환한 것에 대해 한편으로 이해했지만, 이러한 전환이 대만에 대한 현상유지, 중국에 대한 관계개선 시도로 나타나면서 배신감을 표출하기도 했다. 대만은 이러한 한국의 정책에 분노했지만, 곧바로 현실상황을 인식하고 정치적 관계에서는 거리를 유지했지만, 경제적인 면에서는 협력관계가 필요했던 한국과 관계를 현실적으로 재조정했다.

외교정책 목표의 차이에도 불구하고 공산국가와 대립하고 있던 현실적인 한계 때문에 한국과 대만은 외교적 외연을 확대하지 못했다. 냉전시대에는 유리했던 분단 상황이 미중화해 이후에는 한국과 대만에 부담으로 작용했다. 남북한으로 분단되어 있는 한국은 일본처럼 자유롭게 공산권 국가와 교류하지 못했다. 한국은 북한의 존재로 인해 공산권 국가와 교류에 상당한 제한을 받았고 한국의 현실외교는 실질적인 성과가 거의 없었다. 한편 대만은 국제적 고립을 벗어나기 위해 비수교국과 무역확대를 통한 경제교류를 모색했지만 원칙외교에서 벗어나지 못해 계속 고립되어 갔다. 서로의 이해관계는 없지만, 국제사회의 주변부를 맴돌게 된 한국과 대만은 양국의 현실적 필요에 따라 협력을 유지했다. 결국 한국과 대만은 1960년대 포괄적 우호협력 관계 대신, 상호 한계를 인식하고 상호 필요에 의해 필요한 만큼의 협력관계만 유지하게 되었다. 이러한 관계가 결정적으로 드러난 것이 남북한 유엔동시 가입과 사회주의권 붕괴와 함께 찾아온 냉전체제의 붕괴였다. 한국은 중국, 러시아와 실질적인 관계를 맺을 수 있게 되면서, 더 이상 대만과 외교적 협력관계를 유지할 필요가 없어지자 대만과의 협력관계를 청산했다.

참고문헌

한국 외교사료

「국제기구내에서의 중국대표권 문제에 대한 한국의 입장」. 1971. 대한민국 외교사료관자료. C-0044, 01.

「국제기구내에서의 중국대표권 문제에 대한 한국의 입장」. 1971-72. 대한민국 외교사료관자료. C00051, 02.

「국제기구에서의 중국대표권 문제 및 한국의 입장」. 1973. 대한민국 외교사료관자료. C-0060, 2I.

「대만(구중국)과 중국(구중공) 관계」. 1973. 대한민국 외교사료관자료. C-0060, 36.

「박정희대통령 동남아 및 중화민국 순방」. 1966. 대한민국 외교사료관자료. C-0016, 15.

「정일권 국문총리 중화민국 방문」. 1964. 대한민국 외교사료관자료. C-0006, 06.

「중국(구중공)의 유엔 가입 추진 및 각국의 중국 승인」. 1970. 대한민국 외교사료관자료. H-0014, 05.

「중국(구중공)의 UN 가입(중국대표권문제)」 V.2. 1971. 대한민국 외교사료관자료. H-0016, 04.

「중국(구중공)의 UN 가입(중국대표권문제)」 V.3. 1971. 대한민국 외교사료관자료. H-0016, 05.

「중국(구중공)의 UN 가입(중국대표권문제)」 V.4(각국 반응 및 언론보도). 1971. 대한민국 외교사료관자료. H-0017, 01.

「한국의 대중국(구중공) 정책」. 1971. 대한민국 외교사료관자료. C-0044, 02.

「한국의 외교정책」. 1970. 대한민국 외교사료관자료. C-0036, 02.

「한·중간의 우호조약」. 1952-1965. 대한민국 외교사료관자료. J-0024, 01.

「한·중 경제각료회담」 제1차. 1966. 대한민국 외교사료관자료. M-0007, 02.

「제3차 한중경제각료회담」. 1967-1968. 대한민국 외교사료관자료. M-0011, 04.

「ASPAC 창설계획」. 1963-65년. 대한민국 외교사료관자료. C-0010, 22.
「ASPAC 창설예비회담」. 1965년. 대한민국 외교사료관자료. C-0011, 01.
「ASPAC 제3차 각료회의」. 1968. 대한민국 외교사료관자료. C-0024, 31.
「ASPAC 제5차 각료회의」. 1970. 대한민국 외교사료관자료. C-0037, 04.
「ASPAC(아시아·태평양이사회) 장래에 관한 보고서」. 1972. C-0052, 16.
「6·23 평화통일 외교선언」(각국 반응 종합보고) V.2. 1973-1974. 대한민국 외교사료관자료., D-0015.

대만 외교사료

「朴正熙大統領外交政策聲明」. 1973. 台灣 中央硏究院 近代史硏究所 所藏 『外交部檔案』. 影像號 11-EAP-05861.
「中韓心戰合作」. 1966. 台灣 中央硏究院 近代史硏究所 所藏『外交部檔案』. 影像號 11-EAP-05518.
「韓國對外關係」. 1971. 台灣 中央硏究院 近代史硏究所 所藏『外交部檔案』. 影像號 11-EAP-05869.
「中韓關係」. 1972. 台灣 中央硏究院 近代史硏究所 所藏『外交部檔案』. 影像號 11-EAP-05635.
「中韓關係」. 1973. 台灣 中央硏究院 近代史硏究所 所藏『外交部檔案』. 影像號 11-EAP-05635.

단행본 및 논문

國史館中華民國史外交志編纂委員會編. 2002.『中華民國外交志』(初稿). 三民書局.
李東俊. 2010.『未完の平和 ― 米中和解と朝鮮問題の變容 1969-1975』. 法政大學出版局.
川島眞·淸水麗·松田康博·楊永明. 2009.『日台關係史』. 東京大學出版會.
서울대국제문제연구소 편. 2010.『데탕트와 박정희』. 논형.
홍석률. 2012.『분단의 히스테리』. 창비.

木宮正史. 2002.「1960年代韓國臺灣〈冷戰外交〉比較: 戰爭對應ASPAC中心」. 張啓雄主編.『戰後東北亞國際關係』. 臺灣中央研究院亞太研究計劃.

王恩美. 2011a.「1971年〈中國代表權〉問題與韓國政府〈中國政策〉的轉變」.『國立政治大學歷史學報』第36輯.

______. 2011b.「〈中韓友好條約〉簽訂過程中的〈韓國華僑問題(1952-1964)」.『人文及社會科學集刊』第23卷第2期(臺北).

마상윤. 2012.「1970년대 초 한국외교와 국가이익: 모겐소의 국익론을 통한 평가」.『국제지역연구』21권 2호.

손열. 2014.「미중데탕트와 일본: 1972년 중일국교정상화 교섭의 국제정치」. *EAI NSP Report* 63.

손준식. 2013.「'兄弟之邦'에서 '兇地之邦'으로」.『중국근현대사연구』58집.

신욱희. 2010.「데탕트와 박정희의 전략적 대응—박정희는 공격적 현실주의자인가?」.『세계정치』31집 2호.

李圭泰. 1994.「韓國과『臺灣』의 정치적 관계 — 過去, 現在, 未來」.『동아연구』제27집.

이상현. 2011.「데탕트기 한국의 동아시아외교: ASPAC 존속을 위한 한국의 대응과 좌절 1972-1973」.『한국정치학회보』제45집 제 5호.

장준갑. 2009.「닉슨행정부의 아시아 데탕트와 한미관계」,『역사와 경계』70.

전재성. 2005.「1960년대와 1970년대 세계적 데땅뜨의 내부 구조: 지역적 주도권의 변화과정 분석」.『국제정치논총』45(3).

최명해. 2008.「중국의 대미 데탕트 시도와 북중 동맹관계의 재조명」.『아세아연구』제51권3호.

제5장 1972년 중일 국교정상화에 대한 일본 화교와 한국 화교의 반응

왕 언메이(王恩美)

I. 머리말

1949년 12월 국공내전에서 패배한 국민당정부는 대만으로 철퇴한다. 이듬해인 1950년에 발발한 한국전쟁으로 인해 미국은 대만[1]을 보호하는 쪽으로 정책을 전환하고, 미국의 전략 하에서 대만과 일본, 한국은 동아시아 냉전체제에 편입된다. 그 후 대만은 미국의 지원 하에 유엔의 '중국대표권'을 획득했으나, 중국과 정통성을 둘러싼 '하나의 중국'이라는 대표권을 둘러싸고 국제적으로 경쟁을 벌이게 된다.

1971년 10월 중국이 유엔의 '중국대표권'을 획득하면서 대만은 유엔 탈퇴를 선언했다. 이는 대만이 심각한 국제적 위기에 봉착했음을 의미했다. 1972년 중일 국교정상화, 즉 일본이 중국과 정식적으로 국교를 수립하려는 움직임을 보이자, 대만정부의 외교적 위기는 한층 더 심화됐다. 대만에게 1972년은 매우 힘겨운 해였다. 그 해 대만은 역사상 가장 많은 국가와 단교했으며, 특히 1972년 9월 일본과의 국교단절은 심각한 타격이었다. 대만에게 있어 일본은 미국 다음으로 중요한 국가로 경제적 측면뿐만 아니라 '반공'적인 면에서도 중요한 협력대상이었다.

1) 대만의 정식 국가명은 중화민국이고 중국의 국가명은 중화인민공화국이다. 이 글에서는 편의상 중화민국을 대만으로 중화인민공화국을 중국으로 쓰기로 한다. 그러나 인용문 등 문맥에 따라 필요한 부분에서는 중화민국, 공비(共匪) 등의 용어를 사용한다.

1972년은 유엔탈퇴 이후 가장 심각한 외교적 위기에 직면한 해였다.

대만 정부는 1972년 중일 국교정상화로 인해 '국가 정통성'의 손상을 입게되었다. 일본과 국교단절은 국내에 있는 국민들뿐만 아니라 해외 화교의 대만정부에 대한 신뢰와 아이덴티티에도 지대한 영향을 미쳤다. 중일 국교정상화라는 대만의 위기에 대해 해외화교들은 어떠한 반응을 보이고 대응했는가? 당연히 일본의 화교사회가 가장 큰 타격을 입었다. 중일 국교정상화는 일본 화교사회에 커다란 영향을 끼쳤고, 이를 계기로 화교사회는 크게 변화하기 시작한다. 그렇다면 일본과 같은 동아시아 냉전체제에 속해 있는 한국 화교사회는 과연 어떠한 반응을 보이고 대만정부의 위기에 대응했는가. 대만정부의 위기인 중일 국교정상화를 앞두고 일본과 한국의 화교사회가 보인 반응은 무척 대조적인 것이었다. 이 장에서는 1972년 중일 국교정상화를 앞두고 일본과 한국의 화교사회가 어떠한 반응을 보였는지를 규명하고, 그 반응의 차이가 나타난 원인과 배경을 분석하고자 한다.

제2차 세계대전 이후(이하 전후) 일본 화교사회는 전전에 일본에 체류했던 대만인이 화교사회로 편입되고, 화교사회가 친(親)대만파와 친중국파로 분열되었다. 친대만파[2]와 친중국파는 각자 따로 화교 조직과 단체를 구성했고, 화교학교 또한 두 파로 분열되었다. 이에 반해 한국 화교사회는 분열되지 않았고 대만정부를 지지하는 화교들만 존재했다. 이 장에서는 일본 화교사회의 반응을 고찰함에 있어 친대만파에 초점을 맞추었다. 그 이유는 중일 국교정상화를 위기로 인식하고 실제 가장 큰 타격을 받은 것도 친대만파였기 때문이다. 이 같은 맥락에서 한국과 일본의 대만을 지지하는 화교들이 중일 국교정상화라는 위기에 대해 어떠한 반응을 보이고, 반응의 차이를 보인 원인을 살펴보고자 한다.

일본 친대만파 화교의 반응에 관해서는 주로 대만 외교문서를 통해

---

2) 여기서 친대만파는 중화민국 정부를 지지하는 세력을 말한다. 일본 화교 중에는 대만 독립을 지지하는 세력도 별도로 존재 했다.

살펴보았으며, 한국 화교의 반응은 주로 『한화공보(韓華公報)』를 통해 관찰했다. 『한화공보』는 한국 화교사회에서 발간된 중국어 신문으로 출간 시기가 그다지 길지 않고 창간 시점과 정간 시점도 명확하지 않다.[3] 한국 화교사회에서 가장 대표적인 신문은 『한중일보(韓中日報)』[4]이다. 그러나 『한화공보』와 『한중일보』를 비교해 보면 『한화공보』가 더 상세하게 중일 국교정상화 시기의 한국 화교의 동향을 보도하고 있다.

---

3) 대만 국립정치대학의 사회자료센터(社會資料中心)에 1972년 2월부터 10월까지의 『한화공보』가 소장되어 있다.

4) 제2차 세계대전 이후 한국 화교사회에서 가장 먼저 발간된 화교신문은 『한성일보(漢城日報)』 산하의 『한성화문일보(漢城華文日報)』였다. 1948년 대만 대사관이 이 신문을 인수한 후 신문명을 『한성화문보(漢城華文報)』로 변경해 발행했다. 1953년 『한성화문보』는 또 다시 『중화시보(中華時報)』로 이름을 변경했지만 재정난으로 정간되었다. 1957년 『한화일보(韓華日報)』로 복간되어 1972년 신문명을 현재의 『한중일보(韓中日報)』로 개정했다(왕언메이 2013, 45).

II. 국제정세의 변화와 대만의 위기

1970년대 이후 대만의 국제적 지위는 큰 위기를 맞이하게 되는데, 이 위기는 미국 대중정책의 전환에 기인하는 측면이 강하다. 미국의 대중정책은 1960년대부터 변화의 징조를 보이기 시작하지만 1970년 이후 적극적으로 수정되어 간다(戴天昭 2001, 286-288). 닉슨정부는 키신저(Henry A. Kissinger) 미 국가안보담당 대통령보좌관의 주도 하에 중국과 관계개선을 시작하고 1971년 7월15일 닉슨은 1972년 5월 이전에 중국대륙을 방문하겠다고 발표한다(王國璋 1993, 22).

미국의 대중정책 전환은 유엔 회원국의 중국에 대한 태도에도 지대한 영향을 미쳤다.[5] 1971년 10월 26일 열린 제26회 유엔총회의 회의에서는 '신 알바니아안'의 '대만축출조항'이 찬성 76표, 반대 35표, 기권 17표로 통과되었다. 중국이 대만을 대신해 '중국대표권'을 획득하자 대만은 유엔 탈퇴를 선언했다(王恩美 2011, 196). 중국대표권의 상실과 유엔 탈퇴는 대만의 국제적 지위에 치명적인 타격을 안겨 주었고 많은 국가들이 대만과 국교를 단절했다. 1972년 2월 27일 중국을 방문한 닉슨(Richard M. Nixon)은 상하이 코뮈니케에서 미국은 대만해협 양안의 중국인이 모두 하나의 중국을 견지하는 것을 인식하고 있고(acknowledge), 대만이 중국의 일부분이라는 입장에 이의를 제기하지 않는다(not to challenge)고 밝혔다(戴天昭 2001, 301-302).

대만에게 일본은 동아시아 냉전체제를 유지하기 위한 중요한 국가였다. 그러나 미국의 대중정책이 수정되자 일본의 친대만파인 사토 에이

---

5) 유엔 회원국의 대만의 '중국대표권'에 대한 태도 또한 1960년대부터 변화하기 시작한다. 1950년대 중반 이후 식민지로부터 벗어나 독립국가를 수립한 아시아, 아프리카의 신흥국가들의 탄생으로 인해 미국은 유엔에 대한 지배력을 점차 상실해 갔다. 신흥국가들은 중립적인 입장을 표명하며 중국이 실질적으로 중국대륙을 지배하고 통치하고 있다는 보편적인 원칙과 사실의 의거해 중국을 동정하고 지지를 보내는 경우가 많았다(王國璋 1993, 17).

사쿠(佐藤栄作) 내각도 그 영향을 피해 갈 수 없었다. 1971년 7월 미국이 발표한 키신저의 중국방문과 닉슨의 중국 방문 예정 소식은 사토 내각에도 큰 타격을 안겨 주었다. 일본 국내 언론은 입을 모아 사토 내각의 무능함을 비난하면서 대만과 중국 중 편파적으로 중국을 지지하는 입장을 보였다. 일본 여론의 '중국 열풍' 속에서 사토 내각은 중국과 접촉할 수 있는 방법을 모색하기 시작한다. 1971년 11월 자민당의 호리시게루(保利茂) 간사장은 중국과의 관계를 타개하기 위해 중국을 방문 중인 도쿄지사 미노베 료키치(美濃部亮吉)를 통해 저우언라이(周恩來)에게 '호리 서한(保利書簡)'을 전달했으나 중국 측은 사토 내각과의 접촉을 거절했다(戴天昭 2001, 333-335).

1972년 7월 7일 다나카 가쿠에이(田中角榮) 내각이 집권하자 중국은 일본과의 접촉을 허용했다. 이에 호응해 다나카 총리와 오히라(大平正芳) 외상 주도 하에 일본정부는 중국과 '관계정상화'를 추진해 간다. 1972년 9월 29일 일본은 중국과 정식으로 외교관계를 수립하고 대만과 외교관계를 단절했다. 그러나 일본은 '중국은 오직 하나이며, 하나의 대만 혹은 대만 독립을 인정하지 않는다'고 선언했다. 그리고 '대만은 중국의 일부분'이라는 주장에 대해 충분한 '이해와 존중'을 표시한다고 밝혔다(浅野和生 2007, 43).

대만정부의 국제적 위기는 미국의 중국정책 전환으로부터 시작되어 1971년 10월 대만의 유엔 퇴출, 1972년 9월 일본과 국교를 단절하면서 점차적으로 확대되었고 심각해졌다. 유엔의 중국대표권은 대만이 '하나의 중국'을 대표하는 상징이었으며, 대만의 국제적인 지위를 약속하는 실질적인 장치였다. 중국대표권의 상실로 인한 '하나의 중국'의 대표권 상실과 중일 국교정상화는 대만의 일본 화교 업무와 정책에도 치명적인 타격을 안겨 주게 된다.

III. 중일 국교정상화에 대한 일본 화교의 반응

1971년 10월 26일 대만정부가 유엔을 탈퇴하자 일본의 화교사회는 큰 충격을 받았다. 일본 국내에서는 중국과 정식 외교관계를 수립하라는 요구가 나날이 확대되었고, 이러한 중국 일변도의 사회 분위기와 일본 여론의 '중국 열풍' 속에서 친대만파 화교들은 대만정부에 대한 신뢰를 잃어갔다.

이 같은 분위기는 당시 '제3회 화계 화상 여행관광사업 친목회'(第三屆華界華商旅遊觀光事業聯誼會) 참가를 위해 일본을 방문한 대만 교무위원회[6] 부위원장인 허이우(何宜武) 일행에 대한 화교들의 반응을 통해서도 읽을 수 있다. 1971년 11월 16일 허이우는 후쿠오카시(福岡市)를 방문, 후쿠오카총영사관이 개최한 '규슈지역 교무좌담회'에 참석했다. 후쿠오카시, 기타큐슈시(北九州市)의 화교와 가고시마(鹿兒島), 구마모토(熊本), 나가사키(長崎) 등 지역의 유학생 대표가 참석했다. 이때 후쿠오카 화교상공회 부회장인 쉐용인(薛永銀)과 유학생 대표 허펑링(何鵬齡)을 위주로 좌담회에 참석한 화교들은 아래와 같은 문제를 제시했다.

(1) 만일 일본과 중국이 국교를 수립하면 우리 일본 화교의 여권 연기와 비자 등은 어떻게 처리해야 하는가?
(2) 우리 교포들의 권익은 우리 정부가 대사관과 영사관을 설립해 보호해 왔는데 일본과 중국이 국교를 수립하면 우리 교포의 권익은 어떠한 방식으로 보호할 것인가?

---

6) 교무위원회(僑務委員會)는 대만의 화교정책과 업무를 담당하는 정부기관이다. 1926년 중국대륙에서 설립된 교무위원회는 대만 정부의 직속기관이었으나 정부의 이동으로 광둥성 민정청(廣東省民政廳)에 합병되었다. 다음 해인 1927년 상하이(上海)에서 교무국(僑務局)을 신설하고, 1928년 명칭을 교무위원회로 수정했다. 1929년 교무위원회는 국민당중앙집행위원회(國民黨中央執行委員會)에 소속되었으나, 1931년 4월 26일 행정원(行政院)으로 이관되면서 행정기관의 기능을 발휘하게 되었다(宋伯章 1975, 21-23). 1949년 교무위원회는 대만으로 이전해 이전과 같이 행정원에 소속되어 화교정책과 업무를 담당하고 있다(僑務委員會 1982, 22).

(3) 일본과 중국이 국교를 수립하더라도 교포들은 정부에 대해 계속적으로 충성을 다 할 것이며 반공의 국책을 지지할 것이다. 그러나 일본에 있는 대만 교포의 지위(거류권)가 지금까지도 미확정된 상황이니 정부가 일본에 거주하는 한국 교포의 법적 지위를 참고해 일본정부와 교섭해 해결함으로써 교포들을 안심시켜 주기를 바란다.

(4) 유학생들 중에는 시국의 변화에 따라 정부의 시정에 대해 억측하는 이가 적지 않다. 예를 들면 차후 여름방학과 겨울방학에 유학생들이 가족방문을 위해 대만에 돌아가면 정부는 재출국을 허가하지 않거나, 대만인의 일본 방문을 제한할 것이다. 이러한 억측은 사실무근이라 생각되지만 실제 정부의 방침은 어떠한가? 명확하게 알려 주기를 바란다.[7]

이상은 당시 친대만파 화교가 얼마나 국제정세의 변화 및 일본과 중국의 국교수립 가능성에 대해 불안해했는지를 생생히 말해준다. 특히 (4)의 내용은 일본 유학생의 불안한 심리를 잘 나타내고 있다. 그러나 이러한 불안은 단지 심리적 불안에 그치는 것이 아니라 화교들이 일본에서 생활하기 위해 해결하지 않으면 안 되는 문제들이었다. (1)에서 지적한 대만 여권 소지자의 여권 연기와 비자 문제, (2)에서 제시한 대사관과 영사관 철수 후의 화교 보호 문제, (3)에서 지적한 대만 출신 화교들의 거류자격 문제 등은 일본 내 화교들의 생존과 직결된 문제였다. 특히 대만 출신 화교들의 중일 국교정상화에 대한 반응은 무척 민감했다. 이들은 대만과의 국교단절이 일본에서 거류하는데 나쁜 영향을 끼치지 않을까 우려했다. 대만 정부는 주일대사관을 통해 지속적으로 일본 측에 한국교포가 영주거류권을 취득한 것에 비추어 하루 빨리 대만

---

7) 「事由 : 密」(1971년11월22일), 『日本僑情 十一』 1971/11/15-1972/11/18, 典藏號 : 020-990600-2819, 入藏登錄號 : 020000037315A, 소장지 : 國史館, pp. 1729-1733.

출신 화교들에게도 영주권을 부여해 줄 것을 요구했지만 일본 측은 받아들이지 않았다.[8)]

대만이 유엔을 탈퇴한 후 일본에서 중국의 영향력은 크게 확대되었다. 화교사회에서도 중국의 영향력이 확대되어 원래는 대만정부를 지지했던 화교들이 중국 쪽으로 기울어져 친중국파가 화교총회를 점령하는 현상마저 일어났다. 후쿠오카총영사관의 보고에 의하면 미국 닉슨 대통령의 중국방문 성명과 대만의 유엔 탈퇴 후, 국제환경 변화로 인해 화교들의 대만정부에 대한 자신감이 크게 흔들려 미야자키화교총회(宮崎華僑總會) 회원들이 '미야자키화교총회 간판을 교환하는 사건'이 발생했다. 1972년 3월 미야자키화교총회 회의소 입구의 간판 글자 중 '중화민국'을 '중국'으로 교체한 것이다. 후쿠오카 대만총영사관은 이 사실을 발견한 후 곧바로 회장인 린요초(林友秋)를 불러 엄중히 심문했다. 린요초는 다음과 같이 답변했다.

> (1) 간판 글자의 교체는 1972년 3월 초 이사회와 감사회 회의에서 정식적으로 결정된 것으로, 다수의 이사와 감사들은 우리 모두 중국인이니 '중국'이라는 명칭을 사용해도 무방하다고 생각했기 때문이다.
>
> (2) 이러한 결정의 배경에는 미국 닉슨 대통령이 중공을 방문해 코뮈니케를 발표하고 일본 사토 수상이 국회에서 대만 지위에 대해 답변한 것을 지켜본 다수의 이사와 감사들이 미국 및 일본이 공비(共匪)와 관계를 정상화 하는 것은 시간문제라는 시국적 판단을 했기 때문이다.[9)]

---

8) 「部長應邀出席立法院外交暨僑務委員會聯席會議之『最近中日關係』報告稿」(1972년 9월 4일), 『中日斷交後重要交涉事項』 第二册197208-197209, 檔案號碼 : 012/0011, 소장지 : 中央研究院近代史檔案館, p. 269.

9) 「中華民國駐福岡總領事館(代電)」(1972년 3월 18일), 『日本僑情 十』1968/05/30-1972/11/11, 典藏號 : 020-990600-2818, 入藏登錄號 : 020000037314A, 소장지 : 國史館 °pp. 1615-1616.

린요초는 심문 중에 자신의 매부인 장양롱(江洋龍)이 중국 화교총회의 부회장을 맡고 있고 친척 중에도 친중국파가 다수 있는데, 이들은 자신에게 수차례 방문해 권유했으며 심지어 자신을 '국민당의 앞잡이'라고 비난했다고 말했다. 또한 린은 현재 다수의 화교들은 대만과의 관계를 포기하려고 하지 않지만 정세변화를 눈앞에 두고 장래를 생각해 중국의 심기를 건드리는 것도 두려워하고 있다고 밝혔다. 그리고 현재의 정세로 봐서 간판의 글자를 원상태로 회복하는 것은 다수의 이사와 감사들이 동의하지 않을 것이라고 말했다.[10]

'미야자키화교총회 간판 교환 사건' 후, 미야자키화교총회는 화교 업무처리와 관련해 후쿠오카 대만총영사관에 공문을 보냈는데, 그 공문에는 '마야자키화교총회(宮崎華僑總會)'라고만 적었다. 그리고 공문의 하단에는 '총회지인(總會之印)'이라고 쓰인 도장만 찍었고, 대만정부에서 발급한 '중화민국 유일 마야자키화교총회(中華民國留日宮崎華僑總會)'라고 쓰인 도장을 찍지 않았다. 후쿠오카 대만총영사관은 공문과 도장을 승인할 수 없으며 수정하지 않으면 공문을 절대 접수할 수 없다고 밝혔다. 마야자키화교총회는 결국 후쿠오카 대만총영사관 앞으로 보낸 공문에는 '중화민국 유일 마야자키화교총회'라고 적고, 도장도 이와 같은 것을 사용할 수밖에 없었다.[11] 그러나 필자의 생각에는 미야자키화교총회는 대만 정부와 대사관, 영사관에는 '중화민국 유일 마야자키화교총회'라는 이름을 사용했지만 그 외에 대외적으로는 '중국 유일 마야자키화교총회'라는 이름을 사용했을 것으로 생각된다.

이 사건 이후 구마모토화교총회(熊本華僑總會)에서도 새 장정(章程)을 작성하고 '중화민국'이라는 글자를 삭제하는 사건이 발생했다. 1972년 4월 12일 구마모토화교총회는 친목회(懇親會)를 개최했는데, 친목회가

10) 「中華民國駐福岡總領事館(代電)」(1972년 3월 18일), 『日本僑情 十』1968/05/30-1972/11/11, pp. 1615-1618.

11) 「事由 : 關於留日宮崎華僑總會最近動向報請 鑒□由」(1972년 6월 3일), 『日本僑情 十』1968/05/30-1972/11/11, pp. 1626-1628(□은 판독불능).

끝날 쯤 정·부회장 및 이사, 감사의 선거를 실시해 새로운 장정을 통과시켰다. 새로 당선된 부회장은 친중국파 인사였고, 이사와 감사의 친중국파의 비율이 친대만파를 초과했다. 게다가 새로 작성된 장정에서는 '중화민국'이라는 글자가 삭제하고 총회의 이름 또한 '중화민국 유일 구마모토화교총회(中華民國留日熊本華僑總會)'에서 '구마모토화교총회'로 변경했다. 기존 장정에 명시되어 있던 화교총회는 대사관과 영사관의 지도, 감독을 받는다는 규정도 삭제했다. 이 사건을 수습하기 위해 4월 27일 후쿠오카 대만총영사관 대리 총영사인 황신피(黃新壁)는 구마모토에서 화교들과 시사좌담회를 개최하고 회장인 예쥐화(葉菊華)에게 사건 수습을 명했다. 좌담회 후 황신피는 친대만파 화교들을 만나 회장이 이 사건을 과감하게 처리할 수 있도록 지원해 줄 것을 부탁했다. 그 결과 1972년 5월 16일 구마모토화교총회는 4월 12일 모임을 회원 친목을 다지는 친목회로 간주하여, 선거가 없었던 것으로 하고 새 장정도 통과되지 않은 것으로 한다고 결정했다.[12] 이렇게 이 사건은 일단락되었다.

이러한 대만정부의 대응에도 불구하고 친대만파 화교인 장허슝(張和雄)이 후쿠오카 대만총영사관에 보낸 보고에 따르면 화교들의 마음은 대만을 떠나가고 있었다. 장은 보고서에서 "전반적으로 정세변화와 일본 여론의 영향을 받아 (화교들은) 심리적으로 무척 동요하고 있으며, 국적 상실을 신청하고 일본 국적으로 귀화해 장차 중국의 박해로부터 벗어나려한다"고 지적했다. 또한 장허슝은 마야자키화교총회는 선거로 새 회장과 이사, 감사를 선출해 일단 안정되었지만, "정세변화에 따라 중국의 세력이 날로 확장되고 있으니, 화교사회와 총회도 또다시 반응을 드러낼 가능성이 높다"고 설명했다. 이러한 불안에 대해 후쿠오카 대만총영사관은 "정부에 대한 신앙을 굳건히 하고 자유민주체제의 유지를 위해 함께 노력하며 공비의 위선적이고 사악한 본질과 통일 전략의 음모를 직시해야 한다"[13]

12) 「事由 : 關於輔導熊本華僑總會排拒附匪份子插足事, 報請鑒備由核」(날짜 : 1972년 6월 7일), 『日本僑情 十一』 1971/11/15-1972/11/18, pp. 1772-1781.

고 답변했다. 이러한 답변은 사실 공허한 것으로 아무런 실질적인 해결책도 되지 못했다. 후쿠오카 대만총영사관은 '화교들 간의 연락과 선전을 강화한다'는 방식으로 화교사회의 불안을 잠재우려 했지만 효과를 내는데는 한계가 있었다. 후쿠오카 대만총영사관도 그 한계를 인식하고 있었다. 후쿠오카총영사관은 「마야자키 화교사회 상황의 보충설명(有關宮崎僑界情形之補充說明)」에서 다음과 같이 지적했다.

> 마야자키 화교의 절대 다수는 민적(閩籍: 복건성 출신)이고 … 일반적으로 공산체제를 지지하지 않는다. 하지만 공비의 사악함을 제대로 파악하지 못할 뿐만 아니라 암묵적으로 같은 중국인으로 생각하기 때문에 적대시하지 않는다. 거주지에서 안정적인 삶과 사업을 무엇보다도 중시하며 거주국과의 관계가 조국과의 관계보다 현실적이고 중요하다고 생각한다. … 공비에 종속되지 않은 자도 공비를 단호하게 거절하지 못한다. 우리를 따르는 자도 우리를 적극적으로 도와주지 못하고 자신의 현실적 이해에 맞춰 진퇴를 판단한다. 마야자키만 그런 것이 아니라 규슈 및 기타 지역에서의 대륙 출신자들, 특히 복건성 출신 화교들이 다수를 차지하는 지역은 적든 많든 다 유사한 상황을 보이고 있다.[14] (밑줄은 필자가 강조)

위의 설명은 대만정부가 처한 곤경을 잘 말해준다. 친대만파 화교들조차 중국을 모두 '같은 중국인'으로 인식하고 '적대시하지 않는 상황'에서, 대만 세력이 일본에서 약세로 전환되자 화교들은 현실적인 이해에 따라 '거주지에서의 안정적인 삶과 사업'을 가장 중요한 판단기준으로 삼은 것이다. 다시 말하자면 일본의 화교에게 가장 중요한 것은 '실질적으로 누가 우리를 보호해 일본에서 안정적인 삶과 사업을 하도록 도와줄 수 있느냐'였다. 중국이 일본과 정식으로 외교관계를 수립하면

---

13) 「事由：關於留日宮崎華僑總會最近動向報請 鑒ㅁ由」(1972년 6월 3일), 『日本僑情 十』 1968/05/30-1972/11/11, pp. 1630-1631.

14) 「有關宮崎僑界情形之補充說明」(1972년 6월 3일), 『日本僑情 十』1968/05/30-1972/11/11, pp. 1639-1641.

대만 대사관은 일본에서 철수해야 하고 대만정부의 법적 지위는 중국 정부가 대신하게 된다. 이는 대만이 일본에서 효과적으로 화교를 보호해 안정적인 삶과 사업을 하도록 도와줄 수 없음을 뜻했다. 화교 보호를 감당할 수 있는 것은 중국이지 대만이 아니었다.

일본과 대만의 단교가 현실화되자 일본의 화교사회는 더욱 더 중국 쪽으로 기울게 된다. 1972년 7월 24일 국민당(國民黨) 주일본조직이 제작한 「다나카 내각의 공비정책 연구와 우리가 갖춰야 할 준비(田中內閣對匪政策之硏析與吾人應有之準備)」에 따르면 일본 정세가 화교들의 심리에 커다란 영향을 미쳤다. 가장 두드러진 것은 대만 국적을 포기하고 일본 국적으로 귀화하는 화교들이 급증했다는 것이다. 그 외에도 다음과 같은 사항이 지적됐다. 일부 화교들은 국민당 활동에 참여하지 않는다. 화교 단체의 이사와 감사들도 애국활동에 참가하지 않는다. 각 화교단체는 화교의 재산을 보호하기 위해 명칭에서 '중화민국'이라는 글자를 삭제하고 중립으로 전환한 경우가 많다. 대만에 대한 투자도 소극적 자세로 변했고 투자한 것조차 회수하려 한다. 중립적인 화교들은 중국이 주최하는 고향방문단에 참가하는 자가 많아졌다. 반면 대만의 민간 외교활동은 소극적으로 전환했다.[15]

요컨대 친대만파 화교들이 대만정부의 정치활동과 대만에 대한 입장 표명을 피하고 중립적인 자세로 전환하거나 중국 쪽으로 기울어진 것이다. 일본과 대만의 단교가 기정사실화함에 따라 일본 화교사회에 대한 대만의 영향력은 급속히 저하되어 갔다.

1972년 9월 25일 일본 다나카 수상과 오히라 외상은 중국과 국교수립 최종교섭을 위해 베이징으로 향했다. 같은 날 구마모토화교총회는 정·부회장 및 이사, 감사, 친중국파 화교들이 모여 '규슈화교연락회의(九州華僑連絡會議)'를 개최하고 일본과 중국이 국교를 수립한 후 중국

15) 「田中內閣對匪政策之硏析與吾人應有之準備」(1972년 7월 24일), 『中日斷交後重要交涉事項』 第一冊197208-197208, 檔案號碼 : 012/0010, 소장지 : 中央硏究院近代史檔案館, pp. 333-334.

을 지지할 것인지에 대해 논의한 결과 중국을 지지하기로 결정했다.[16] 친대만파 화교총회가 대만을 저버리고 중국 지지로 돌아선 것이다.

1972년 9월 29일 일본은 중국과 '중일공동성명'을 발표하고 공식적으로 외교관계를 수립했다. 같은 날 대만은 일본과 국교단절을 선언했다. 일본과의 국교단절은 대만정부의 화교업무에 엄청난 타격을 입혔다. 이를 계기로 대만정부의 화교정책은 절대적인 약세에 놓이게 되었다. 대륙 출신의 일본 화교에게 대만은 고향이 아니므로 고향에 대한 감정을 이용해 화교들의 귀속의식을 끌어낼 수는 없었다. 대만 출신 화교의 고향은 대만이지만 주로 지식인층으로 좌파적 성향이 강했다. 여기에 대만 출신 화교의 거류자격이 불안정한 것 또한 대만정부에 대한 신뢰를 흔들어 놓는 원인이 되었다. 때문에 일본과의 국교단절로 인해 대만은 대륙 출신뿐만 아니라 대만 출신 화교들의 지지도 얻기 힘들었다.

1972년 7월 19일 요코하마(橫濱) 대만총영사관의 영사인 황화(黃華)가 친중국파 인사에게 구타를 당하는 사건이 발생했다. '중일 관계정상화'를 선언한 9월 29일에는 요코하마화교총회 회장인 왕칭런(王慶仁)이 구타당했다(鶴園裕基 2014, 104, 112). 이 두 사건을 통해 일본 화교사회에서 대만정부의 지위가 얼마나 추락했는지 알 수 있다. 총영사는 대만의 관직을 가진 인사로 대만 권위의 상징이었다. 그리고 화교총회 회장은 비록 관직은 아니지만 화교사회에서 친대만파를 대표하는 유력 인사였다. 이러한 인사들에게 구타를 가한 것은 그 만큼 대만정부의 권위가 실추했음을 의미했다.

전후 일본 화교 업무을 둘러싸고 대만과 중국은 격렬한 경쟁을 전개했다. 중일 국교정상화는 일본 화교사회에서 친대만파가 약세로 돌아서는 중요한 계기가 되었다. 중일 국교정상화 이후 일본 화교사회의 친대만파는 완전히 소멸되지는 않았지만 소수파로 전락했다.

---

16) 「事由：關於熊本僑會改選事請查照備案由」(1972년 10월 11일), 『日本僑情 十』1968/05/30-1972/11/11, pp. 1787-1788.

Ⅳ. 중일 국교정상화에 대한 한국 화교의 반응

중일 국교정상화에 대한 한국 화교의 반응은 일본 화교와는 큰 차이가 있었다. 『한화공보』에 따르면 대만이 일본과 단교에 직면하자 한국 화교사회에서는 단교반대운동이 일어났다. 이는 대만 국내의 단교반대 운동에 호응하는 형식으로 전개되었다. 단교반대운동의 주요 내용은 다나카 총리에게 서한보내기, 규탄대회, 선언 혹은 성명문 발표 등이었다. 『한화공보』에 따르면 1972년 8월 초까지는 중일 국교정상화가 명확시 되지 않았으나 같은 달 중순부터 분위기가 일변했다. 따라서 한국 화교사회의 단교반대운동은 8월 중순부터 9월에 집중되어 있다.

1972년 8월에는 모두 세 차례 활동을 전개했다. 첫 번째는 8월 17일로 전체 화교 명의로 다나카 수상 앞으로 공개서한을 발표했다. 공개서한은 중일 국교정상화가 보편적으로 대만 해외화교에게 중시되고 있다면서 다음과 같이 지적했다.

> 우리 해외의 중국인은 일본정부가 뒤늦게 후회하지 말고(懸崖勒馬, 현애늑마) 심사숙고하여 공비와의 결탁을 그만 둘 것을 희망한다. … (다나카 내각은) 대륙과 외교관계를 수립하고 싶어 하지만 그것은 스스로 국격을 떨어뜨리고 일본국민을 모욕하는 것과 같다. 왜냐하면 대다수 일본인은 공비를 좋아하지 않고 공비의 태도에 혐오감을 나타내고 있기 때문이다. … 패전국은 편파적으로 조약을 폐기할 수 있는 국제법의 근거가 없다. … 우리는 (다나카) 각하가 무모한 행위를 하고자 하는 이유를 깊이 이해하고 있다. 개인적인 지위를 공고히 하려는 것 외에는 다른 적당한 이유를 찾기 힘들다. … 우리 한국 화교는 일본정부가 중화민국·일본 평화조약의 구속력을 존중해 저우언라이의 3원칙을 거절하고 중화민국과 정상적인 관계를 유지할 것을 희망한다. 해외 중국인은 일심으로 중화민국 정부를 옹호하고 방패가 될 것을 선언한다. 마지막으로 각하가 해외 화교의 마음 소리를 중시해 주길 바란다. 전체 한국 화교 올림(『韓華公報』 1972/8/17).

이렇게 한국 화교는 일본의 편파적인 국교단절을 반대했다. 한국 화교는 일본을 '패전국'이라고 비난하면서 대만과 국교를 단절할 수 있는 국제법적인 근거가 없다고 비판하고 대만 정부를 지지할 것을 맹세했다.

두 번째는 1972년 8월 24일 '한성화교중·고등학교(漢城華僑中學)'의 전교생이 일본을 비난하는 성명서를 발표한 것이다(『韓華公報』 1972/8/25). 한국 화교의 단교반대운동에 중·고등학교 학생들도 동원된 것이다.

세 번째는 같은 날인 8월 24일 대구에서 열렸다. 대구 화교들은 집회를 소집, 장제스(蔣介石)의 일본에 대한 '은혜'와 일본의 '배신'을 강조하면서 '도의를 져버리고 친구를 팔아 영화를 추구하는 행위'라며 일본을 비난했다. 집회에 참가한 화교단체의 책임자들은 공동 서명문을 작성했다. 그 서명문은 일본대사관을 거쳐 다나카 정부에 전달될 것이라고 『한화공보』는 보도했다(『韓華公報』 1972/8/30). 대구 화교의 서명문이 실제로 주한 일본대사관에 전달되었는지는 확실하지 않다. 그러나 대구 화교의 이러한 행위를 통해 대만을 지지하는 확고한 입장을 확인할 수 있다.

1972년 9월 이후 단교를 반대하는 운동은 더욱 빈번해졌다. 9월 1일 서울과 인천 화교청년반공구국회(華僑青年反共救國會) 책임자들은 회의를 열어 '엄정한 분노'의 태도로 '일본과 공비의 국교정상화'를 비난했다. 『한화공보』에 따르면 그날 회의장에는 '이례적인 격동에 휩싸여' 회의에서 '실질적인 애국 행동으로 정부를 뒷받침하자'고 결정했다(『韓華公報』 1972/9/3).

1972년 9월 5일 부산화교와 화교학생들은 '부산화교중·고등학교(釜山華僑中學)'에서 '부산 전체 화교의 일본과 공비 결탁 항의 대회(釜山全體華僑抗議日匪勾結大會)'를 개최했다. 참가자는 2,000여명이었다. 이 대회에 참가한 화교들은 선언문을 발표하고 구호를 외치며 일본에 대해 '분개'하고 "모든 것을 희생해서라도 정부를 지지한다"고 밝혔다(『韓華公報』 1972/9/3).

1972년 9월 6일 한국 화교 각계 단체들은 「일본 국민 자구책의 선택(日本

人民自救之抉擇)」이라는 제목으로 연합성명을 발표했다. 이 성명은 '일본국민이 기억해야 할 역사적 교훈', '일본국민이 알아야 할 공비의 음모', '중국인의 분노와 행동'이라는 세 단락으로 구성되었다. 특히 '중국인의 분노와 행동'에서는 격렬한 어조로 일본에 대한 불만을 표시하고 있다.

> 다나카 가쿠에이는 최근 저열한 방식으로 중(대만)일평화조약을 찢어버리고 공비와 국교정상화를 진행하려 한다. 이로 인해 중화민국 해외 국민들의 한결같은 반대를 불러 일으켰다. 우리 한국 화교와 동남아 화교들은 약속하지 않아도 같은 행동을 취했으며 정부를 지지하고 장 총통이 공비에게 아첨하는 일본의 행위에 대해 강경한 반격을 가하는 것을 지지한다. 정의는 반드시 사악함을 이기고 빛은 어둠을 무찌르리라 믿는다(『韓華公報』 1972/9/7).

한국 화교는 이 성명에서 '다나카 가쿠에이'라고 존칭을 붙이지 않고 일본 총리의 이름을 사용했을 뿐만 아니라 중일 관계정상화를 '저열한 방식'이라고 비난했다. 그리고 대만정부를 '정의'와 '빛'으로, 중국정부를 '사악함'과 '어둠'에 비유했다. 또한 한국 화교와 동남아시아 화교들은 중일 관계정상화에 반대한다는 이미지를 만들어내려했다. 『한화공보』는 대만 국내뿐만 아니라 동남아시아 화교사회에서 일본과의 국교단절반대운동이 거세게 일어나고 있다고 보도했다. 예를 들면 일본, 홍콩, 태국, 인도네시아 등 전세계 화교들이 모두 중일 관계정상화에 반대하고 대만정부를 지지한다고 보도했다. 위의 기사에서 한국 화교들은 전세계 화교들과 같은 전선에 서 있으며 일본의 중일 관계정상화에 반대한다는 것을 강조하고 있다.

1972년 9월 12일 '한성화교협회'는 서울 거주 화교(약 1만 명)를 대표해 다나카 일본총리 앞으로 '일본과 공비의 결탁'에 반대한다는 공개서한을 발표했다(『韓華公報』 1972/9/12). 같은 해 9월 20일에는 '한국 화교청년 반공 구국 총회(韓國華僑青年反共救國總會)' 및 각 지역의 30개

지회가 연합해 '한국 화교청년들'에게 공개서한을 발표했다. 이들은 서한에서 다음과 같이 호소했다.

> 여기서 우리는 가장 침통한 심정으로 한국 화교청년에게 호소한다. 우리는 행동으로 우리 중국의 힘을 증명하자, 행동으로 우리의 치욕을 씻어버리자. 우리는 청년의 순결과 열정으로 한국 화교에게 호소한다. 1. 정부가 강경히 대처해 어떠한 양보도 하지 않을 것을 굳건히 지지한다. 2. 정부를 뒷받침해 현실에 대해 유효한 반격을 가하자. 3. 일본제품를 사용하지 말고, 일본 노래를 부르지 말고, 일본어를 쓰지 말자(『韓華公報』 1972/9/21).

이 공개서한은 한국 화교가 그 전에 비해 더욱 강경한 입장을 취했음을 말해준다. 이 공개서한은 1972년 8월 31일 『한화공보』에 개제된 대만대학교 학생들의 대만 국민에게 보낸 공개서한과 매우 흡사하다. 단지 대만대학교 학생들의 공개서한에서는 '국내 물건을 애용하자'와 '일본 영화를 보지 말자'가 더 들어가 있을 뿐, 그 외에는 한국 화교의 공개서한과 같은 내용이다.[17] 앞에서 지적했듯이 한국 화교의 단교반대운동은 대만 국내의 단교반대운동과 밀접하게 연결되어 있었고 호응하는 형식으로 전개되었다. 이 공개서한 이후 한국 화교들은 더욱 '행동적'인 방식으로 나서게 되고 단교반대운동은 정점에 달했다.

1972년 9월 20일 '인천화교협회(仁川華僑協會)', '인천화교중산중·고등학교(仁川華僑中山中學)', '인천화교소학교(仁川華僑小學)', '요식업조합(料食業組合)', 청년회, 부녀회 등 화교단체는 인천화교중산중·고등학교에서 '일본과 공비의 결탁반대대회(反對日匪勾結大會)'를 개최했

17) 대만대학교 학생들이 쓴 공개서한 내용은 다음과 같다. "우리는 가장 침통한 심정으로 전국 동포에게 호소한다. 우리는 행동으로 우리 중국인의 힘을 증명하자, 행동으로 우리의 치욕을 씻어버리자! 우리는 청년의 순결과 열정으로 전국에 호소한다. 정부가 강경히 대처해 어떠한 양보하지 않을 것을 굳건히 지지한다! 전국의 위, 아래 모든 사람이 국내 물건을 애용하여 구체적인 행동으로 표현하자! 일본 노래를 부르지 말고, 일본영화를 보지 말고, 일본어를 쓰지 말자! (후략)" (『韓華公報』 1972/8/31)

다. 대회에 참가한 약 2,000명의 화교는 '일본과 공비의 결탁을 죽어도 반대한다', '중화민국만세', '장총통만세'를 소리 높여 외쳤다. 충주에서는 화교들이 일본정부와 다나카 총리의 중국방문을 반대하는 규탄대회를 '충주화교소학교(忠州華僑小學)'에서 거행하고 장총통에 대한 충성과 대만 정부가 일본에 강경한 태도를 취하는 것에 찬성하는 전문을 보냈다(『韓華公報』 1972/9/24).

1972년 9월 25일 화교협회, 화교음식조합, 화교청년반공구국회, 화교소학교 등 서울 영등포 지역의 화교 각계 대표들은 일본정부와 중국의 국교 수립을 반대하는 성명서에 연합 서명하고 이를 주한일본대사관을 거쳐 일본정부에 전달하기로 했다. 군산지역 화교들 역시 일본과 중국의 국교 수립을 반대한다는 서한을 일본대사관에 보냈다(『韓華公報』 1972/9/27). 중일 관계정상화 전날인 9월 28일 서울 화교 각 단체는 '교사의 날 대회(教師節大會)'에서 일본정부와 중국의 국교수립을 반대하는 규탄대회를 거행하고 '다나카의 비겁한 행위를 비난하는 선언'을 통과시켰다(『韓華公報』 1972/9/28, 1972/9/30).

1972년 9월 20일 중일 관계정상화가 카운트다운에 들어가자 한국 화교의 단교반대운동은 성명서, 서명문, 공개서한 위주의 활동에서 여러 화교단체가 연합해 반대대회, 규탄대회를 개최하는 형식으로 확대된 것이다. 성명서와 서명문 등의 활동도 여전히 계속되었지만 집회 형식이 주류를 이뤘다. 또 한국 화교의 단교반대운동은 더욱 격렬해지고 대규모화했으며, 서울, 인천 등 대도시에 국한된 것이 아니라 전국 각 지역의 화교사회로 확산됐다.

『한화공보』를 참고하는 한, 1972년 9월 28일 '교사의 날 대회(教師節大會)'에서 거행된 규탄대회를 마지막으로 단교반대운동은 중단됐다. 9월 29일 대만과 일본은 정식으로 국교를 단절했지만, 한국 화교 측에서는 대만정부를 지지하는 아무런 행동도 취하지 않았다. 이는 1972년 한국 국내 정세변화에 영향을 받았을 가능성이 있다. 박정희 정부는 이때

체제 정비를 준비하고 있었고, 실제로 10월 17일 '대통령특별선언'을 통해 유신체제를 가동하기 시작했다. 비상계엄이 선포되었고 국회도 해산되었다. 또한 모든 집회와 정치활동이 금지되었다. 이러한 분위기를 감안해 한국 화교는 대만을 옹호하는 정치적 활동을 자숙했을 수도 있다. 그러나 단교반대운동이 중단된 가장 큰 이유로는 한국 화교가 중일 관계정상화에 대해 화교사회 전체가 동원되어 반대운동을 펼치고 대만 정부를 지지하는 등 충분히 스스로의 입장을 표명했기 때문일 것이다. 단교 이후 『한화공보』는 중일 관계정상화와 관련된 보도를 대폭 줄였다. 이는 화교사회에서 단교반대운동에 대한 열기가 식었음을 반영한다.

이상 한국 화교의 중일 관계정상화에 대한 활동을 살펴보았는데, 일본 화교사회와는 달리 한국 화교사회에서 중일 관계정상화로 대만의 권위와 '정통성'은 아무런 상처를 입지 않았다. '중일 관계정상화'라는 대만의 위기에 대해 한국 화교는 열렬히 대만 지지 입장을 표명했다. 이 과정에서 중국에 대한 긍정적인 발언은 찾아보기 힘들었다. 한국 화교에게는 여전히 대만이 유일하게 '하나의 중국'을 대표하는 '중국'이었던 것이다.

V. 일본 화교와 한국 화교가 다르게 반응한 이유

중일 관계정상화에 대한 일본 화교와 한국 화교의 반응 차이는 무엇 때문일까? 우선 가장 직접적인 원인은 대만과 국교를 단절하는 당사국과 제3국이라는 차이에 있다. 일본은 대만과 국교를 단절하는 당사국으로 일본 화교는 당연히 직접적인 영향을 받을 수밖에 없었다. 따라서 일본 화교는 대만과 국교단절로 인해 발생하는 신변보호문제, 거류문제, 출입국문제 등에 민감하게 반응하지 않을 수 없었다. 반면 한국은 대만과 국교단절 당사국이 아닌 제3국으로 중일 관계정상화가 한국 화교에게 직접적인 영향을 미치지 않았다. 때문에 한국 화교는 대만 국내의 단교반대운동에 호응해 열렬하게 대만정부를 지지할 수 있었을 것이다.

두 번째로는 한국과 일본에서 형성된 반공체제의 강도 차이를 들 수 있다. 한국 화교의 대만에 대한 열렬한 지지는 이례적이라 할 수 있다. 한국은 대만과 국교를 단절하는 당사국이 아니라 하더라도 대만의 국제적 지위가 위기에 직면한 것은 피할 수 없는 현실이었다. '중국대표권'이 상실되었고 유엔에서도 탈퇴한 대만을 이처럼 열렬히 지지하는 배경에는 분단국 한국이 처한 특수한 환경 때문이었다. 이에 대해 일본은 국내에서 냉전이 치열하게 전개될 정도로 상대적으로 느슨한 체제를 유지해 왔다. 이처럼 한국과 일본이 처한 외부환경이 양국 화교사회 반응의 차이를 형성하는 근본적인 원인이 된 것으로 보인다. 이 외부환경의 차이는 반공의식의 차이라고 볼 수도 있다. 한국과 일본은 같은 동아시아 냉전체제에 속해 있음에도 불구하고 반공의 강도에서 상당한 차이를 보였다.

1950년 6월 한국전쟁 발발 후 미국정부는 대만정부를 정통성을 지닌 '중국정부'로 인정했다. 그러나 미국은 1950년 1월 어느 '중국정부'가 이듬해 9월의 샌프란시스코 강화회의에 참여해야 하는지 이미 중국을 승인한 영국과 합의를 보지 못했다. 미국과 영국은 결국 어느 '중국정부'도 초청하지 않기로 결정했다(戴天昭 2001, 115). 이처럼 대만 정부는 미국의 지지를 얻었으나 국제무대에서는 계속해서 '정통성을 지닌 중국정부인가'라는 의혹에 부딪쳐야 했다.

샌프란시스코 강화회의에서 미국과 영국이 정통성을 지닌 '중국정부' 문제를 둘러싸고 합의점을 도출하지 못하자 일본은 영국의 입장을 고려해 대만과 외교관계 수립을 연기하려 했다. 그러나 미국은 샌프란시스코 강화조약의 순조로운 비준을 위해 일본이 중국과 관계를 끊고 대만과 평화조약을 체결하도록 압력을 가했다(井上 2010, 20-23; 徐 2008, 178). 1952년 4월 일본은 미국의 압력으로 대만과 평화조약을 체결하지만 중국과의 관계를 완전히 끊지 않았다. 그해 6월 일본은 중국과 제1차 민간무역협정을 체결했고, 이듬해인 1953년 10월에는 제2차 민간무역협정을 체결했다. 1954년 말부터 중국은 대외정책의 방향을 '무력혁명'에서 외교적 수단에 의한 '평화공세'로 전환하여, 일본에 대해 적극적으로 민간교류를 추진했다. 1955년 3월에는 제3차 민간무역협정을 체결했는데, 이 협정을 위한 회담이 도쿄에서 진행되었고 처음으로 정부 간 협정이 체결되었다. 1958년 3월 5일에는 제4차 민간무역협정이 체결되어 민간통상대표부에 관해 처음으로 상세한 규정이 제정되었고, 준외교관 대우라고 할 수 있는 대표부의 안전 확보와 암호사용이 허가됐다(井上正也 2010, 98, 111-113, 徐浤馨 139-140). 1962년 11월 9일에는 중일LT무역협정[18]을 체결, 일본의 대중국 교역규모가 큰 폭으로 확대되었다.

중일 관계정상화가 이루어질 때까지 일본은 요시다(吉田) 내각(1948-

18) 이케다 내각은 '정경분리'를 넘어 중국과 교류에 매우 적극적인 자세를 보였다. 1962년 9월 4일 자민당의 마츠모토(松村謙三) 의원은 이케다 총리의 명으로 베이징을 방문하여 저우언라이와 회담을 갖고 장기적 계획을 바탕으로 하는 종합무역을 교섭했다. 같은 해 10월 26일 통상상을 지낸 자민당 의원 다카사키(高碕達之助)가 인솔하는 42명의 대형 대표단이 또 다시 베이징을 방문하여 11월 9일 '중일LT무역협정'을 체결했다(戴天昭 2001, 326-327). 'LT'는 중국 대표인 랴오청쯔(廖承志)와 일본 대표인 다카사키의 영문 이니셜이다.

54), 하토야마(鳩山) 내각(1954-56), 이시바시(石橋) 내각(1956-57), 기시(岸) 내각(1957-60), 이케다(池田) 내각(1960-64), 사토(佐藤) 내각(1964-72), 다나카 내각(1972-1974)이 잇달아 정권을 장악했다. 그 중 요시다, 기시, 사토 내각은 반공적인 성향을 띄는 친대만적인 내각이었다. 그러나 이들 세 내각도 중국관계에 대해서는 '정경분리' 원칙을 고수하여 중국과 무역협정을 체결했다. 하지만 1957년 6월 기시 총리의 대만 방문과 동남아시아 국가 순방 때 반공적 발언이 원인이 되어 1957년 제4차 민간무역협정 체결 교섭이 중단되는 우여곡절을 겪기도 했다(井上正也 2010, 135-138). 제4차 민간무역협정 체결 후 대만의 강력한 반대에 부딪친 기시 내각은 사실상 중국의 민간통상대표부를 승인하지 않는다는 것과 중국의 국기 게양 권리를 인정하지 않는다는 성명을 발표했다. 중국은 이러한 기시 내각을 강력히 비난했다. 그 후 '나가사키 국기사건'[19]이 발생하자 중국은 일본과의 민간무역을 중지했다(平井幸子 2012, 73). 사실 기시 내각은 대만정부의 강력한 반대로 위와 같은 성명을 발표하기는 했지만 중국과 무역을 포기할 의도는 없었다. 중국과 일본의 일시적인 교류단절은 중국의 일방적인 결정이었지 기시 내각이 원해서 빚어진 결과는 아니었다는 점에 주의할 필요가 있다.

일본정부는 동아시아 냉전체제에 속해 있으면서도 중국 세력의 일본 진출을 막지 않았다. 일본정부 내에 친중국파가 존재했고 야당에는 사회주의를 지향하는 일본공산당이 존재했다. 여기에 좌파정당인 사민당은 노골적으로 중국에 대한 지지를 표명했다. 1957년 4월22일 중국을 방문한 사민당 지도부는 중일 관계정상화 시기가 도래했다고 언명하면서 "대만은 중국의 국내 문제"이고 "유엔의 중국대표권은 중국에 귀속되어야 한다"는 공동성명을 발표했다(井上正也 2010, 134).

또한 주목할 필요가 있는 것은 중일 관계정상화 이전에 일본 국민이

19) '나가사키 국기사건'은 1958년 5월2일 일본 우익이 나가사키시의 '중국 우표 · 전지(剪紙) 전시장'에 전시된 중국 국기를 끌어내려 훼손한 사건을 말한다.

표명해 온 중국에 대한 반응이다. 기시 총리는 대만을 방문했을 때 "대륙을 회복하는 것은 개인적으로는 매우 좋은 일이라 생각한다"고 장제스를 지지하는 발언을 했다. 중국은 기시의 이러한 발언에 대해 "공개적으로 6억의 인민을 적으로 돌렸다"고 비난했다. 기시의 이 발언은 일본 국내에서도 큰 논쟁을 불러 일으켰다(載天昭 2001, 318). 제4차 민간무역협정 체결 교섭이 중단되자 1957년 12월 말까지 일본 외상에게 교섭을 즉시 재개할 것을 요청하는 진정서가 57건이나 날아들었다.(井上正也 2010, 137). 여기서 일본 국내여론과 국민은 친대만정책보다는 친중국정책을 지지했다는 것을 알 수 있다. 중일 관계정상화를 앞두고 시행된 여론조사에 따르면 절대다수의 일본 국민이 정통성을 지닌 '중국정부'는 대만이 아닌 중국으로 인식하고 있었다(許瓊丰 2009, 110-111).

일본의 이러한 상황을 반공적인 입장에서 바라본다면 매우 허술한 반공이었다고 할 수 있다. 이에 반해 한국의 반공은 무척 엄밀하고 경직된 것이었다. 1948년 한국과 북한은 각각 반공과 공산이라는 상반된 이념을 내세우는 두 개의 국가체제를 수립했다. 한국전쟁을 통해 한국 국민은 반공주의를 내면화했고 반공주의는 한국의 지배적인 이데올로기로 부상했다. 한국전쟁을 통해 반공주의는 단순한 이데올로기가 아니라 생사를 좌우하는 것으로 간주되었다. 한국 국민은 사실 여부를 떠나 '용공'이라는 딱지가 붙는다는 것이 육체적 뿐만 아니라 정신적으로도 죽음을 의미한다는 것을 경험을 통해 체득하게 되었다(유일제 1992, 141).

박정희 정권 이후 한국의 반공체제는 더욱 강화되었다. 박정희 정부는 우선 법적인 면에서 반공체제를 강화했다. 1961년 7월 제정된 '반공법'은 제1조에서 그 목적을 다음과 같이 천명하고 있다. '국가재건과업의 제1목표인 반공체제를 강화함으로써 국가의 안전을 위태롭게 하는 공산계열의 활동을 봉쇄하고 국가의 안전과 국민의 자유를 확보함을 목적으로 한다.'[20] 이어 제2조는 "본법에서 반국가단체라 함은 국가보안법 제1조에 규정된 단체 중 공산계열의 노선에 따라서 활동하는 단체를 말한다"고 규정했다. 이에 의해 '공산계열의 노선에 따라서 활동하는 단체'는 국가보안법 제1조에 규정된 '정부를 참칭하거나 국가를 변란할 목적으로 결사 또는 집단(이하 반국가단체라고 칭한다)을 구성한 자'[21]에 해당한다는 것이 명확하게 제시되었다. 다시 말하면 반공법과 국가보안법에 의해 '공산계열의 노선에 따라서 활동하는 단체'는 '반국가단체'와 동일시되었고, 이에 대한 처벌 규정이 명문화되었다.

1970년대 이후 미국의 대중정책 전환으로 국제정세가 급변하자 박정희는 대외정책과 대내정책을 분리하는 방법을 채택했다. 대외적으로는 국제정세 변화에 순응해 남북 대화를 시도하지만, 대내적으로는 반공체제를 더욱 강화해갔다. 1960년대 말 박정희의 대통령 3차 연임을 위한 개헌에 반대하는 대학생, 사회단체, 야당이 참여한 반정부운동이 일어났고 정권은 위기를 맞았다. 마침 그 때 북한의 '무장공비' 침투 사건이 빈번하게 발생했고 박정희 정권은 이를 반공, 안보의식을 강화하는데 적극 활용했다. 1971년 4월 박정희는 대통령선거에서 당선되기는 했으나 김대중이 43.6%의 득표율을 보이며 박정희를 위협했다. 박정희 정권은 1971년 12월 6일 국가비상사태를 선포한데 이어 이듬해 10월 17일 대통령특별선언과 10월 27일 '유신헌법'을 발표하여 '유신체제'로 진입했다. 이렇듯 중일관계정상화가 진행되던 시기는 박정희 정권에게 대내적으로 격동의 시기였다. 이러한 대내적인 위기를 극복하기 위해 박정희 정권은 반공법의 엄격한 실시, 반공교육과 반공선전의 강화를 통해 반공체제를 더욱 강화해갔다. 그 결과 1970년대 한국에서는 반공체제가 가장 강력한 힘을 발휘하며 반공 분위기가 가장 농후한 시기가 되었다.

---

20) '국가법령정보센터' 사이트의 반공법 참조(http://www.law.go.kr/lsSc.do?menuId=0&p1=&subMenu=2&nwYn=1&section=&query=%EB%B0%98%EA%B3%B5%EB%B2%95&x=19&y=15#liBgcolor5. 방문일자 : 2015년 1월15일).

21) '국가법령정보센터' 사이트의 국가보안법 참조(http://www.law.go.kr/lsSc.do?menuId=0&p1=&subMenu=2&nwYn=1&section=&query=%EA%B5%AD%EA%B0%80%EB%B3%B4%EC%95%88%EB%B2%95&x=15&y=1#liBgcolor8. 방문일자 : 2015년 1월 15일).

당시 한국에서는 일상생활에서 일어나는 모든 친공산주의적인 언행이 반공법에 의해 처벌되었다. 예를 들면 술자리에서 북한 군가를 부른 경우, 가옥을 철거하려는 당국자에게 "김일성보다 더한 나쁜 놈들" 이라는 언사를 한 경우, 경찰관의 부당한 처사에 항의하며 "우리나라 법이 빨갱이 법보다 못하다"고 발언한 경우, "예비군 훈련이 지긋지긋하다. 안 받았으면 좋겠다. 내일 판문점 견학을 가는데, 그곳에 가서 북한으로 넘어가버리겠다"는 농담, 음주잡담 끝에 "정치하는 놈들이 정치를 형편없이 한다. 김일성이가 정치를 하는 데서 사는 게 낫다. 이런 쓰레기 같은 삼등열차도 없고 돈 없는 놈이나 있는 놈이나 평등하다" 등의 발언 등은 반공법의 고무, 찬양, 동조죄[22]로 처벌 받았다(박원순 1992, 85-86). 이러한 예를 통해 '반공법'이 얼마나 일상생활 깊숙이 침투해 한국의 일반 시민을 감시했는지 알 수 있다.

한국과 일본의 반공의 강도에는 분명한 차이가 있었다. 이러한 차이가 한국과 일본 화교사회의 차이를 형성하는 가장 중요한 원인이 되었다. 일본의 허술한 반공체제는 중국세력이 자유롭게 진출할 수 있는 환경을 제공했으며, 일본 화교사회를 친대만파와 친중국파로 분열시켰다. 또, 중일 관계정상화 때 친대만파의 화교가 대만과 중국을 같은 '중국인'으로 인식할 수 있는 공간을 제공했다. 그러나 한국에서는 공산세력의 진출이 전혀 허용되지 않았다. 한국에서는 북한뿐만 아니라 중국도 적으로 간주되었다. 한국 화교들은 전후 대만정부의 한국 화교사회

22) 제4조 (찬양, 고무 등) ① 반국가단체나 그 구성원의 활동을 찬양, 고무 또는 이에 동조하거나 기타의 방법으로 반국가단체를 이롭게 하는 행위를 한 자는 7년 이하의 징역에 처한다. 이러한 행위를 목적으로 하는 단체를 구성하거나 이에 가입한 자도 같다. ② 전항의 행위를 할 목적으로 문서, 도화 기타의 표현물을 제작, 수입, 복사, 보관, 운반, 반포, 판매 또는 취득한 자도 전항의 형과 같다. ③ 전항의 표현물을 취득하고 지체 없이 수사, 정보기관에 그 사실을 고지한 때에는 벌하지 아니한다. ④ 제1항, 제2항의 미수범은 처벌한다. ⑤ 제1항, 제2항의 죄를 범할 목적으로 예비 또는 음모한 자는 5년 이하의 징역에 처한다. '국가법령정보센터' 사이트의 반공법 참조(http://www.law.go.kr/lsSc.do?menuId=0&p1=&subMenu=2&nwYn=1&section=&query=%EA%B5%AD%EA%B0%80%EB%B3%B4%EC%95%88%EB%B2%95&x=15&y=1#liBgcolor8. 방문일자: 2015년 1월 15일).

에 대한 통합과 한국전쟁의 경험을 통해 '중화민국'에 대한 국가인식을 확립했다. 한국에서는 화교들이 중국을 선택할 수 있는 공간이 전혀 없었다는 점에 주목할 필요가 있다.

한국에서는 북한뿐만 아니라 중국을 지지하는 발언도 반공법 위반으로 처벌받았다. 한국 화교의 경우 반공법 위반의 대가는 한국인에 비해 심각한 것이었다. 반공법을 위반한 화교는 강제출국 조치로 한국에서 거주할 수 없었다. 실제로 충주에서 중국음식점을 경영하던 한국 화교 쑨청이(孫承億)는 중국을 찬양하는 발언을 했다는 이유로 반공법 위반 처분을 받고 대만으로 강제 추방되었다(왕언메이 2013, 446-449).

한국에서는 공산정권을 찬양하거나 동조하는 언행은 일체 금지되었지만 공산정권을 반대하거나 비판하는 언행은 권장되었다. 중일 관계정상화 때 한국 화교는 중국 인민을 같은 '중국인'으로 인식할 수 없었다. 한국의 강력한 반공사회는 한국 화교가 대만을 지지하고 중국을 적대시하는 행위에 정당성을 부여해 주었던 것이다.

마지막으로 한국과 일본 화교의 반응의 차이를 이해하는 데 있어, 중일 관계정상화에 의해 동아시아의 냉전체제가 완전히 붕괴되었는가라는 문제를 생각해 볼 필요가 있다. 이것은 앞에서 지적한 양국의 반공강도 차이의 연장선상에 있는 문제이다. 허술한 반공체제라고 하더라도 일본 내부에서는 냉전체제를 유지하고 있었다. 그러나 일본의 냉전체제는 중일 관계정상화에 따라 붕괴되었다고 봐야 한다. 대만과 체결한 평화협정은 일본 냉전체제의 산물이었다. 중일 관계정상화에 따라 일본의 냉전체제가 붕괴되면 대만의 '정통성'도 인정받지 못하게 된다. 일본 내에서 정통성을 잃어버릴 것이 확실시되는 대만에 대해 일본 화교는 매우 현실적으로 대처했다. 대다수의 친대만파 화교조차도 대만 정부를 포기해 버린 것이다.

그러나 한국은 상황이 달랐다. 동아시아 냉전체제는 미국과 일본의 퇴장으로 인해 반공진영에 금이 간 것은 사실이다. 앞에서 지적한바와 같이 한국은 대외적으로는 국제정세 변화에 순응해 북한과 대화를 시도했다. 그러나 남북은 결국 화해에 도달하지 못했다. 1972년에 발표된 7·4남북공동성명으로 일시적으로 남북 간에 평화적 분위기가 형성되었지만 1년 후 남북관계는 다시 대치국면으로 치달았다. 게다가 1970년대는 한국 국내에서 반공체제가 더욱 강화되고 반공분위기가 농후한 시기였다. 따라서 한국의 냉전체제는 중일 관계정상화에 의해 붕괴되지 않았다. 한국 내부의 냉전체제는 여전히 기능하고 있었던 것이다.

동아시아 냉전체제의 다른 일원인 대만 또한 여전히 중국과 대립하며 반공체제를 유지하고 있었다. 한국 화교는 대만과 한국의 틈새에 끼어 있는 존재로, 이 두 곳의 내부에서 냉전체제가 유지되는 한 한국 화교 내부에서도 냉전체제가 유지될 수 있었다. 대만의 '정통성'은 냉전체제의 산물이다. 한국내부의 냉전체제가 유지되는 한 한국에서 대간의 '정통성'은 인정받을 수 있었고, 한국 화교 내부에서도 대만의 '정통성'이 자연스럽게 유지되었다. 따라서 한국 화교는 대만이 '중국대표권'을 상실하고, 유엔에서 탈퇴하고, 일본과 국교를 단절했다 하더라도 대만을 열렬히 지지할 수 있었다. 한국 화교는 이러한 행위에 어떠한 모순도 느끼지 못했다.

VI. 맺음말

중일 관계정상화에 대한 한국과 일본 화교사회의 반응은 큰 차이가 있었다. 일본의 느슨한 반공체제는 화교들에게 대만정부와 중국정부 중에서 하나를 선택할 수 있는 공간을 제공했고, 일본 화교사회는 친대만파와 친중국파로 분열되었다. 일본이 중국과 외교관계를 수립하고 대만과 국교를 단절하는 것이 확실시 되자 일본에서는 대만정부를 지지하는 화교들조차도 대만정부와 거리를 두며 중립적인 입장으로 전환하거나 친중국파로 돌아섰다. 화교의 입장에서 생각한다면 이것은 매우 현실적이고 당연한 판단이었다.

전후 대만은 일본과 평화협정을 맺고 외교관계를 수립했지만 화교업무에 있어서는 중국을 압도하지 못했다. '중화민국'은 대만 섬에 위치한 정부로서 중국대륙 출신이 많은 일본 화교에겐 고향이 될 수 없었다. 그러나 화교업무에 관해서 대만이 중국을 압도하지는 못해도 중국보다 우위를 차지할 수 있었는데, 이는 무엇보다 대만이 일본과 국교를 수립하고 있었기 때문이었다. 화교들이 신변안전, 출입국이나 재산보호 등의 문제에 직면했을 때 이들을 지원해 문제를 해결해 줄 수 있는 정부는 일본과 외교관계를 가진 대만 정부였다. 그러나 중일 관계정상화가 실현되면서 이러한 대만정부의 우위 조건은 사라졌다. 일본에서 화교를 보호하고 안전을 보장할 수 있는 정부는 대만이 아니라 중국이 되었기 때문이다. 여기에 중국은 화교들의 고향이라는 귀속의식도 차지할 수 있었다. 이에 따라 중일 관계정상화를 계기로 일본에서 대만의 화교정책은 열세로 전환하게 된다. 중일 관계정상화와 동시에 대만의 '정통성'은 일본 화교사회에서도 붕괴되었다.

반면 한국 화교사회에서 대만의 '정통성'은 중일 관계정상화로 인해 아무런 상처도 받지 않았다. 한국이 단교 대상국이 아니었다는 점이 가장 중요한 원인이었지만, 한국의 공고한 반공체제와 한국내부에 존재하는 냉전구조가 대만의 '정통성'을 지켜주었다. 한국 화교는 중국을 선택할 수 있는 공간이 없었다. 따라서 한국 화교는 한국과 대만의 반공체제와 냉전구조 속에서 대만을 열렬히 지지하는 것에 아무런 모순도 느끼지 못했다.

그렇다면 1992년 한국이 중국과 국교를 수립하고 대만과 국교를 단절할 때 한국 화교사회의 반응은 과연 어떠했는지 궁금하다. 외교관계를 갖지 않은 대만정부의 화교정책은 열세로 전환해 화교들의 신변안전과 권익을 보호할 수 없게 되었다. 그러나 한중 국교수립에 대한 한국 화교사회에 대한 반응은 일본 화교사회와는 달랐다. 한국 화교사회는 한중 국교수립이 확실시 되었음에도 불구하고 대만정부에 대한 지지를 보내면서 한국이 중국과 국교정상화하는 것을 중지할 것을 호소했다. 한중 국교수립 당시 대만정부를 포기하거나 중국을 지지하는 행동을 한 한국 화교는 없었다. 한중 국교수립에도 불구하고 대만의 '정통성'은 한국 화교사회에서 붕괴되지 않았다. 한국 화교사회에서 친중국 화교단체가 설립되는 것은 2002년 한성화교중국교민협회(漢城華僑中國僑民協會) 창립 이후였다(왕언메이 2013, 647). 이는 한국 화교사회가 얼마나 반공체제와 냉전구조의 영향을 강력하게 받아왔는지를 말해준다. 한중 국교수립에 즈음한 한국 화교사회의 대응에 관해서는 차후의 연구과제로 삼고자 한다.

참고문헌

박원순. 1992.『국가보안법연구3 : 국가보안법폐지론』. 서울: 역사비평사.

왕언메이. 2013.『동아시아 현대사 속의 한국 화교 : 냉전체제와 조국 의식』. 서울: 학고방.

유일제. 1992. “한국전쟁과 반공이데올로기의 정착”『역사비평』통권16호 봄, pp.139-150.

井上正也. 2010.『日中国交正常化の政治史』. 東京：名古屋大学出版会.

平井幸子. 2012. 『「二つの中国」と日本方式—外交ジレンマの解決の起源と応用』. 東京: 勁草書房.

許瓊丰. 2009 “戦後日本における華僑社会の再編過程に関する研究—在日台湾人と神戸華僑社会を中心に” 兵庫県立大学経済学研究科博士論文.

鶴園裕基. 2014. “日華断交における「僑務問題」—分裂国家の外交危機と在外国民”『アジア次世代論集』第7号, pp.87-116.

僑務委員會編. 1982.『僑務五十年』. 台北: 行政院僑務委員會.

載天昭. 2001.『台湾戦後国際政治史』. 東京: 行人社.

宋伯章. 1975. “我国僑務機構之研究” 中国文化学院民族与華僑研究所碩士論文.

王恩美. 2011. “1971年「中國代表權」問題與韓國政府「中國政策」的轉變”『國立政治大學歷史學報』第36期, pp.171-219.

王國璋. 1993. “中共如何取代我國在聯合國之席位”『問題與研究』第32卷第5期, pp.11-23.

徐浤馨. 2008. “日本及田內閣期中國政策的原點—以「等距離外交」為探討對象”『國史館學術集刊』第18期, pp.165-187.

淺野和生著. 何義麟譯. 2007 “一九七二年體制下日台關係之再檢討—往制定日本版『台灣關係法』目標前進”『台灣國際研究季刊』第3卷第1期, pp.35-65.

"與匪勾搭後患無窮、旅韓華僑致函田中促其慎思懸崖勒馬"『韓華公報』, 1972.8.17.

"漢城僑中通過決議文、譴責田中媚匪行為"『韓華公報』, 1972.8.25.

"旅居大邱華僑集會譴責日本媚共政策、促使田中勿墜中共圈套"『韓華公報』, 1972.8.30.

"京仁青年幹部集會譴責日本媚匪行為、決以行動誓作政府後盾"『韓華公報』, 1972.9.3.

"旅居釜山華僑集會、譴責日本媚匪行為、重申支持政府堅定立場"『韓華公報』, 1972.9.10.

"旅韓華僑發表聲明、支持政府對日立場、堅決反對田中媚共行為"『韓華公報』, 1972.9.7.

"漢城華僑致函田中、堅決反對與匪勾搭、主應慎重考慮勿中圈套"『韓華公報』, 1972.9.12.

"韓華青年抗議日毛勾結、呼籲採取實際行動、不用日本貨不說日本話"『韓華公報』, 1972.9.21.

"全國大專學生發表聲明、反對日本與毛勾搭、決與敵對勢力抗衡"『韓華公報』, 1972.8.31.

"仁川忠州華僑集會聲討日本媚匪行為、與會踴躍情緒極為憤慨"『韓華公報』, 1972.9.24.

"永登浦群山華僑集會聲討日本背信、堅決反對日匪勾搭行為"『韓華公報』, 1972.9.27.

"漢華各界今日盛大集會慶祝孔誕暨教師節、就日毛勾結將發表宣言、斥責田中政府背信行為"『韓華公報』, 1972.9.28.

"孔誕暨教師節大會、聲討日毛勾結輿為、決心效法至聖先師精神"『韓華公報』, 1972.9.30.

『日本僑情十』1968/05/30-1972/11/11, 典藏號：020-990600-2818, 入藏登錄號：020000037314A, 소장지：國史館.

『日本僑情十一』1971/11/15-1972/11/18, 典藏號：020-990600-2819, 入藏登錄號：020000037315A, 所藏地：國史館.

『中日斷交後重要交涉事項』 第一冊197208-197208, 檔案號碼：012/0010, 소장지：中央研究院近代史檔案館.

『中日斷交後重要交涉事項』 第二冊197208-197209, 檔案號碼：012/0011, 소장지：中央研究院近代史檔案館

제3부

권위주의의 출현과 국제관계

박정희 대통령이 1973년 3월 유신체제의 돌격대라고도 할 수 있는
유신정우회(유정회)의 현판식에 참석하고 있다.

7·4 남북공동성명 발표 직후인 1972년 10월 판문점에서 열린 남북조절위원회에서 이후락 서울측 공동위원장과 박성철 평양측 공동위원장 대리가 악수하고 있다.

1970년대 초반 데탕트기를 통해 권력세습을 사실상 완성한 북한. 김일성, 김정일 부자.

제6장 유신체제의 모순과 한미갈등:
민주주의 없는 국가안보*

정일준

1. 들어가며

해방 후 한국현대사에서 18년간이나 지속된 박정희 정권의 성격과 공과를 둘러싼 논의는 여전히 활발하다(오창헌 2001; 안병욱 외 2005; Kim & Vogel 2011).[1] 후기 박정희 정권이라 할 수 있는 유신체제[2]에 대한 기존 연구는 유신체제의 성립을 둘러싼 논의(김영순 1988; 한상진 1988)나 유신체제에 대한 저항에 주로 초점이 맞추어져 있다(Sohn 1989; 한국역사연구회 1991; 류근일 1997; 김대영 2005; 이기훈 2005; 정상호 2005). 2000년대 들어서는 국가안보나 중화학공업화 등의 쟁점을 중심으로 실증적으로 유신체제를 이해하고자 하는 본격적 논의가 나타나고 있다(마상윤 2003; 김형아 2004).[3]

---

* 이 글은 졸고 "유신체제의 모순과 한미갈등: 민주주의 없는 국가안보" (한국사회사학회, 『사회와 역사』 제70집, 2006)를 수정, 보완한 논문이다.

1) 유신체제에 대한 기존의 평가는 극단적으로 엇갈린다. 유신체제는 당시 국내외에서 제기된 도전에 대한 불가피한 응전이었다는 옹호론에서부터, 박정희 개인의 집권연장을 위한 도구로서 독재체제에 불과했다는 비판론, 그리고 당시의 급변하는 내외정세를 고려한다 할지라도 유신체제가 필연적으로 등장할 인과성은 적다는 절충론에 이르기까지 다양하다(한국정치연구회 편, 1998; 한국정신문화연구원 편 2002).

2) 손호철(2006)은 박정희 정권의 시기구분과 관련해 군정기(1961년 5·16쿠데타에서 1963년 말 '민정' 이양까지), '민정기'(10월 유신까지), 유신통치기(1979년 10·26까지)의 3기로 나누고 있다. 그는 국가성격이라는 면에서 볼 때 유신 이전의 제3공화국과 유신 이후 제4공화국 사이에는 근본적인 단절보다 연속성이 더 많이 존재한다고 본다.

3) 마상윤(2003)에 따르면 유신체제를 수립한 박정희의 복합적인 동기로는 첫째, 장기집권의지, 둘째, 닉슨독트린에 따른 안보환경의 변화가 초래한 1970년 초의 안보위기, 셋째, 북한의 군사위협, 넷째, 북한의 평화공세를 들고 있다. 박정희가 유신을 선포한 의도는 안보위기의식인데 이는 직접적인 군사위협의 증가만 아니라 남한 내부의 기강 해이 및 긴장감 완화가 북한의 정치공세에 효과적으로 이용될 수 있음을 심각히 우려했다는 것이다. 국제적 데탕트와 남북대화가 국민들의 기강해이를 초래하여 장기적으로 북한과 체제대결을 벌이고 있는 한국의 안보태세에 불확실성을 가중시킬 수 있다는 위협인식을 지녔다는 것이다. 김형아(2004)는 유신체제는 본질적으로 정부기구를 전시와 유사한 상태로 바꾸고

본 연구에서는 한미관계를 중심으로 유신체제에 접근하고자 한다. 한국 민주주의의 전개과정에서 미국의 역할과 한계를 유신체제를 통해 살펴보고자 하는 것이다.[4] 본 연구는 유신체제의 수립과 전개과정에서 미국이 취한 입장과 정책을 미국자료에 입각해서 실증적으로 분석하고자 한다. 유신체제의 공과를 논하기에 앞서 그것을 하나의 역사적 현상(historical phenomenon)으로 이해하고, 유신체제의 성립과정과 그것의 구조 및 작동을 미국의 인식과 대응에 초점을 맞춰 연구하고자 하는 것이다.[5]

본 연구에서는 먼저 유신체제를 역사적 흐름이라는 시간 축 위에서 조망하고자 한다. 미국은 1961년 5·16쿠데타 당시에는 조속한 민정이양을 비롯한 민주주의 제도회복과 유지를 촉구했다. 박정희의 군정연장 기도에 대해서도 단호하게 반대했다(홍석률 2002; 박태균 2002; 이완범 2002). 그런데 '유신쿠데타'(이경재 1986)에 대해서는 명백한 반대의사를 표시하지 않았다. 둘째, 유신체제를 지정학적 맥락이라는 공간 축에서 접근하고자 한다. 기존 연구는 유신체제를 일국 차원의 분석단위에서 바라보았다. 국가-시민사회관계에서의 '민주 대 반민주'라는 구도에서 유신체제의 성격을 구명하고자 했다. 유신체제 수립을 전후하여 한국이라는 단위 국가사회의 정치경제체제가 어떻게 변형되었는지에 초점을 맞췄다(김대환 외 1993; 김영명 1992; 손호철 2003; 한배호 1994). 본 연구에서는 유신체제를

자 하는 박정희의 메커니즘이었다고 본다. 이는 한편으로는 대미의존도를 최소한으로 줄이면서 다른 한편으로는 중앙집권적 통치체제를 최대화하려는 목적을 지닌 것으로, 그 뒤에는 방위산업과 관련된 중화학공업에 대한 야심찬 계획이 숨어있었다는 것이다.

4) 박명림은 '미국의 범위'(American Boundary)라는 개념을 도입하여 지난 반세기 동안 한국에서 미국은 독재의 보장자이자 동시에 민주주의의 후원자였다고 주장한다(박명림 1996, 10장).

5) 홍석률(2005a; 2005b; 2012)은 주로 닉슨 정권까지의 미국자료를 이용하여 1970년대 데탕트 국면에서 유신체제형성과정을 살펴보고 있다. 전재호(2005)는 유신체제의 구조를 정치부문에서는 대통령 1인 지배의 제도화, 경제부문에서는 국가의 포괄적 경제개입, 사회부문에서는 노동부문 배제로 정리했다 또 유신체제의 작동기제로는 통일주체국민회의(국민주권 왜곡), 유신정우회(대의 민주주의 무력화), 긴급조치(정치적 자유 억압) 등을 '한국적 민주주의'기제로, 중앙정보부(정치적 반대 세력 탄압)와 내무부(정치탄압 및 산업평화)를 '총화단결'과 '국력배양' 기제로, 군사교육과 민방위(군사주의적 동원), 새마을 교육과 반상회(일상적 국민동원)를 '총력안보' 기제로 정의했다.

안과 밖에서 동시에 접근하고자 한다. 셋째, 유신체제의 구조와 성격, 유신체제의 작동 및 저항을 한미관계 속에서 접근하고자 한다. 그리하여 유신시기 한미갈등을 보다 심층적으로 추적하여 그 성격을 규명하고자 한다. 한미관계는 미국이 한국을 여러 차원에서 후견하는 측면도 있지만, 한국 대 미국의 국가이익이 날카롭게 부딪치는 현실정치라는 측면도 엄연히 존재한다(문창극 1994). 그리하여 한국의 안팎을 아우르는 비교사회적 안목과 국내정치경제뿐 아니라 국제정치와 세계경제까지를 시야에 넣어 입체적으로 조망하고자 한다.

2. 유신체제 연구방법론 재론: 국가위기와 사회위기의 접합

현대 한국사회변동을 이해하기 위해서는 미국의 대한정책변화를 이해해야 한다. 아이젠하워·케네디·존슨 3대 행정부의 외교노선은 2차 대전 직후 설정해 놓은 트루먼 대통령의 봉쇄정책containment policy을 따랐다(Gaddis 2005). 닉슨은 1968년 베트남전쟁 종결을 공약으로 내세워 당선되었다. 닉슨 대통령과 안보보좌관 키신저는 미국외교정책에 일대 수정을 가했다. 냉전시대의 봉쇄정책과 적극개입 정책에서 화해Détente시대의 점진적 철수정책이 새롭게 등장한 것이다(Kissinger 1974). 데탕트시대의 국제정치체제를 움직이는 원리는 강대국 간의 세력균형이다. 이 세력균형을 바탕으로 한 평화구조 내에서는 적과 우방의 개념이 뚜렷이 구분되었던 냉전시대와는 반대로 미국의 실리기준에 따라 적과 우방을 수시로 바꾸는 현실주의 정책을 추구했다. 이러한 정책은 집행과정에서 적과 우방에 동시에 충격을 줄 수 있는 마키아벨리적 비밀외교수단을 수반했다(이범준 1975). 미국식 평화구조의 2대지주를 이루는 유럽·일본과의 우방관계 그리고 중·소와의 화해관계 범주에서 제외된 아시아에 대한 점진적 철수정책이 구상되었는데, 바로 그것이 1969년 7월 괌도에서 '닉슨독트린'으로 발표되었다. 닉슨 독트린의 내용은 첫째, 미국은 우방과의 방위조약을 계속 준수하고, 둘째, 동맹국에 대한 핵공격 위협을 받을 경우 핵우산을 제공하며, 셋째, 핵공격 이외의 외부침략이 있을 경우 피침국의 요청이 있을 때 방위공약에 따라 군사 및 경제 원조를 제공하나, 지상전투에 필요한 인력에 관하여는 당사국이 일차적으로 책임을 져야 한다는 것으로 요약할 수 있다(배긍찬 1999). 닉슨독트린 선언 후 4개월 만에 미국은 소위 베트남전쟁의 베트남화 계획Vietnamization program을 발표하고 베트남으로부터 철군을 시작했다. 한국에서는 1971년 2만 명의 미군을 일방적으로 철수했다.[6] 이런 안보 환경 변화 속에서 박정희는 1972년 10월 17일 대통령 특별선언을 발표했다 (『박정희대통령 연설문집 6: 제7대편』 1973, 297-301). 여기서 박정희 대통령은 한반도를 둘러싼 열강들의 기존 '세력균형관계'에는 커다란 변화가 일어나고 있는데, 이는 "아시아의 기존 질서를 뒤바꾸는 것"이며, "지금까지 평화를 유지해 온 '안보체제'마저도 변질시키려는 커다란 위협을 내포"하고 있다고 안보위기를 강조했다. 또한 "긴장완화라는 이름 밑에 이른바 열강들이 제3국이나 중소 국가들을 희생의 제물로 삼는 일이 충분히 있을 수 있다는 점을 우리는 경계해야 할 것"이라고 지적했다. 이 같은 상황 속에서 "전화의 재발을 미연에 방지하고 평화로운 조국통일의 길을 모색하기 위해" '남북대화'를 시작했음을 밝히고, "남북대화를 더욱 굳게 뒷받침할 수 있을 뿐 아

6) 1970년 3월 27일 신민당의 김대중 대통령 후보는 미 부통령 애그뉴에게 서한을 보내 닉슨독트린이 아시아에 끼친 영향을 지적했다. 여기서 김 후보는 "아시아방위는 아시아인의 손으로"라는 닉슨독트린은 정책 자체로는 정당화할 만하지만, 타이밍과 정책실행과정은 문제라고 비판했다. 아시아에서 비미국화(de-Americanization) 정책을 급하고 부주의하게 실행하게 되면 중공의 팽창욕을 채울 뿐이라고 지적했다. 또 일본과도 반공을 위해서는 협력하겠지만, 미국을 대신하여 아시아를 지배하게 되면 이를 좌시하지 않겠다고 밝혔다 한국방위의 한국화(Koreanization of defense of ROK)와 관련하여 전면전과 게릴라전으로 나누어 대응책을 논하고 있다. 남한은 북한의 침투에 취약한데, 이는 첫째, 박정희정권의 독재가 강화되어 한국인이 반공이라는 국가목표에 염증을 느끼기 시작하고, 둘째, 현 지배층의 부패로 말미암아 한국인이 현 정부와 여당을 신뢰하지 않고 미워하기 때문이며, 셋째, 부자와 가난한자, 그리고 도시와 농촌 사이에 소득격차가 벌어지기 때문이라고 지적했다. Dae Jung Kim. March 27 1979. "My Views On Issues Of Common Concern For The Republic of Korea and The United States."

니라 급변하는 주변 정세에 능동적으로 대응해 나갈 수 있는 모든 체제의 시급한 정비"를 위해 "동서양극체제 하의 냉전시대에 만들어졌고, 남북대화 같은 것은 전연 예상치도 못했던 시기에 제정된" 헌법과 각종 법령을 "일대 '유신적 개혁'"해야 한다고 선언하고, '비상조치'로써 '체제개혁'을 단행하여야 하겠다는 결심을 밝혔다.[7] 그는 "자유민주체제보다 더 훌륭한 제도를 갖지 못했"다고 인정하면서도, "아무리 훌륭한 제도라 하더라도 이를 지킬 수 있는 능력이 없을 때에는 이 민주체제처럼 취약한 체제도 또한 없는 것"이라고 주장했다. 이어 헌법개정안 공고에 즈음한 10월 27일 특별담화문에서 "국력배양을 가속화하고 이를 조직화"하기 위해서 "모든 면에서 안정을 이룩하고 능률을 극대화"해 나가야 하며, "국민총화를 유지해 나가야" 한다고 강조했다(『박정희대통령 연설문집 6: 제7대편』 1973, 306-307). 나아가 "우리의 역사와 문화적 전통, 그리고 우리의 현실에 가장 알맞은 '국적 있는 민주주의적 정치제도'를 창조적으로 발전시켜서 이것을 신념을 갖고 운영해 나가야 할 것"이라고 선언했다.[8] 11월 21일 유신헌법에 대한 국민투표가 실시되어 투표율 91.9%, 찬성투표율 91.5%로 통과되었다(청사편집부 1984, 121). 박대통령은 12월23일 통일주체국민회의 개회식에서 개회사를 통해 "10월 유신은 올바른 역사관과 주체적 민족사관에 입각하여, 우리 민족의 안정과 번영, 그리고 통일 조국을 우리 스스로의 힘과 예지로써 쟁취하고 건설하자는 데에, 그 궁극적인 목적이 있는 것"이라고 선언했다(『박정희대통령 연설문집 6: 제7대편』 1973, 325-328).

---

7) 1969년 10월부터 1978년 12월까지 9년 3개월간 박 대통령 비서실장을 역임한 김정렴은 유신을 하게 된 가장 결정적인 요인을 남북적십자회담에서 찾고 있다. 북한대표단의 태도를 보고 김일성 유일체제가 얼마나 강한가에 대해 실감했고, 국내 결속을 다지기 위해 유신을 통한 체제개편 필요성이 제기되었다는 것이다(김정렴 1997, 160-161).

8) 당시 방일 중이던 김대중 의원은 공고된 유신헌법안에 대해 "직접선거에서는 이미 승리 가능성이 없는 박대통령이 일종의 총통제를 노리는 조치이고 의회 민주주의와 삼권분립을 부정하고 북의 공산유일체제로 대폭 접근해 있음을 보여주는 것"이라는 비난 성명을 발표했다(청사편집부 1984, 118).

박대통령은 민주적 형식을 버린 유신체제를 수립하는 한편, 한국군의 전력 향상과 핵무기 프로그램을 포함한 방위산업개발에 착수했다(오원철 1996). 또 미국의 대한정책에 영향을 미치고자 한국 외교관과 비공식 로비스트를 통해 미국 상하양원 의원들에게 접근했다. 박대통령이 미국의 베트남으로부터의 철수와 주한미군병력 일부 철수를 한국의 국가안보위기로 인식하고 또 정의한 것은 분명하다. 그렇지만 당시 '국가안보상의 위기'나 '사회적 위기'의 존재유무, 정도 또 그것의 성격과 바람직한 대응방안을 물을 수 있다.

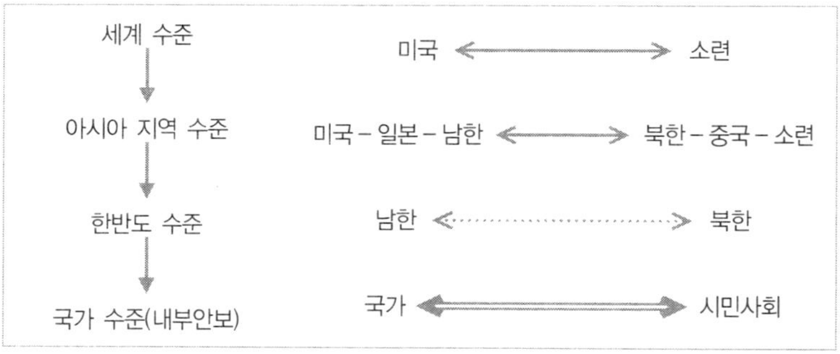

〈그림 1〉 한국 안보환경의 네 층위

〈그림 1〉은 한국안보환경상의 네 층위를 보여준다. 미국과 소련간의 세계 수준 긴장완화나 미국·일본과 중국 간의 아시아 지역수준 긴장완화가 곧바로 한반도에서의 긴장완화나 남북통일의 호조건으로 작용하리라 전제할 수 없다. 당시의 국제환경이 남북한 간의 직접적인 대립을 어느 정도 완화시켜주는 효과를 가져 온 것은 사실이지만, 남북한 '적대적 의존관계'의 해소나 '한반도 평화체제'구축으로 이어지기는 쉽지 않았다(이종석 1998; 2003).

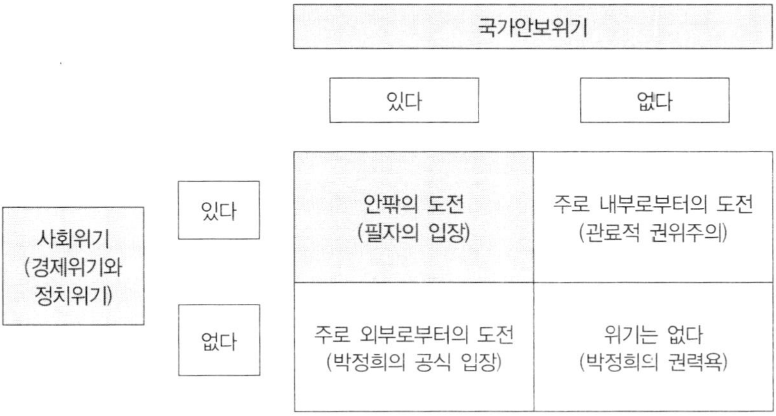

〈그림 2〉 유신체제 수립 설명 방식

〈그림 2〉는 국가안보위기와 사회위기를 축으로 유신체제의 수립을 설명하는 입장을 정리한 것이다. 유신체제에 비판적인 기존연구는 국가안보위기를 무시하거나 과소평가한다. 관료적 권위주의 모델을 수정하여 한국에 적용한 연구는 유신체제를 한국에서의 자본주의적 산업화에 따른 새로운 형태의 권위주의체제로 파악한다(Im 1987, 2011; 한상진 1988). 긍정적인 입장은 1971년 대선에서의 김대중 후보의 선전이나, 경제위기와 같은 사회적 위기는 거의 언급하지 않고 국가안보위기만을 강조한다(김정렴 1997; 중앙일보 특별취재팀 1998). 본 연구에서는 국가안보위기와 사회적 위기가 둘 다 실재(實在)했던 것으로 본다. 이는 유신체제의 수립을 국제변수나 국내변수 어느 하나로 환원시키거나 두 변수 중 하나의 중요성을 상대적으로 과대 또는 과소평가하는 편향을 벗어나기 위한 것이다.

3. 미국과 한국 민주주의: 억제와 증진을 넘어선 헤게모니 프로젝트

한국 민주주의가 진전됨에 따라 한국 민주주의 발전에서 미국이 행한 역할에 대해 관심이 높아졌다(민족문제연구소 편 1987; 정일준 외, 2014). 과거에는 미국이 대내외 한국문제의 해결사였다. 지금은 오히려 미국이 문제라고 보는 시각도 있다(홍성태·노순택 2003). 한미관계의 전반적인 성격을 놓고도 의견이 갈리지만, 미국이 한국 민주주의를 억제했는가 아니면 증진시켰는가를 놓고도 날카로운 의견대립이 있다. 전자를 지지하는 입장에서는 미국이 자국의 이익을 위해 이승만의 민간독재정권과 박정희, 전두환, 노태우로 이어지는 역대 군사독재정권을 지지했다고 주장한다. '80년 광주'는 미국이 한국 민주주의에 무관심할 뿐 아니라, 한국 민주주의를 저해하는 세력인지를 잘 보여주었다고 본다(이삼성 1993). 후자는 미국이 한국에 민주주의라는 이념과 제도를 이식시켰을 뿐 아니라, 한국의 허약한 신생민주주의가 뿌리내리고 성장하도록 물심양면으로 각고의 노력을 기울였다고 본다(Macdonald 1992; Brazinsky 2007). 한국 민주주의가 오늘날처럼 발전한 데는 미국의 긍정적 역할이 크다는 평가인 셈이다.

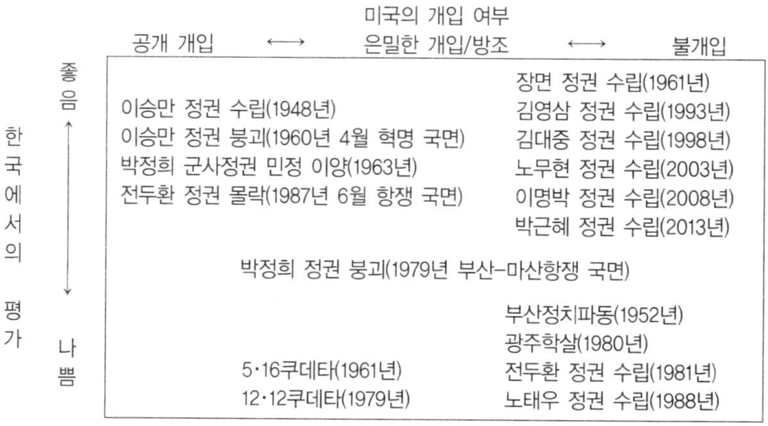

〈그림 3〉 한국 정치변동에 대한 미국의 개입 여부와 한국에서의 평가

〈그림 3〉은 한국의 주요 정치변동에 대한 미국의 개입여부와 그러한 개입에 대한 한국에서의 평가를 나타낸다. 물론 한국정치변동에 끼친 미국의 영향력은 이처럼 드러난 행위수준의 사례에 국한되지 않는다. 거시적이고 제도적인 수준에서 미국이 한국 민주주의 발전에 끼친 영향과, 특정 정치변동 국면에서 미국이 권위주의 정권을 묵인한 사실은 구분해야 한다. 구체적인 행위수준에서 살펴보자면 한국 민주주의를 발전시킨 것은 말할 것도 없이 한국인 자신이다. 그렇지만 거시적으로 자유민주주의 문화이식과 민주제도의 정착이라는 차원에서 보자면 미국의 기여도 무시할 수 없다. 여기서 미국이 한국에 이식시키고 정착시키고자 했던 민주주의는 과연 어떤 것이었는지가 문제이다. 미국은 다수 대중의 참여와 합의라는 의미에서의 아래로부터의 민주주의보다는 엘리트 수준의 정권교체라는 경쟁의 규칙을 마련하기 위한 다두제(polyarchy) 를 증진시키고자 했던 것으로 보인다(Robinson 1996). 다두제는 어느 한 정치세력으로 하여금 과반수의 지지를 확보할 수 없게 만든다. 따라서 다두제는 대내적 권력행사에는 별다른 장애가 없지만, 대외정책을 놓고는 심각한 문제점을 노출한다. 한국이 놓여 있는 세계체제상의 위치와 한미간의 쌍무적인 관계에서는 한국의 국가가 국내 지배/피지배계급의 이해뿐 아니라 초국적 자본과 미국의 국익도 반영해야하기 때문이다. 한국의 국가는 국내지배계급에 의해 포획되었다기보다 미국 헤게모니에 의해 침투당했다고 볼 수 있다(졸고 2005). 한국은 냉전기를 거치면서 정치군사적으로 뿐만 아니라 경제, 사회, 문화적으로도 깊이 미국화되었다.[9] 역대 군사권위주의 정권의 지도자나 민간 민주주의 정권의 지도자를 막론하고 모두 미국이 부과한 헤게모니로부터 자유롭지 못했다. 박정희 정권기 특히 유신체제도 예외는 아니다. 비록 박정희 대통령이 대내적으로는 일인통치체제를 수립했다 할지라도 미국과의 관계에서는 자유롭지 못했다.

9) 냉전기 미국이 친미인맥구축과 미국식 문화코드를 부과하기 위해 벌였던 문화외교정책에 대해서는 졸고(2003) 참조.

4. 유신체제의 성립과 미국의 입장: 비판적 불개입을 통한 묵인

유신체제는 군정시기나 3공화국시기와는 비할 수 없을 정도로 비민주적인 통치체제였다. 그런데 이러한 체제의 수립과 전개에 대해 미국은 어떤 입장을 가지고 있었을까? 1968년 1·21사태[10]와 푸에블로호 사건 이후인 1968년 6월 15일 미 국무부 정책기획실이 작성한 『미국의 대한정책』 보고서에는 다음과 같은 구절이 있다.[11]

> 대한정책이 상당히 성공했음에도 불구하고 우리의 접근 방식을 변경할 필요가 점차 명백해지고 있다. 대한민국의 경제발전은 더 이상 우리의 대규모 경제원조에 의존하지 않으며, 대한민국의 정치발전은 우리가 견지해왔던 한국의 경제 및 정치 결정에 대한 깊은 연루와 점차 양립할 수 없게 되었다. 또한 북한의 호전 행위가 증가하여 한국에서 우리의 안보 태도를 재고해야 할 새로운 동기가 생겨났다. … 섣부른 철군은 특히 베트남에서 전황 악화와 결부될 경우 막대한 피해를 끼칠 수 있다. … 주한미군 감축은 대한민국의 방위능력에 맞춰 점진적으로 이루어져야 하며, 그럼으로써 대한민국이 또다시 전쟁에 연루될 위험과 군사력을 유지하는 무거운 부담을 지연시켜야 한다. 대한민국 병력이 베트남에서 돌아오면 대한민국 군사력을 강화하고 재편하는 한편 주한미군을 단계적으로 철수시킬 길이 생길 것이다.

보고서는 한국군의 육군과 해군을 북한 수준으로 늘리는 것은 어렵지 않지만, 한국공군은 북한에 많이 뒤져있다고 평가했다. 또 "한국의

10) 박정희 대통령을 암살하고자 한 북한의 특수부대의 '1·21사태' 이후 박정희는 전국에 걸쳐 250만 향토예비군 수립에 착수했다. "싸우면서 건설하자." "우리국토는 우리 힘으로" 같은 구호를 내걸고 박정희는 자주국방태세를 갖춘다는 명분 아래 총체적인 병영국가화를 추진했다. 박정희는 이를 통해 북한이 베트남에서와 같은 비정규전으로 나오는 것에 대비하는 한편 한국사회 통제력을 강화하고자 했다. 따라서 비록 국가체제의 차원에서 유신체제라는 '총력안보체제'를 선포한 것은 1972년이었지만, 사회차원에서는 이미 1968년부터 병영화작업이 진행되었다고 볼 수 있다(한홍구 2003 참조).

11) Department of State, Policy Planning Council. June 15 1968. *U. S. Policy towards Korea*.

부에 배치한 미 핵무기에 의존할 수 있다면 핵 가용 미군부대들은 철수할 수 있을 것"이라고 쓰고 있다. 이어 다음과 같이 지적하고 있다. "우리는 우리 입장이 이미 몇 년 전과는 매우 달라졌다는 점을 인식해야 하며, '비행교관'이라는 우리의 오래된 역할을 영원한 '부조종사'로 바꾸려고 하면 안 된다."

이 연구는 1968년 1월 21일의 '1·21사태'와 이틀 후에 발생한 '푸에블로 사건' 이후 북한에 보복할 것을 주장하는 박대통령을 달래기 위해 1968년 2월 서울에 보낸 미대통령특별사절단 단장 밴스(Cyrus R. Vance)가 미국의 대한정책을 재평가해야 한다고 권고한 바에 따라 수행되었다.[12] 동 보고서에는 1971년 선거를 "다음 10년의 주요하고 예견가능한 정치적 분수령"이라고 보았다. 이에 따라 다음과 같은 미국의 전략을 내놓았다.

> 박정희는 여느 가용한 대안보다 더 나을 것이며, 우리는 그가 그렇게 하려는 수단들을 우리가 승인하건 안 하건 권력을 유지하리라는 사실을 인식해야 한다. 그러므로 우리는 박정희를 우리가 원하는 방향으로 이끌도록 개인적인 설득에 의존해야 한다. 공개적인 논쟁이나 극단적인 반대는 그가 대통령직을 유지하거나 계속해서 배후조종을 할 경우 우리가 그와 협력 하는 것을 어렵게 만들 것이므로 피해야 한다. 선거 이전에 대규모로 예기치 않게 원조 프로그램을 감축하거나 병력을 감축하면 박정희의 국내입지 및 우리와의 관계를 손상시킬 수 있으므로 피해야 한다. 대한민국 국민이 수용할 만하다고 여기는 조건아래서 박정희가 재선되거나 기존 지배집단 중 능력 있고 존경받는 멤버가 그를 계승한다면 우리는 대한민국 국내정치에 대한 연루를 신중하고도 꽤 신속하게 줄여야 한다. 그렇지만 야당후보가 당선된다면 군사쿠데타가 일어날 가능성이 있다. 그리고 만약 여당(박정희 또는 다른 후보)이 부정하거나 불법적인 수단을 통해 권력을 유지한다면 사회의 무질

12) '1·21사태'에 대해서는 조갑제(2001) 제30장 "청와대 습격사건" 참조. '푸에블로호사건'에 대해서는 홍석률(2001)과 Lerner(2002) 참조.

> 서가 초래될 수도 있다. … 그러나 우리에게 상황을 바로잡을 수단이 있는가? … 우리는 경제 및 군사원조 프로그램과 주한미군 등 영향력을 끼칠 수 있는 주요 수단들을 현행대로 우리의 손아귀에 유지하기를 원한다. 요컨대 선거 이후의 상황이 매우 불확실하기 때문에 우리는 1971년 이후까지 대한민국에서 우리의 위치를 주요하게 변경하는 것을 연기해야 한다.

이처럼 미국은 이미 1967년 박정희가 재선에 성공한 이후부터 한국의 차기 정권교체에 깊은 관심을 기울여 왔다. 당시 미국문서들은 박정희가 김종필을 정권의 2인자로 양성하기는커녕 오히려 권력을 축소시키는 것을 보고 박정희가 계속 집권하겠다는 뜻을 품고 있는 것으로 추측했다. 그런데 이런 박정희의 구상을 실현시킬 수 있었던 조건은 한반도를 둘러싼 주변정세의 변화였다. 즉 미국의 베트남전 철수, 공산 중국과의 수교 등으로 현실화된 닉슨독트린이 유신체제를 낳는데 많은 작용을 했음을 부정할 수 없다(Nam 1986). 유신체제 수립에 대한 미국의 대응은 5·16쿠데타에 대한 대응과 대비된다. 유신이 일단 선포되자 미국은 "박대통령은 지난 27년 동안 미국이 후원하고 지지해온 정치철학과는 완전히 다른 길을 가고 있는 것이 분명하다"고 내심 비판적으로 보면서도 겉으로는 '불간섭 정책'을 천명했다(Don Ober- dorfer 1997, 76-77).[13]

---

13) 유신선포를 사전 통보 받은 당시 주한 미대사 하비브는 "박정희의 조치는 야당을 무력화하고 통치권을 강화해 적어도 앞으로 12년간 장기집권화하겠다는 의사의 표명이며 이것을 막지 못하면 남한에는 명실상부한 독재정부가 출현하게 될 것"이라는 내용의 전문을 워싱턴에 보냈다고 한다(Don Oberdorfer 1997, 73).

5. 유신체제와 한미갈등[14]: 국가안보와 민주주의를 둘러싼 입장차

유신체제 수립 직후인 1973년 2월 27일 9대 국회의원 선거가 실시되어 여당인 공화당 73명(38.7%), 야당인 신민당 52명(32.6%), 통일당 2명(10%), 무소속 19명(18.6%)이 당선되었다. 8월 8일에는 동경에서 김대중 납치사건이 발생했다. 1973년 10월 2일 서울 문리대생 300여명은 유신 이후 전국 대학가에서 최초로 유신정권 퇴진을 주장하는 학생시위를 감행했다. 정부는 학생 21명을 구속하는 등 강경한 조치를 통해 시위의 확산을 막으려 했으나, 학생시위는 10월 4일 서울법대, 10월 5일 서울상대 등을 거쳐 전국적으로 확산되었다. 11월 12일 CBS 기자들의 언론자유 수호 결의문채택을 시발로, 동아일보, 한국일보, 조선일보, 경향신문, 문화방송, 중앙일보 등 주요 신문과 방송의 기자들이 모두 언론자유 수호를 선언하며 유신체제를 반대하는 학생데모를 보도하기 시작했다. 12월 24일 함석헌, 장준하, 백기완 등 재야인사 30여명은 '헌법개정청원운동본부'를 구성하고 100만인 서명운동을 시작했다. 1974년 3월 신학기가 시작되면서 경북대학교를 필두로 학생들의 시위는 전국적으로 퍼져나갔다. 이에 1974년 1월 8일 박정희 대통령은 유신반대 운동 제압을 위해 긴급조치 제1호 및 제2호를 선포하면서 담화문을 발표했다(『박정희대통령 연설문집 7: 제8대편』 1976, 199-201). 긴급조치 1호는 유신헌법을 "부정, 반대, 왜곡, 또는 비방하는 일체의 행위"와 유신헌법의 "개정 또는 폐지를 주장, 발의, 제안, 또는 청원하는 일체의 행위"를 금하고, 이를 어기는 자뿐 아니라, 이 조치를 비방한 자까지 "법관의 영장 없이 체포, 구속, 수색하며 15년 이하의 징역에 처"하도록 되어 있으며 긴급조치 1호의 6항은 "이 조치에 위반한 자와 이 조치를 비방한 자는 비상군법회의에서 심판, 처단"한다고 규정했다. 긴급조치 2호는 이에 따라 비상군법회의를 설치하는 내용을 담고 있다.

14) 본 장의 내용은 미국 포드대통령 기념도서관에서 필자가 직접 수집한 자료를 번역한 자료들이다.

이처럼 한국 안에서 반유신운동이 활발하게 전개되고 유신정권의 탄압이 가중되자 미국은 유신체제의 등장 때와는 또 다른 딜레마에 빠지게 되었다.

유신체제 수립 후 한미갈등은 두 부분으로 나누어 볼 수 있다. 하나는 한국안보와 관련된 사항이고, 다른 하나는 한국 민주주의와 관련된 부분이다. 기밀해제된 미국문서들에 따르면 미국이 유신정권의 출범에 대해 묵인했던 것과는 달리 주로 핵무기와 미사일개발을 둘러싸고 또 부차적으로는 한국 내 인권상황을 쟁점으로 심각한 갈등이 전개되었음을 알 수 있다.

1) 유신정권의 핵무기 미사일 개발을 둘러싼 한미갈등[15)]

권위주의 정권기의 한미관계는 일반인에게 알려지지 않은 부분이 많다. 특히 한미갈등에 대해서는 알려진 바가 거의 없다. 더욱이 핵개발 같은 극비사항을 둘러싼 갈등은 더욱 알기 힘들다.[16)]

1975년 2월 28일 미 국가안전보장회의는 「한국 핵무기개발에 대한 미국 대책 마련」이라는 문건에서 다음과 같이 적고 있다.[17)] "한국이 핵무기개발의 초기단계에 들어갔다는 데 동의한다. 한국의 핵무기개발 계속추진은 동북아에 결정적인 불안요인으로 작용할 것이라고 확신한다. 핵무기의 비확산에 있어 우리가 전 지구적 차원의 정책으로 사용하고 있는 다자간 틀 내에서 이 문제에 대한 우리의 대한 정책을 마련

15) 유신체제 아래서 코리아게이트나 한국 국내인권문제 같은 쟁점을 두고 한미관계가 경색되었다는 점은 널리 알려져 있다. 그렇지만 한국이 핵무기를 개발하려고 했으며 미국이 이를 저지하려고 했다는 사실은 그리 알려져 있지 않다(이상우 1984, 329-348; 박종렬 1989).

16) 조철호(2001)는 1970년대 "한국의 핵무기 개발문제로 인하여 한미 간의 안보관계가 위기에 빠질 만큼 한미 간의 핵 갈등이 크지 않았다."고 결론짓는다. 그러나 동북아지역에서의 미국의 국익과 밀접하게 관련되어 있는 한국의 핵무기 개발문제는 주한미군 철수정책의 철회를 비롯한 한미관계 전반에 실질적으로 중요한 역할을 하였다고 주장한다.

17) National Security Council. February 28 1975. Memorandum for Secretary Kissinger. From W. R. Smyser, David D. Elliott, Subject: "Development of U. S. Policy Toward South Korean Development of Nuclear Weapons"

할 필요를 강조하는 바이다." 이어서 이 다자간 접근에 맞춰 미국이 현재 한국에 대해 다음과 같은 방향을 모색 중이라고 설명하고 있다. "미국의 단독 조치와 더불어 공급국들 간의 공동정책 마련 모두를 통해 민감한 기술과 장비에 대한 한국의 접근을 저지시킬 것. NPT를 비준하도록 한국에 압력을 가할 것. 이 분야에서 한국의 기술발전의 현 상태에 대한 우리 측 정보를 늘릴 것." 이와 관련하여 1975년 3월 4일 미 국무장관 키신저는 주한미대사관 앞으로 다음과 같은 전문을 보냈다.[18] "워싱턴의 정부기관들은 한국정부가 핵무기개발 프로그램의 초기단계에 들어가고 있다는 대사관의 평가에 전적으로 동의한다. 남한의 핵능력에 대한 관계부처 합동보고서는 **한국정부가 제한된 핵무기와 미사일 능력을 10년 이내에 개발할 수 있다**고 결론지었다. 전략적 지위와 핵무기 능력을 가지려는 한국의 어떠한 노력도 주변국들, 특히 북한과 일본에게 미칠 영향력으로 인해 우리의 우려는 전반적으로 높다. 한국의 핵무기 보유는 일본뿐만 아니라 러시아, 중공, 그리고 우리 자신이 직접 관계를 가지고 있는 이 지역에 중대한 불안정을 초래할 것이다. 전쟁이 발발할 경우 북한에 소련이나 중국이 핵무기 지원 약속을 할 수 있다. 핵무기능력을 확보하려는 한국정부의 노력은 우리의 상호안보관계에 대해 불가피한 영향을 미칠 것이다. 이 영향력은 한국의 핵무기 개발노력이 미국의 안보태도에서 한국정부의 줄어든 신뢰를 부분적으로 반영하고 있다는 사실과, 미국에 대한 군사적 의존성을 줄이고자 하는 박대통령의 희망으로 인해 복잡해질 것이다."(강조 필자) 한국의 핵무기 개발노력이 미국의 안보공약을 신뢰하지 못하기 때문임을 지적하고 있는 것이다. 이어서 다음과 같은 행동방향을 제시하고 있다. "핵폭탄 확산에 반대하며 필요한 에너지개발 사업에는 국제원자력 기구(IAEA)의 세이프가드 하에 원자로와 연료를 계속 제공하는 반

---

18) Telegram from SECSTATE to AMBASSAY SEOUL. 1975. 3. 4. 23:22. "ROK Plans to Develop Nuclear Weapons and Missiles."

면에 다른 나라의 핵무기 능력을 강화할 수 있는 민감한 기술과 장비의 확대를 통제한다는 미국정부의 정책은 여전하다. 우리는 이 정책을 한국과 같은 비핵무기 국가들과의 쌍무적 취급뿐만 아니라 핵물질의 세계적 이용가능성을 통제할 다자간 틀에서 이 정책을 이행하도록 노력하고 있다."고 정리하고 "**우리의 근본적인 목적은 이 분야에서의 한국의 노력을 단념시키고, 가능한 한 가장 철저하게 어떠한 핵폭탄 능력이나 발사시스템을 한국이 개발하는 것을 금지시키는 것**"이라고 못 박았다(강조 필자). 그리고 다음과 같은 적극적 정책방향을 제시하고 있다. "가. 미국의 일방적인 조치와 공급국들의 공통적인 정책 마련을 통해 민감한 기술과 장치에 대한 한국의 접근을 금지시킨다. 나. 한국이 비확산조약(NPT)을 비준하도록 압력을 가한다. 다. 한국의 원자력시설에 대한 우리의 감독을 개선하고 이 분야에서 현재의 한국의 기술적 발전단계에 대한 우리의 정보를 늘린다. 임시적으로 우리는 한국의 원자력 에너지시설을 더 자주 방문하여 기술적으로 훈련된 사람들에 의해 사찰하도록 하는 프로그램을 고려하고 있다."

1975년 5월 1일자 「박대통령과의 회의: 미사일 전략」이라는 문건에서는 다음과 같이 적고 있다. "4월 30일 대사와 회의를 하는 동안 박 대통령은 한국의 미사일 생산능력을 발전시키고자 한다는 결정을 통보했다. 덧붙여 그는 북한의 비행장과 주요 공공시설들에 대한 미사일 공격으로 북한의 공군 우세를 맞대응하는 전략을 설명했다. 두 정책들은 모두 한국에서 미군 철수가능성을 전제하고 있다." 미 대사는 두 주제에 대해 미국정부와 완전히 협의할 것을 주장했다. 박 대통령은 다음과 같이 말했다. "가. 한국정부는 핵무기를 개발할 어떠한 계획도 가지고 있지 않다. 나. 한국정부는 최신형 전투기를 개발할 계획이 없지만, 만일 미국에서 생산한 비행기를 직접 사오는 것보다 재정적 경비가 훨씬 더 많이 들지 않는다면 공동조립 프로젝트에 관심이 있다. 다. 군사 장비에 대한 다른 분야에서 한국정부는 독자 능력을 개발하기를 바라며 이미 몇 가지의 성공사례를 가지고 있다." 결론적으로 박 대통령은 한국정부는 미국이 떠나는 날을 준비하기 위해 방위생산, 특히 미사일 능력에서 자립하기로 결정했다고 통고했다. 미 대사 스나이더는 "지난번 대화와 이번 대화에서 **박 대통령은 미국의 철수 가능성으로 인해 한국의 자립을 키우려는 그의 프로그램을 더욱 명확히 밝히고 있다.**"고 요약하고 "미군철수가 수반할 한국의 효과적인 방위에 있어 한국과 북한의 미사일과 다른 하이테크놀로지의 분야로 인한 전쟁확대의 위험을 피하면서 합리적인 안보의 의미를 한국에 줄 미국정책을 개발하는 것이 현실화 되어야 한다"고 지적했다(강조 필자).

1975년 7월 24일 NSC에서는 「한국의 핵재처리에 대한 접근」을 다루고 있다.[19] 지역적 요인으로 다음과 같이 지적하고 있다. "만일 한국이 재처리 플랜트를 만들기 시작한다면, 그것이 핵무기 프로그램에 심각하게 영향을 미칠 것이라는 것은 충분히 예상되는 일이다. 이러한 인식은 동아시아의 모든 나라들을 잠재적으로 불안하게 만들 것이다. 북한은 분명히 유사한 능력으로 동맹국들을 압박할 것이며, 중국과 소련 양국은 그것을 그들의 영토에 잠재적인 핵위협으로 볼 것이다. 아마도 가장 중요하게는 한국의 핵무기 개발이 일본에 확산 균형의 빌미를 제공할 수 있다는 것이다." 이 문서는 핵무기를 개발하려는 한국의 의도는 "지속적인 미국의 안보보증에 달려있다"고 지적했다. 1978년 주한 미 대사로 부임하여 박정희의 죽음을 지켜본 글라이스틴은 자신의 회고록에서 "1975년 초 포드 행정부는 한국의 핵 개발계획에 대해 직접적인 행동에 나서기로 결론을 내렸다"고 적고 있다(Gleysteen 1999, 41).

핵무기를 개발하는 프로젝트가 과연 한국안보에 얼마나 도움이 되었을지는 미지수이다. 그렇지만 박정희 대통령이 핵무기개발을 추진했으며 미국이 이를 강력히 견제하고 억제한 것은 명백하다. 한국안보를 둘러싼 한미갈등은 국익을 둘러싸고 전개된 정상적인 국가 간 갈등이었

19) National Security Council, July 24 1975, Memorandum for Secretary Kissinger, from Jan M. Lodal, Dave Elliot, Subject: "Approaches to South Korea on Reprocessing"

다고 볼 수 있다. 그렇지만 다음에 살펴볼 한국 민주주의와 인권탄압을 둘러싼 한미 간 논란은 박정희 정권이 자초한 것이다.

2) 유신정권의 인권탄압을 둘러싼 한미갈등

박정희 대통령은 유신체제에 대한 비판을 잠재우고자 1974년부터 긴급조치를 잇따라 선포했다. 긴급조치를 위반한 수많은 학생·지식인·종교지도자 정치인이 체포되었다. 1975년 5월 박대통령은 긴급조치 9호를 선포하였는데, 이는 긴급조치 중에서도 가장 철저한 것으로 1979년까지 지속됐다. 유언비어 유포, 유신헌법비판, 학생의 정치활동, 법률에 위반되는 활동의 보도를 금하는 '긴조 9호' 아래서 유신반대 사회운동은 극심한 탄압을 받았다.

1974년 12월 9일자 NSC 비망록 「한국에 대한 원조의 한계」에는 다음과 같은 내용이 들어있다.[20] "지금까지 프레이저 하원의원이 인권을 부정하는 국가에 원조를 제공하는 것에 완강하게 반대해왔다. 그는 남한과 칠레를 대표적인 사례로 꼽고 과거 외교위원회에서 한국에 대한 원조를 제약하는 수정안 3가지를 각각 상정하려고 노력한 바 있다. … 프레이저수정안에 따르면 1974년 지출 승인된 액수의 나머지 30%는 한국이 국제인권기준을 준수하는데 실질적인 진전을 이룩했다고 대통령이 결정하는 경우에 지출될 수 있다. 프레이저는 전 세계적으로 군사원조와 판매승인을 일괄적으로 10% 삭감하는 두 번째 수정안도 준비해 두고 있다. … **프레이저 수정안이 받아들여지면 3년 기간으로 계획된 한국군의 현대화를 완료하기가 불가능해진다.**"(강조 필자) 한국인권문제에 대한 미국의회의 반감 때문에 국군현대화 계획 자체가 지체되고 있음을 엿볼 수 있는 대목이다.

1975년 1월 17일자 박형규 목사, 김창국 교수건[21]과 관련해서 다음

---

20) 1974년 12월 9일자 국가안보회의 비망록 「한국에 대한 원조의 한계」

과 같은 서신이 있다. "박형규 목사와 김창국 학장은 한국정부를 폭력적으로 전복할 기도를 했다고 한국정부가 주장하는 한 학생 단체를 지원했다는 이유로 긴급조치 4호 위반 혐의로 1974년 7월과 8월에 재판을 받았다. 8월 12일 한국 군사법정에서 박 목사는 15년 형, 김 학장은 10년 형에 처해졌다. … 한국시민에 대한 한국정부의 처우와 관련하여 우리정부가 적절하고도 효과적으로 취할 수 있는 행동은 제약되어 있다. 우리는 한국의 안보 또는 동북아시아의 안정을 위태롭게 하는 방식으로 대한민국에 대한 우리의 지지를 축소하는 것이 미국의 국익에 부합한다고 생각하지 않는다. 북한의 정치체제에서 인권이 남한에서보다 더 잘 보장될 가능성은 거의 없다. … 우리는 동남아시아에서 군사적 패배를 경험했다. 미국 국민들이 궁극적으로 미국이 부패한 억압적인 정권을 지지하는 데 돈과 생명을 들이는 것은 잘못이라는 결론을 내렸기 때문이다. 어떤 정권이 한국의 정권처럼 억압적일 때는 우리는 이러한 억압을 끝내기 위해 필요한 외교적 조치를 취하거나 현재 이를 지원하고 있는 우리의 돈과 군대의 흐름을 종결시켜야만 한다." 같은 해 6월 24일 하비브 미 국무부 동아시아태평양 담당 차관보는 미하원 국제관계위원회 산하 국제기구소위원회에서 「한국과 필리핀의 인권 상황」[22] 이라는 제목으로 다음과 같이 증언했다. "미국정부는 그 나라의 국민들 혹은 다른 이들에게 다른 정부들이 저지르는 억압적인 조치들을 묵과하지도 지원하지도 않는다. 실제로 대부분의 우리의 기본 정책들은 정치성장·경제성장이 안보와 개인의 자유가 보장되는 분위기에서 이루어질 수 있는 국제적인 환경을 만들어낼 수 있도록 계획되어 있다. … 동시에 우리는 우리가 서로 다른 정치 체제를 가지고 있는 주권 국가들을

---

21) 1975년 1월 17일자 박형규 목사, 김창국 교수건.

22) Statement of Philip C. Habib, Assistant Secretary, Bureau of East Asian and Pacific Affairs, Department of State, Before the Subcommittee on International Organizations of the Committee in International Relations of the House of Representatives, June 24 1975. "Status of Human Rights in South Korea and the Philippines."

상대하고 있다는 점을 인식해야만 한다. 우리는 국내 변화과정을 결정할 수도 없으며, 내부 긴장이 존재하고 있는 상황에서 어떤 결과가 나올지에 대해서도 확신할 수가 없다. 우리는 장기적인 정치안정을 위해서는 내부의 대중적 지지가 필수적이라는 것을 알고 있다" 이어 한국정부의 긴급조치와 관련하여 다음과 같이 증언하고 있다. "긴급조치 아래서 총 203명이 재판에 회부되었다. 그 후에 저명한 시인 김지하 씨는 또 다른 혐의로 구속되었지만, 35명을 제외한 전원이 풀려났다. 게다가 형 집행이 정지되지 않은 35명 중 인민혁명당 멤버로 알려진 8명은 대법원이 그들의 원래 형량을 확정한 직후인 4월 9일 처형되었다. 5월 13일 새로운 긴급조치 9호가 박 대통령에 의해 선포되었으며 계속 시행중이다. … 한국정부는 북한의 위협을 빌어 가장 최근의 긴급조치를 정당화하고 있다. 한국정부는 베트남(공산화; 필자) 이후 상황에서 북한의 위협이 두드러지게 나타나고 있다고 생각하고 있다. DMZ의 땅굴과 같은 북한의 활동들은 한국에 현저한 영향을 미쳤다. 한국 정부는 한국이 여전히 북한보다 더 자유롭다고 생각하고 있다. 정치적 반대 세력은 베트남 이후 상황 아래서 국가 외부로부터의 안보위협에 국가적인 노력을 집중할 필요가 있다는 점을 일부 인식하고 있었기에 국회에서 계속해서 여당과 협력해왔다. … 인민혁명당의 멤버로 알려져 있는 8명을 처형한 건에 대해서도 우리는 이 조치에 대한 유감을 공개적으로 표명했다. 우리는 한국정부가 이러한 조치들이 미국 내 여론에 어떤 영향을 미치는지를 알고 있음을 계속 확신하고 있다. … 우리는 한국 정부가 생긴 지 27년 이상 한국정부와 긴밀한 관계를 가지고 있다. 이러한 긴밀한 유대는 인권을 존중하는 틀 안에서 기능하는 대의기관들의 발전에 지속적인 관심을 갖는 것도 포함되어 있다. 그밖에도 우리는 또한 한반도의 평화와 안보유지에 직접적이고 사활적인 이해관계를 가지고 있다. 우리는 상호방위조약의 의무를 지고 있으며 우리의 군대 주둔과 군사지원은 한반도의 군사적 균형을 유지하는데 필수적인 요소이다 … 더 나아가 한국정부에 대해 어떤 비판이 있든지 간에 박 대통령의 국내 반대세력들과 비판자들도 미국과의 안보관계는 필수적이라고 보고 있음을 지적하고 싶다. … 북한의 침략에 저항하려는 한국인들의 결단이나 이 문제와 관련한 한국의 내부단결을 잘못 판단하면 안 된다. 한국인들에게 가장 중요한 것은, 그들 자신의 정부에 대한 그들의 견해가 무엇이든지간에 그들의 군사안보와 국토보전이다. 우리의 양자 관계의 지속은 이러한 목표에 필수적이다." 이어서 「한국의 인권 상황」이라는 특별보고서가 첨부되었다. 여기서 "우리는 인권이 계속해서 유린된다면 미 의회가 지금껏 지원을 제공해왔던 우리의 지원 프로그램에 불리한 영향을 줄 수도 있다는 것을 한국에 분명하게 밝혔다."고 적고 있다.

1975년 4월말 남베트남이 공산화되자 미국은 인도지나 공산화를 전후한 미국의 대한정책을 다음과 같이 정리하고 있다.[23] 미국은 다음과 같은 세 가지 접근법을 취했다. "가. 신뢰구축: 4월 10일 미대통령의 매우 유익한 성명과 기타 미 고위직 인사들의 유사한 공적·사적 안전보장 언급을 활용하여, 우리는 한미상호방위조약에 기초한 한국에 대한 우리의 안보공약의 확고함, 상당 규모의 미군주둔, 그리고 미국의 동북아 방위에서 일본의 핵심 주변국가로서 한국이 가지는 전략적 가치를 강조했다. 나. 한국과 베트남의 차이: 우리는 베트남과 한국 사이의 차이점을 상세한 수준에서 제기하였는데, 양국 국내 상황, 미국공약의 성격, 그리고 전략적 위상의 차이에 관한 것이다. 다. 국내정치 정책: 우리는 한국 정부의 한국 내 정치행위가 미 의회와 대중으로부터 미국의 대한 공약에 대한 지지를 얻는데 미치는 영향을 제기하면서 한국 정부가 한미양국의 조약상의 관계를 양국 서로에게 의무사항을 지우는 쌍방향으로, 또 미국의 여론에 긍정적인 영향을 미칠 수 있는 한국 정부의 지속적인 잠재력을 인식해야 한다고 촉구하였다." 보고서는 이러한

23) 1975년 4월 「미국의 안보 공약에 대한 한국의 견해」

노력들로 말미암아 "한국 측에서 초기에 보인 거의 공황적인 반응을 누그러뜨렸다는 것이 우리의 판단이다."라고 적고 있다. "그럼에도 불구하고 아직 심각한 신뢰상의 공백과 '강박관념'이 존재하고" 있는데 "특히 청와대가 그렇다"고 지적했다. 한국 최고위직 인사들의 태도에서 나타나는 가장 주요한 내용을 다음과 같이 요약했다. "가. 현재 미국에 대한 지속적인 의존 외에 다른 대안은 없다. 단기적으로 한국은 다른 정책적 선택수단이 없으며, 특히 일본에 의존하는 방안은 전혀 불가능하다. 나. 미국의 대한공약이 의심스럽다. 비록 미행정부의 성명으로부터 고무된 바 있지만, 우려의 핵심은 미 의회의 태도에 관한 것이며, 특히 전쟁 상황에 처할 때 미 의회와 미국 대중이, 베트남의 경우에서처럼, 예산을 거부하고 한국을 방어하는데 필요한 미국군사력의 사용을 거부하거나 심지어 그 이전에 미군을 철수시킬지도 모른다는 두려움이 있다. 다. 따라서 한국은 가능한 빠른 시일 안에 자주화 방향으로 움직여야 한다. 장기적으로 한국의 유일한 선택은 전쟁 이전 또는 전쟁 중에 미국의 지지가 철회될 가능성을 완충시킬 수 있는 일정한 자주능력을 획득하는 것이다. 라. 미 고위층의 지지선언에도 불구하고 미 행정부는 한국의 자주화계획을 가로막고 있다. 한국정부는, 높은 수준의 군사관련 기술을 획득하려는 한국의 시도를 가로막은 일련의 미국결정 저변에 한국을 통제권에 두려는 미국의 의도적인 정책이 놓여 있으며, 이로 인해 미군이 철수할 경우, 한국이 북한에 비해 열세에 처하게 할 것이라는 점을 확신하고 있다. 마. 현재의 위기와 북한의 위협이 고조된 상황에서 국내질서와 통제가 최우선의 과제이다. 한국정부는 현재의 위기를 예상할 수 있는 조치 즉 일체의 반대를 불허하는 권위주의 정권의 강화를 정당화하는데 이용해왔다. 바. 미국은 국내 질서유지의 필요성을 이해하지 못하고 사실 반대파를 지원하고 있다. 미국언론과 의회 내 비판세력의 견해가 미행정부 내에서도 공감을 얻고 있으며, 야당에 대한 미국의 지지가 박대통령 개인의 지위를 약화시키기 위한 것일 수 있다는 의구심이 증가하고 있다. 나아가 **한국정부는 한국 내 소요가 확산되어 북한의 대남공작이 성공할 정도의 상황에 이르지 않으면서 미국 내 한국비판세력을 만족시킬 수 있는지 의문시하고 있다.** 사. 미국은 북한 위협의 심각성을 잘 모르고 있다. 한국정부의 과도한 대북공포와 국내의 엄격한 통제에 대하여 미국이 동의하지 않는 것은 한국방위에 대한 미국의 지원이 충분치 않다는 것을 뒷받침한다."(강조 필자)

미국은 베트남전 종전을 전후하여『아시아-태평양 지역에서 미국의 정책적 이익』에 관한 방대한 연구보고서를 완료했다.[24] 여기서 한국에 대해 다음과 같이 언급하고 있다. "일부 관찰자들은 한국에서 베트남 식의 전쟁이 발생할 가능성에 대해 우려를 표시하고 있다. 그와 같은 공산주의자의 전쟁은 발생할 것 같지 않다. 한반도의 사회정치적 조건은 베트남과 전혀 다르다. 게다가 **한국인들은 박 대통령을 싫어하는 것보다 훨씬 더 공산주의자들을 싫어하고 두려워한다.**"(강조 필자) 보고서는 "미국의 정책이 인도차이나에서 실패함에 따라 대부분의 미국인들과 하원의원들은 미국이 아시아에 군사적으로 개입하는 것을 신용하지 않게 되었다"고 지적하면서 "남한으로부터 미군을 철수하여 미국이 아시아에서 또 다른 분쟁에 말려드는 것을 방지하자는 안이 상하원에서 제시되었지만" 부결되었는데, "그럼에도 불구하고 한국이 인권을 침해했다는 주장이 대두함에 따라 미하원이 이미 한국 원조에 부과한 제약에 더하여 한국에서 철수하자는 주장이 다시 강화되었다"고 적고 있다. 보고서는 "**박대통령 자신이 자기에게 가장 최악의 적**인 것 같다"고 지적했다.(강조 필자)[25]

1976년 4월 2일 미국 상하원의원 120명은 미대통령에게 "정치적 반대파에 대한 박정희대통령의 정책은 국제적으로 인정된 인권기준을 침해할

---

24) 전직 태국 주재 대사 윌리엄 R. 킨트너(William R. Kintner)가 작성한 이 보고서는 미국의 대 아시아 정책에 관한 최초의 포괄적인 개관이라는 점에서 주목할 만하다. Report U.S. Policy Interests in the Asian-Pacific Area, Marsh Files, General Subject File, Asian-Pacific Area, Ford Library(행정안전부 국가기록원. 2008.『1970년대 한미관계 상』. 73-285)

25) "Korea: Cockpit of Confrontation in Northeast Asia"(October 31, 1975)

뿐만 아니라 한미관계에서 대한민국을 지지하는 미국의 역할에 심각한 문제를 야기하고 있다"는 내용의 편지를 보냈다.[26] 같은 달 27일 미대통령 보좌관보가 대통령을 대신해서 답신을 보냈다.[27] "아시다시피 행정부의 대표들은 최근 대한민국 정부의 행동과 관련해서 우려를 표명해 왔습니다. 우리는 이 같은 노력을 공개적으로 또 사적인 노력을 통해서 지속할 것입니다." 또한 "동시에 우리는 미국이 계속 한국에서 중요한 안보이익을 가지고 있다"고 지적하고 있다. 한반도와 아시아 지역 전체에서 평화와 안보를 보존하는 데 미국의 대한정책이 핵심 요소로 작용해 왔으며, 일본을 포함하여 그 지역 의 우리 동맹국들도 그렇게 인식해 오고 있다는 것이다. 그 연속선상에서 미국은, "**한국 정부와 한국 내 비판세력들 사이에서 한미안보관계 문제가 제기되고 있는 것은 아니라는 점과 대한민국 국민들이 국가의 독립성을 유지하려는 커다란 공통의 열망을 가지고 있다는 점**도 알아둘 필요가 있습니다"라고 강조하고 있다(강조 필자). 즉 한국의 인권문제와 한국에 대한 미국의 안보 이익은 분리해야 하며, 후자는 한국인 대다수가 지지하는 의제라는 것이다.

한국의 인권 및 민주주의와 관련된 한미갈등은 안보를 둘러싼 한미갈등과 성격이 매우 다르다. 후자가 근본적으로는 한국안보를 둘러싼 한미 간의 견해 차이에서 발생한 것이라면, 전자는 전적으로 국가안보를 달성하는 방법을 둘러싸고 박정희 대통령이 선택한 유신체제에서 비롯된 것이기 때문이다. 후자가 바깥에서 유래된 위기라면, 전자는 스스로 초래한 위기인 셈이다. 그렇지만 이러한 한미갈등의 저변에는 과연 안보란 무엇인가를 바라보는 기본적인 입장차가 놓여있다. 즉 안보를 증진하기 위해 민주주의가 필요하다는 미국 및 한국 내 정치적 반대파의 입장과, 국가안보를 위해 개인의 자유를 유보하거나 제한할 수 있다는 박정희의 입장은 양립 불가한 것이었다.

---

26) 1976년 4월 2일자 하원의원들이 대통령에게

27) 1976년 4월 27일자 대통령 보좌관보 찰스 레파트 2세가 도널드 M. 프레이저에게 보낸 답신.

6. 맺음말: 민주주의 없는 안보의 허구성

5·16쿠데타 때의 '불개입을 통한 개입'과 이후 3공화국 출범 및 유지에 적극적으로 개입하던 미국의 태도는 유신체제의 수립과 유지과정에서 미국 이 박정희 정권에 대해 보인 태도와 대조된다. 본 논문에서는 한국 민주주의 전반 그리고 특히 유신체제기의 한국 민주주의를 미국이 어떻게 보았는가를 살펴보았다. 잠정적인 결론은 다음과 같다.

첫째, 미국은 이미 1967년 박정희가 재선될 무렵부터 1971년 대통령 선거에 관심을 가졌다. 미국은 박정희의 장기집권 가능성을 일찍부터 예견했고, 대응책을 논의했다. 둘째, 미국의 박정희 장기집권 우려와 한국 민주주의에 대한 지속적 관심에도 불구하고 1960년대를 지나면서 미국이 한국내정에 개입할 수 있는 수단은 점점 줄어들었다. 1·2차 경제개발계획이 성공적으로 추진되면서 한국은 미국으로부터 직접적인 경제원조에 의존하는 비중이 격감했다. 또 닉슨독트린 이후 미국의 아시아에 대한 군사적 관여가 약화되면서 주한미군 일개 사단 철수와 한국군 현대화프로그램 등을 통해 군사적 측면에서도 한국의 직접적인 대미의존은 줄어가는 추세였다. 셋째, 유신체제는 매우 짧은 시간에 정치사회에서 야당의 저항이나 시민사회로부터 사회운동의 별다른 저항 없이 신속하게 수립되었다. 이런 조건과 상황전개 속에서 미국이 유신체제의 수립에 대응할 수 있는 여지는 별로 없었다.

그렇지만 유신체제의 수립과는 달리 유신체제의 구조와 작동에 대해서 미국은 단순히 우려하는 데서 나아가 적극적인 대응을 했다. 첫째, 박정희는 자주국방이라는 기치아래 장거리 미사일개발이나 핵무기개발 같은 프로그램을 통해 미국의 안보우산을 벗어나려는 움직임을 보였다. 미국은 모든 수단을 동원해서 이를 억제했다. 둘째, 박정희 정권이 미국국회의원들에게 영향력을 행사하고자 시도했던 로비활동이 드러나 미국 여론에 부정적 영향을 끼쳤고 이는 한국군 현대화계획에 차질을 가져왔다.[28] 셋째, 유신체제의 야당 및 재야운동 탄압에 대해 미국의 회와 여론이 악화되었다.

거시적으로 볼 때 미국은 한국에서 민주주의 이념과 제도를 이식시키고 착근시키고자 노력한 것으로 보인다(정일준 외, 2014). 다른 한편 미국은 한국 민주주의의 결정적 국면(critical juncture)에 직접 개입하기도 했다. 1960년의 4월 혁명 국면이나 1963년의 박정희 군사정권의 군정연장 기도에 대해서 미국은 직접적인 행동을 통해 민주주의를 옹호했다. 그렇지만 1961년의 5·16쿠데타나 1972년의 유신쿠데타 때는 이를 방조함으로써 사실상 묵인하는 입장을 취했다. 미국은 결국 한국 민주주의의 외부이다. 유신체제 아래서나 지금이나 한국 민주주의는 한국인들의 현실인식과 참여에 의해 만들어져가는 것이지 미국의 영향력에 좌우되는 것이 아니다.

결론적으로 유신체제는 국가안보위기에 대한 대응을 명분으로 출범했지만, 민주주의를 압살함으로써 결과적으로 국가안보를 약화시키는 우를 범했다고 할 수 있다.[29] 닉슨독트린선언 이후의 주한미군철수와 남베트남 패망 등이 바깥으로부터 초래된 안보위기였다면, 유신체제 수립과 민주주의 탄압에 따른 미국 의회와 국민여론의 악화는 박정희가 자초한 위기였던 것이다. 유신체제는 박정희의 안보우려가 완강한 권력의지와 결합해서 탄생했다. 유신체제의 유지를 위해서는 한국 민주주의를 질식시켜야 했

---

28) 박정희 대통령은 1971년부터 1975년 사이에 미국으로부터 15억 달러에 이르는 군사원조에 대한 미국 의회의 승인을 보장받고 더 이상의 미군철수를 막기 위해 미국에 영향력을 행사하고자 했다. 또한 유신체제를 미국인들에게 정당화하고자 하는 목적도 있었다(미하원 국제관계위원회 국제기구소위원회 1986, 21).

29) 김재규는 최후 진술을 통해 자신이 박정희를 쏜 이유를 다음과 같이 다섯 가지로 요약하고 있다(김재홍 1998, 56). "첫째는 자유민주주의를 회복하는 것이요, 둘째는 이 나라 국민의 더 많은 희생을 막는 것입니다. 셋째는 우리나라를 적화로부터 방지하는 것입니다. 넷째는 혈맹의 우방인 미국과의 관계가 건국 이래 가장 나쁜 상태이므로, 이 관계를 완전히 회복하여 혈맹 우방으로서의 돈독한 관계를 가지고 국방을 위시해서 외교경제까지 더욱 적극적인 협력을 통해 국익을 도모하자는 것입니다 마지막 다섯째는 국제적으로 우리가 독재국가로서 나쁜 이미지를 갖고 있습니다. 이것을 씻고 이 나라 국민과 국가가 국제사회에서 명예를 회복하자는 것입니다."

고, 미국과의 갈등을 감수해야만 했다. '민주주의 없는 안보'를 추구한 유신체제는 자유민주주의라는 이념을 내팽개친 일인지배체제에 불과했다. 유신체제는 빈곤한 정치적 상상력에 기초하여 한국에 닥쳐온 국가위기에 반동적인 방식으로 대응한 시대착오적인 시도로 보인다.

참고문헌

대통령비서실. 『박정희대통령연설문집』 제6집(제7대편), 제7집(제8대편)

행정안전부 국가기록원. 2008. 『1970년대 한미관계 상·하』.

김대영. 2005. "반유신 재야운동." 안병욱 외. 『유신과 반유신』. 민주화운동기념사업회.

김대환 외. 1993. "박정희 정권 18년을 재평가한다." 『역사비평』 23호.

김영명. 1992. 『한국현대정치사: 정치변동의 역학』. 을유문화사.

김영순. 1988. "유신 체제의 수립에 관한 연구." 한국산업사회연구회 편. 『오늘의 한국 자본주의와 국가』. 한길사.

김정렴. 1997. 『아, 박정희』. 중앙 M&B.

김재홍. 1998. 『박정희의 유산』. 푸른숲.

류근일. 1997. 『권위주의체제하의 민주화운동연구』. 나남.

마상윤. 2003. "안보와 민주주의 그리고 박정희의 길: 유신체제 수립원인 재고." 『국제정치논총』 43집 4호.

문창극. 1994. 『한미갈등의 해부』. 나남.

미하원 국제관계위원회 국제기구소위원회. 1986. 『프레이저 보고서: 유신정권과 미국의 역할』. 실천문학사.

민족문제연구소 편. 1987. 『민주화와 한미관계』. 아침문화원.

박명림. 1996. 『한국전쟁의 발발과 기원 II: 기원과 원인』. 나남.

박종렬. 1989. "이것이 박대통령 핵무기개발의 진상이다." 『新東亞』(1989년 4월호).

박태균. 2002. "군사정부 시기 미국의 개입과 정치변동, 1961-1963." 한국정신문화연구원 편. 『박정희시대 연구』. 백산서당, pp.55-107.

배긍찬. 1999. "1970년대 전반기의 국제환경 변화와 남북관계." 한국정신문화연구원 편. 『한국현대사의 재인식 12: 1970년대 전반기의 정치사회변동』. 백산서당.

손호철. 2003. 『현대 한국정치: 이론과 역사 1945-2003』. 사회평론.

손호철. 2006. 『해방 60년의 한국정치, 1945-2005』. 이매진.

안병욱 외. 2005. 『유신과 반유신』. 민주화운동기념사업회.

역사비평 편집위원회 엮음. 2010. 『갈등하는 동맹: 한미관계 60년』. 역사비평사.

오원철. 1996. 『한국형 경제건설』 제5권. 기아경제연구소.

오창헌. 2001. 『유신체제와 현대 한국정치』. 오름.

이경재. 1986. 『유신쿠데타』. 일월서각.

이기훈. 2005. "1970년대 학생 반유신 운동." 안병욱 외. 『유신과 반유신』. 민주화운동기념사업회.

이범준. 1975. "印支事態와 韓國의 安全保障." 유신정우회 편. 『정책연구세미나 논문집』, pp.21-42.

이삼성. 1993. 『미국의 대한정책과 한국민족주의: 광주항쟁·민족통일·한미관계』. 한길사.

이상우. 1984. 『제3공화국 外交秘史』. 조선일보사.

______. 1993. 『제3공화국 1: 5·16에서 10월 유신까지』. 중원문화.

이완범. 2002. "박정희와 미국: 쿠데타와 민정이양 문제를 중심으로, 1961-1963." 한국정신문화연구원 편. 『박정희시대 연구』. 백산서당, pp.109-172.

이종석. 1998. 『분단시대의 통일학』. 한울.

______. 2003. "유신체제의 형성과 분단구조." 이병천 편. 『개발독재와 박정희 시대』. 창비.

전재호. 2005. "유신체제의 구조와 작동기제." 안병욱 외. 같은 책.

정상호. 2005. "반유신 야당운동의 성과와 한계." 안병욱 외. 같은 책.

정일준. 2003. "미국의 냉전문화정치와 한국인 '친구 만들기': 1950, 60년대 미공보원(USIS)의 조직과 활동을 중심으로." 학술단체협의회 편. 『우리 학문 속의 미국: 미국적 학문 패러다임 이식에 대한 비판적 성찰』. 한울.

______. 2005. "지구시대 한미관계와 한국민족주의." 『歷史教育』 제94집.

______. 2008. "1970년대 수록내용 소개." 행정안전부 국가기록원 편. xxxviilxxxviii.

정일준 외. 2014.『한국의 민주주의와 한미관계 』. 대한민국역사박물관.

조갑제. 2001.『내 무덤에 침을 뱉어라 8: 한반도의 戰雲』. 조선일보사.

조철호. 2001. "박정희 핵외교와 한미관계 변화." 고려대학교 정치외교학과 박사학위논문.

중앙일보 특별취재팀. 1998.『실록 박정희』. 중앙M&B.

청사편집부. 1984.『칠십년대 한국일지』. 청사.

한국역사연구회 현대사연구반. 1991.『한국현대사 3: 1960·70년대 한국사회와 변혁운동』, 풀빛.

한국정신문화연구원 편. 2002.『박정희 시대 연구』. 백산서당.

한국정치연구회 편. 1998.『박정희를 넘어서』. 푸른숲.

한배호. 1994.『韓國政治變動論』. 법문사.

한상진. 1988.『한국사회와 관료적 권위주의』. 문학과지성사.

한홍구. 2003. "베트남 파병과 병영국가의 길." 이병천 편.『개발독재와 박정희 시대』. 창비.

홍석률. 2001. "1968년 푸에블로 사건과 남한·북한·미국의 삼각관계."『韓國史研究』 제113호.

______. 2002. "5·16쿠데타의 발발 배경과 원인." 한국정신문화연구원 편.『박정희시대 연구』. 백산서당.

______. 2005a. "1960년대 한미관계와 박정희 군사정권."『역사와 현실』 제56호.

______. 2005b. "유신체제의 형성." 안병욱 외. 같은 책.

______. 2012.『분단의 히스테리』. 창비.

홍성태·노순택. 2003.『반미교과서』. 당대.

Brazinsky, Gregg. 2007. 저·나종남 역. 2011.『대한민국 만들기, 1945-1987』. 책과함께.

Cha, Victor D. 저·김일영·· 문순보 역. 2004.『적대적 제휴: 한국, 미국, 일본의 삼각안보체제』. 문학과지성사.

Don Oberdorfer 저·이종길 역. 2002. 『두개의 한국』. 길산.

Gaddis, John Lewis. 2005. *Strategies of Containment: A Critical Appraisal of Postwar American National Security Policy during the Cold War* (Revised and Expanded Edition). Oxford: Oxford University Press.

Gleysteen Jr. William H. 저·황정일 역. 1999. 『알려지지 않은 역사』. 중앙 M&B.

Im, Hyug Baeg. 1987. "The Rise of Bureaucratic-Authoritarianism in South Korea." *World Politics* Vol. 39 No. 2.

______________. 2011. "Chapter 8. The Origin of the Yushin Regime: Machivalli Unveiled." Kim, Byung-Kook & Vogel, Ezra F. eds. 2011. *The Park Chung Hee Era: The Transformation of South Korea*. Cambridge MA: Harvard University Press. 233-261, 683-685.

Kim, Hyung-A 저 · 신명주 역. 2005. 『유신과 중화학공업: 박정희의 양날의 선택』. 일조각.

Kissinger, Henry A. 저 · 어영무 역. 1976. 『데탕트의 허실: 미국의 외교전략』. 금란출판사.

Lerner, Mitchell B. 2002. *The Pueblo Incident: A Spy Ship and the Failure of American Foreign Policy*. Lawrence: University Press of Kansas.

Macdonald, Donald Stone 저 · 한국역사연구회 역. 2001. 『한미관계 20년사: 해방에서 자립까지』. 한울.

Nam, Joo-Hong. 1986. *America's Commitment to South Korea: The First Decade of the Nixon Doctrine*. Cambridge: Cambridge University Press.

Robinson, William. 1996. *Promoting Polyarchy: Globalization, US Inter-vention, and Hegemony*, Cambridge: Cambridge University Press.

Sohn, Hak-Kyu. 1989. *Authoritarianism and Opposition in South Korea*. London: Routledge.

제7장 1970년대 초 미·중 데탕트와 '7·4남북공동성명'*의 도출

남광규

Ⅰ. 미·중 관계개선과 동북아국제질서의 변화

2차 대전 이후 1960년대 초까지 국제관계에서 유지되어 왔던 미국의 독점적 지위는 베트남 전쟁의 실패, 소련과 중국의 군사적 부상, 유럽 및 일본의 경제적 부흥 등으로 인해 흔들리게 되었다. 특히, 중국의 군사적 성장은 미국의 소련 위주의 냉전적 봉쇄정책의 효과를 떨어뜨렸다. 1971년 8월의 달러화의 금태환 정지 등 '달러 위기'에서 드러났듯이 미국경제도 크게 흔들리고 있었다. 이처럼 달라진 국제환경에 대한 대응으로 미국은 냉전적 사고와 미국예외(*American Exceptionalism*)의 태도에서 벗어나 새로운 외교적 대안과 이념을 모색해야 했다.(장준갑 2009, 180-182) 이에 미국은 중·소 분쟁에 있어 공산진영의 분열을 활용하여 미국의 전략적 목표를 달성하고 소련에 압박을 가하기 위해 중국과의 관계개선을 추진하기 시작했다.

중국과의 관계개선은 우선 베트남전쟁에서 '명예로운 후퇴'를 하기 위한 존슨행정부와 그 뒤를 이은 닉슨행정부의 정책적 의도가 계기가 되었다. 연 30억 달러에 이르는 베트남 전비와 미군 사상자의 증가는 월남전을 계속 수행하기 어렵게 만들었다. 대통령에 당선된 닉슨은

---

* 이 글은 남광규, "남북대화의 국내적 활용과 '7·4남북공동성명'의 도출," 『평화학연구』 제17권 제3호(서울: 한국평화연구학회, 2016), pp.25-44에 게재된 글임.

1969년 7월 괌을 방문해 "아시아분쟁의 아시아화"를 통해 베트남 전쟁에서 손을 떼기 위한 수순을 시작했다. 이른바 '괌 선언'을 통해 닉슨의 대아시아정책은 미국의 안보 공약 준수 확약, 핵위협 시 동맹국 보호, 재래식 공격 시 당사국의 일차적 책임을 강조하는 내용으로 구체화 되었다.(박정진 2012, 305.) '닉슨독트린'(Nixon Doctrine)으로 명명된 미국의 아시아지역에서의 긴장완화 정책은 미·소, 미·중 간 긴장을 완화함으로써 아시아 지역에 미군이 없어도 될 상황을 만들어 미국의 방위부담을 덜어 보겠다는 전략이었다. 이와 같은 미국의 소련과 중국과의 긴장 완화와 관계 개선은 냉전체제 형성 이후 최초의 탈냉전적 노력으로 미국은 냉전외교를 데탕트로 전환시켜 나갔다.(장준갑 2009, 193-195)

이처럼 2차 대전 종전 이후 형성되었던 양극체제하의 타이트한 냉전구조에서 완화된 냉전 구조 혹은 다극체제로의 변화를 가져온 중국과의 관계개선은 1971년 4월 중국 정부가 미국의 탁구팀을 중국에 초청하는 이른바 '핑퐁외교'로 시작되어 1972년 2월 21일 닉슨이 6일 동안 중국을 방문해 중국과의 관계정상화를 함으로써 이루어졌다. 여기서 미중 간에 합의된 '상하이성명'(上海公報)에서 미·중 양국은 대만이 중국의 일부라는 점에 동의했고, 중국과 대만이 그들의 차이점을 극복하면 미국은 대만에서 미군과 군사 장비를 철수하는 것이 최종 목표임에 서로 동의했다.

닉슨은 대통령에 당선되기 이전부터 다극적 세력균형과 전략적 협조를 강조했는데 미·중관계 개선은 이런 정책의 핵심이었다. 키신저 미국무장관도 중·소 분쟁으로 중국이 고립되면 소련의 세계적 패권이 강화되고 이것은 미국에게 불리하기 때문에 중국에 접근해 중국의 역할을 강화시키는 것이 국제평화의 균형을 유지하는 것이라고 판단했다.(郭煥圭 2005, 90) 중국도 중·소 분쟁으로 소련과의 갈등이 확대되자 미국과의 접촉을 통해 소련을 견제하는 '원교근공'(遠交近攻)의 전략을 채택했다. 중국의 마오쩌둥(毛澤東)은 중·소 분쟁으로 인해 미국보다는 소련을 주적으로 인식하게 되었으며 미국과 연대해 소련을 견제하는 '연미제소'(聯美制蘇)의 전략적 결단이 필요했다.(최명해 2008, 233)

미·중 관계 정상화는 한편으로는 소련에게도 미국과의 긴장완화의 필요성을 갖게 했다. 소련은 중국이 소련과 미국과의 갈등을 촉발시킬 수도 있다는 예상 하에 미국과의 화해도 적극적으로 모색하게 되었다. 이에 따라 1972년 5월 22일 닉슨은 브레즈네프와 첫 미·소 정상회담을 개최해 소련과 전략핵무기제한협정(SALT)을 체결했다. 이와 같은 미·중, 미·소의 관계개선은 동북아 지역체제에서는 중·일 관계와 일·소 관계의 개선으로 확산되어 동북아의 국제정치 환경은 급속도로 바뀌었고 국제사회는 전반적인 데탕트(*détente*) 분위기로 변화해 나갔다.

그러나 데탕트는 미국의 군사력에 의존하는 아시아 동맹국들에게는 위기였다. 닉슨의 중국 방문은 미·중 관계에서 베트남이나 한반도 문제, 그리고 대만문제를 분리함으로써 미국과 중국의 직접적인 군사적 대치로 갈등이 악화될 가능성을 감소시켰다.(최명해 2008, 249) 한반도에서의 남북대립도 동북아를 중심한 국제적 데탕트 분위기에 있어서 장애물로 비추어졌고 미국과 중국은 남북관계의 긴장완화를 요구했다. 이러한 변화는 특히, 미국과의 군사동맹에 안보를 의존하고 있던 한국과 대만에게는 안보상의 위기와 자체적인 대안을 모색하게끔 하였다. 또한 동북아의 전반적인 긴장완화는 한국에게는 남북관계의 개선을, 대만에게는 외교적 고립 탈피라는 과제를 던져 주었다. 한국과 대만에게는 미국의 군사적 보장에 더 이상 의존할 수 없고 스스로 안보능력을 갖추어야 한다는 현실적 과제와 함께 새로운 국제환경에 어떻게 적응해야 하는가에 대한 고민을 던져주었다.

특히, 대만은 미·중 관계정상화에 이은 중·일 국교정상화로 인해 가장 큰 충격을 받았는데 유엔에서의 중화민국 추출로 인해 국제사회에서의 고립이 동북아에서의 외교 고립으로 현실화되었다. 이 과정에서 일본의 신속한 대만과의 단교와 중국과의 국교정상화는 대만에게 결정적인 타격을 주었다. 중·일 국교정상화에 대한 저우언라이(周恩來)의 기본 인식은 미·중 데탕트와 같았다. 중·소 대결 구도에서 미·소 상호견제를 이용하여 미·중 관계를 풀어 나아갔듯이 중·일관계도 이런 차원에서 접근하였다. 따라서 중·일국교정상화 실현의 최대 과제는 일본의 의향에 있었다. 일본이 미국이 하지 못한 대만과 단교를 선언하면서 중·일 수교로 나올 수 있는가가 관건이었으나 일본은 대만과 단교하고 중국과 국교를 맺는 선택을 신속히 진행시켰다.(손열 2014, 4) 뿐만 아니라 중·일국교정상화는 한국이 주도하고 대만도 참여하고 있는 아시아태평양이사회(ASPAC) 와해의 직접적인 계기가 되었다.(이상현 2011, 205) 중국을 비롯한 공산권을 가상의 적으로 결성된 ASPAC은 미중관계정상화와 중국의 유엔 가입으로 실질적인 기능을 상실했다.

이처럼 닉슨의 대아시아 정책변화와 미·중 관계개선으로 시작된 1970년대 초의 동북아국제질서의 변화를 배경으로 본문에서는 미국의 군사적 역할 축소를 둘러싼 한·미 갈등과 미국의 종용으로 시작된 남북대화에 나선 한국정부의 의도와 '7·4남북공동성명'이 나온 배경에 대해 알아보고 있다. 이와 관련한 기존의 논의들은 크게 세 가지로 정리될 수 있는데 첫째, 외부적 요인으로 미·중 관계 개선이 상징하는 일련의 데탕트 분위기와 미국의 요구에 의해 남한 정부가 어쩔 수 없이 남북대화에 응해야했다는 것이다. 1970년대에 시작된 공식적인 남북대화의 시작과 긴장완화 국면은 1969년 발표된 닉슨독트린과 이에 따른 주한미군의 부분적 철수, 그리고 이에 대비한 미국의 한국에 대한 남북대화 요구와 깊게 연관되어 있다는 것이다.(권만학 1996, 221-222) 둘째, 간접적 외인론으로 미·중 관계개선과 남북대화 필요성에 대한 미국과 중국의 종용이 남북한의 생존과 국익을 위협할 수 있다는 판단 하에 남북한이 스스로 돌파구를 마련하기 위해 자발적으로 남북관계의 개선을 도모했다는 해석이다.(돈 오버도퍼 1998) 특히, 1970년대 초 박정희가

의도했던 한반도 평화구상과 남북관계개선의 시도는 당시 주한미군 철수를 둘러싸고 한미 간 이견과 갈등이 심화되는 가운데 자주국방 추진의 현실적 한계를 보완하면서 한반도의 긴장을 완화시키려는 외교의 일환으로 전개되었다는 것이다. 따라서 남북대화의 시작과 진행에 있어 박정희는 미국 측에 관련사항을 통보하고 지지를 부탁했으나, 구체적안 사항에 대해서 한국 정부가 자율성을 갖고 주도한 자주·통일외교의 양상을 띤 것으로 볼 수 있다는 것이다.(김현철 2004, 99) 이 과정에서 박정희는 북한과의 대화에 대해 애초에는 회의적이었으나 차츰 남북대화의 정치적 효용성에 주목하고 이를 자신의 권력 강화에 활용했다는 것이다.(박건영·박선원·우승지 2003, 61) 그런 점에서 '7·4남북공동성명'은 냉전시기 발생한 데탕트와 미·중 관계개선, 중·일수교의 급변속에서 이루어진 것으로 남북한 내부정치의 위기전환과정에 남북관계가 활용되었다는 것이다. 셋째, 내부적 요인으로 1970년의 '8·15선언' 이후 남한 정부의 적극적인 대북정책, 통일정책의 발로와 함께 유신체제를 비밀리에 준비해 왔던 중앙정보부를 중심한 박정희 영구통치를 위한 명분으로 남북대화가 시작되었다는 해석이다.

이처럼 1970년대 초 미·중화해로 조성된 남북대화의 시작과 '7·4남북공동성명'의 도출은 역시 데탕트 분위기에 따른 미국의 대한정책 변화에 대한 박정희의 대응적 성격이 강한 것으로 나타났다. 1970년대 초 동북아에서의 데탕트는 이전의 냉전시기 동안 미국에 편승하는 것 외에는 어떤 대안도 갖지 못했던 한국 안보와 외교의 변화를 강제하는 대외환경의 발생이었다. 이에 대한 대응의 하나로 나왔던 '7·4남북공동성명'의 도출에는 박정희의 국내정치적 대응과 활용의 목적이 더 컸던 것으로 보인다.

Ⅱ. 주한미군철수를 둘러싼 한미갈등과 박정희의 자주안보 모색

1968년 존슨행정부 당시 미국은 한 정책보고서에서 베트남전쟁을 2년 내에 종결하는 것을 가정하면서 베트남에서의 철군과 함께 주한미군의 감축을 고려하고 있었다. 존슨행정부는 "한국이나 다른 지역에서 미국의 책임을 느슨하게 하는 한편, 한국이 미국의 참여가 곧 대체될 수 있는 군사적 상황에서 미국을 연계시킬 수 있는 정도에 대하여 주목해야 한다는" 기조로 대한정책을 수정해 나갔다.(Memorandum for the Record 1968) 미국이 베트남전에서의 철수를 모색하고 있을 때인 1969년 미 국방장관 레어드는 하원 청문회에 출석해서 주한미군 철수를 고려하고 있다고 증언했다. 이에 따라 미 정부는 1969년 12월 주한미군 철수 계획을 비공식적으로 한국에게 알려주었고, 한국 정부는 철수불가를 기존 입장으로 하면서도 1970년 2월 〈특별위원회〉를 구성해서 미군 철수 이후의 대책 마련에 들어가게 되었다.(신욱희 2010, 55)

1970년 7월 6일 미 정부의 공식적인 주한미군 철수 통보 후 8월 24일 부터 미국의 에그뉴 부통령이 방문해 박정희대통령과 주한미군 철수문제와 관련해 고위회담을 열었다. 미국의 주한미군 철수계획에 대해 박정희는 "주한미군을 2만 명 이상 삭감하지 않는다. 한국군 현대화를 위해 5년간 25억불 내지 30억 불의 특별군사원조를 제공한다. 유사시에 미군이 직접 개입한다는 것을 문서로 보장 한다"는 요구 조건들을 제시했다. 이에 대해 미국은 일본 주둔 팬텀 F-4 1개 비행단(54기)을 이동 배치하고 5년 간 15억 달러의 추가 원조를 약속했다. 그러나 에그뉴는 유사시 미군 즉시 개입은 〈한미상호방위조약〉의 근본적인 개정을 뜻하며 미 의회의 승인을 요한다는 이유로 거부했다.(오시림 1984, 22-23)

이처럼 1970년에 가시화된 주한미군 철수문제는 안보를 둘러싼 한미간 갈등의 결정적 계기가 되었으며 베트남전의 상황 전개, 미·중 관계개선 움직임과 주한미군의 철수는 밀접한 상관관계가 있었다. 구체적으로 1971년 3월 일차적으로 병력 2만 명이 철수함으로써 주한미군 지상군은 2사단만 남게 되었으며, 병력도 6만 여명에서 4만 여명으로 줄어들었다. 미국은 데탕트 분위기에서 미군 1개 사단의 철수가 한반도와 동아시아의 세력균형에 큰 영향을 미치지 않을 것이라고 보았다. 더 나아가 미국은 한국에서의 미군 철수가 닉슨 임기 내에 마무리될 수 있음을 중국에 시사했다. 닉슨의 중국방문에 앞서 1971년 7월 비밀리에 중국을 방문한 키신저는 저우언라이와의 회담에서 주한미군 철수를 거론한 저우언라이의 질문에 대해 "닉슨대통령의 다음 임기가 끝나기 전에 대부분의 미군은 한국으로부터 철수할 수도 있다"는 답변을 했다.(Memorandum of Conversation for Kissinger 1971) 미국 입장에서는 미·중 관계개선을 통해 중국으로 하여금 북한의 전쟁도발 가능성을 억제케 하고 주한미군을 철수하는 대신 한국군 현대화 지원과 한국 안보에 대한 미국의 약속을 통해 한국을 충분히 방위할 수 있다고 보았다. 닉슨은 1971년 11월 29일 박정희에게 직접 쓴 편지에서 "동맹국의 이익을 과소평가하지 않을 것이며, 중국과의 대화는 미중 양자 현안에 집중할 것이고, 제3국에 대한 현안을 다루지 않을 것"을 약속했다.(Letter from President Nixon to Korean President Park 1971)

이처럼 미·중화해와 주한미군의 철수 등 데탕트로의 전환에 대해 박정희는 그러한 변화가 약소국 한국에게는 불리한 조건으로 작용할 것으로 보고 새로운 생존전략을 모색하게 된다. 아시아의 데탕트 분위기에 대한 박정희의 인식은 데탕트로 인해 아시아에서 자유진영과 공산진영의 힘의 균형이 붕괴될 때 새로운 불안이 조성될 것을 우려하는 것이었다. 박정희는 1971년 1월 연두 기자회견에서 미중관계 개선과 미국의 '닉슨독트린'으로 인한 아시아 불개입정책으로 아시아에서 힘의 공백이 초래되었다고 말했다. 이를 대체하거나 아시아 지역 국가들이 자체적으로 자국의 국방과 안보를 책임질 힘을 갖추지 못해 불안이 증대하고 있다고 전망했다.(박정희 1971) 대외적으로도 1971년 11월 중국이 자유중국을 대신하여 유엔안보리 상임이사국이 되면서 박정희의 우려는 더욱 커졌다. 박정희는 유엔에서의 중국의 확대된 영향력으로 인해 유엔의 이름으로 주둔하던 주한미군의 철수가 촉진될 가능성이 있다고 보았다.

따라서 박정희는 한미관계를 동맹과 자주의 양면에서 대응해 나가려고 했는데 그것은 미국과의 새로운 군사협력의 모색이고 다른 하나는 내부적 동원과 전략무기 개발을 통한 내적 안보의 자율성 추구였다. 미국과의 새로운 군사협력의 방법이 한국군 현대화를 위한 미국으로부터의 지원 확보로 나타났다면(신욱희 2010, 55-56) 내적 자율성의 확보는 자주국방 실현을 위한 독자적인 방위정책의 추진으로 나타났다. 박정희는 1960년 후반까지 남북 체제경쟁에서 북한이 군사력과 중화학공업 등에서 앞서 있는 상황에서, 북한이 남한에 대해 군사공격을 하지 못하도록 군사력을 강화하고 경제력에서 북한에 앞서는 것을 주요 정책 목표로 했다. 특히, 1968년에 발생한 1·21사태와 푸에블로호 사건을 통해 북한에 군사도발에 유화적인 태도를 취하는 미국에 대해 불신을 갖게 된 한국 정부는 자주국방을 통한 일련의 조치를 취해 오고 있었다. 이에 따라 1968년 4월 향토예비군이 발족되었고 독자적인 방위산업정책을 추진하게 되는데 핵심은 중화학공업을 통한 방위산업의 육성이었다. 이 결정은 1971년 11월 9일 박정희, 김정렴 비서실장, 오원철 차관보의 3자 회동에서 이루어졌는데 핵심은 중화학공업과 방위산업을 동시에 육성한다는 안보적 요구에 의한 경제정책 방안이었다.(김정렴 1995, 322-324)

박정희는 북한과의 체제경쟁에서 이기기 위해 자주국방, 자립경제의 기치로 근대화 과제를 먼저 수행할 것을 강조했다. 그 연장선에서 박정희는 국내정치체제를 먼저 강화하고 국론을 통일하며 이를 배경으로 주체의식을 갖고 국내외 정세에 능동적으로 대처하는데 있다고 보았다. 박정희는 안보위기를 구체적으로 세 방면에서 돌파하고자 했다. 첫째, 자주국방의 모색이다. 그 일환으로 군현대화사업과 방위산업육성을 추진했으며 극비리에 핵개발도 시작했다. 둘째, 남북대화의 시작으로 박정희는 어느 정도의 자주적 국방력을 확보하는데 필요한 시간을 최소 5년으로 잡고, 그 시간을 벌기 위해 북한과의 대화에 나섰다. 셋째, 권위주의적 지배와 통제를 강화하기 위해 박정희는 1972년 10월 17일 〈유신헌법〉을 선포했다.(마상윤 2012, 79) 자주국방의 모색이 데탕트와 주한미군 철수로 인해 안게 된 안보 불안을 극복하기 위해서라면 남북대화의 모색과 유신체제의 성립은 국내적인 정치 환경조성과 장기집권의 명분으로 활용되었다.

Ⅲ. 남북대화의 시작과 '7·4남북공동성명'의 도출

미국 정부의 한반도 데탕트정책은 한국의 8·15평화통일구상, 남북적십자회담, 7·4남북공동성명으로 이어지는 남북한 관계 변화의 주요한 요인을 제공했다. 그런 점에서 '7·4남북공동성명'의 외인적 요인으로는 닉슨행정부의 미중관계 개선 개선이 가져다 준 데탕트가 중요한 배경이 됨은 분명하다. 남북 당국 간 직접대화는 남한 당국의 의지와는 상관없이 당시의 외부 정세가 추동했고 미국의 종용으로 시작된 성격이 강하다. 미 국무부의 동아시아 외교부서의 분석은 남북 간 정치적 화해는 그 성격에 따라 미국의 이해와 일치시킬 수도 있고 미·북 간 적의의 재발 가능성을 감소시키며 남한에 대한 미국의 공약과 연관된 위험을 줄일 수 있다고 보았다. 또한 미국이 동북아의 다른 주요 국가들과의 관계를 개선시키는데 있어 장애를 제거할 수 있을 것으로 보았다. 그런 점에서 향후 수 년 간 미국의 이익과 목표에 부합되는 형태로 남북한의 정치적 화해를 도모하는 것이 미국의 목표가 되어야 한다고 했다.(East Asian Interdepartment Group 1973)

1970년 6월 주한 미 대사관이 미 국무성에 보낸 비밀 전문을 보면 한반도에서의 통일이 미국의 국익에 도움이 되지 않으며, 미국은 현상유지를 보존하는 정책을 사실상 추구해 왔다고 밝히고 있다.(DOS March 11, 1970) 닉슨행정부는 박정희정부에 남북대화를 적극적으로 촉구하기 시작했는데 1970년 2월 미 상원 외교위원회 한국청문회에서 포터(W. Potter) 주한 미 대사는 남북한 직접 접촉을 통한 긴장완화를 촉구했고 1971년 2월에는 포터가 국무부에 보낸 전문에서 '미국이 한국 정부로 하여금 북한과 대화를 위한 채널을 찾을 것을 통고해야한다"고 했다.(박건영·박선원·우승지 2003, 71-80) 따라서 박정희의 남북대화 시도는 데탕트의 국제변화 속에서 미국에 의한 한반도의 화해 종용으로 말미암아 이에 호응하는 수세적 호응으로 나타났다. 박정희는 남북대화를 통해 분단의 안정적인 관리를 도모하면서 북한에 대한 탐색을 시도해보려는 것에 남북대화의 의도가 있었다.(김지형 2008, 33, 46)

그런 점에서 이 시기 한국에 대한 '미국의 범위'는 남북 사이 최소한 안정의 하한선과 민주주의 최소한의 유지라는 상한선 사이의 정치적 공간,(정일준 2006, 207) 동북아 지역전략 측면에서 중국에 접근하기 위한 한반도 정세의 안정이라는 상한선과 한미동맹 유지라는 하한선 사이에서의 공간을 의미했다.(김연철 2012, 222) 당시 미국의 기본 입장은 남북대화와 주변 강대국 관계를 연계해 나가는 것이었고 북·미관계도 어디까지나 다자관계 차원에서 접근한다는 것이었다.(홍석률 2004) 따라서 미국은 북한과의 양자대화는 고려조차 하지 않았다.

닉슨행정부의 새로운 대한정책 기조는 남한으로 하여금 결국 남북대화의 방안을 선택하게끔 했는데 북한도 중국으로부터 강력한 압박과 함께 군사·경제적 지원을 받았다. 그 결과 남북한은 1971년 일단 남북적십자회담으로 탐색을 시작했다.(배광복 2009, 185) 1971년 7월 이후락 중앙정보부장은 브라운 동아시아담당 부차관보와 면담에서 미국 측에 북한이 제의한 군축제의의 실현 가능성에 대해 의구심을 표명하면서도 남북한 간 관계 개선을 위해 인도적 차원에서 접근하는 것이 최선의 방법이라고 설명했다. 브라운대사는 이런 구상들이 매우 전망있는 것으로 평가하며 한국 정부의 자신감을 표현하는 것이라고 보았다. 이후락은 브라운 대사에게 남북대화의 시작은 국제적십자사의 지원 아래 인도주의적 접근인 이산가족 방봉과 서신교환, 고향방문부터 시작해 점차 스포츠교류와 같은 비정부간 접촉으로부터 시작되어야 한다고 말했다.(DOS. Memorandum of Conversation July 14, 1971)

이에 따라 남북접촉과 대화국면의 시작은 1971년 박정희의 '8·15 경축사'에서 부터 시작되었다. 경축사에서 박정희는 "북괴가 무력적화통일을 포기하면, 인도적 견지와 통일 기반 조성에 기여할 수 있는 현실적 방안을 제시할 용의가 있고, 남과 북 체제 중 어느 쪽이 더 국민의 복리를 증진시킬 수 있는지 선의의 경쟁을 하자"고 했고 남북한이 유엔에 동반 가입하는 것도 반대하지 않겠다는 입장을 천명했다.(박정희 1968, 35) 박대통령의 '8·15경축사' 이후 남한은 남북회담의 필요성을 인식하면서 방법을 모색했고, 대화가 가능한 것이 인도주의적인 적십자회담이라는 점에서 〈남북적십자회담〉을 이용하였다. 1971년 8월 12일 대한적십자사 최두선 총재가 남북이산가족찾기운동 협의를 위한 적십자회담을 제의하고 북측이 응해 오면서 남과 북은 예비회담을 열게 되었다.(정홍진 2001, 29-30) 이렇게 해서 시작된 남북의 접촉은 1971년 11월 19일 제9차 남북적십자 예비회담에서 남한 측이 제의해 그 다음날 이루어진 별도의 남북 실무자 간 비밀접촉으로 이어졌다.(국토통일원 1988, 56)

남한 정부는 1971년 11월에 들어와 적십자 예비접촉을 진행하는 가운데 북측에 비밀접촉을 제의했다.(배광복 2009, 183) 이후락은 남북회담이 순조롭게 진행될 경우, 남북한 간 일종의 불가침 선언 선포, 군사력의 상호 감축 등의 동의와 주변 강대국간 합의 및 보장을 받아들이게 될 것으로 전망했다. 남과 북은 1971년 11월 20일부터 11차례의 비밀접촉을 추진하면서 남북 정상이 신임하는 인사인 이후락 중앙정보부장과 김영주 로동당 조직지도부장 간 회담을 서울에서 갖기로 합의하였다. 이전의 남북적십자 1차 예비회담에서 우리 측 대표인 정홍진은 북측 실세인 노동당 조직지도부의 김덕현을 따로 만나 비밀 접촉을 제안했고 북이 여기에 적극 나서면서 시작되었다. 이에 따라 이후락 부장이 1972년 5월 2일부터 5일까지 평양을 방문하여 김일성, 김영주와 두 차례 회담을 하고 김영주를 대신해 박성철 부수상이 5월 29일부터 6월 1일까지 서울 방문해 이후락 부장과 두 차례, 박대통령과 한차례 회담을 하였다. 상호 비밀방문을 통해 합의한 사항을 실무 작업을 통해 6월 29일 최종 합의하여 7월 4일 오전 10시 서울과 평양에서 '7·4남북공동성명'

을 동시에 발표했다.(국토통일원 1988, 58~60)

공동성명에서 남과 북은 '자주·평화·민족대단결'을 통일의 3대 원칙으로 천명하고, 남북 간 긴장상태를 완화하며 다방면의 교류를 실시하고 남북조절위원회를 설치하는 등의 내용을 담았다. 당시 남측이 북측의 김영주를 중시한 것은 그가 김일성의 동생으로 그를 후계자로 예상한 부분이 있었다. 남한의 중앙정보부는 김일성의 아들인 김정일보다는 김영주를 후계자로 보고 실세로 접촉했는데 그러나 김영주는 북한의 권력구도에서 이미 밀려나는 중이었고 남북회담에서 북측은 김영주를 버리는 카드로 활용했다.(당시 회담을 했던 남측 인사의 증언)

북한도 데탕트 국면에서 중국과 공조하면서 남북대화에 적극적으로 나섰다. 북한은 아시아국가 중 유일하게 닉슨의 중국 방문과 상해공동성명을 지지하는 국가였는데(Telegram from The Embassy in Korea to the Department of State, Mar. 10) 그런 점에서 북한이 중국으로부터 미중관계 개선이 주한미군의 철수에 유리한 상황을 만들 것이라는 암시는 있었을 것으로 추정할 수 있다.(홍석률 2004, 35) 북한은 '7·4남북공동성명'으로 남북대결은 청산되었고, 이를 남북 간 합작을 위한 구체적인 실천계획으로 보았다. 그렇기 때문에 주한미군의 주둔은 자주의 원칙에 위배되고 남한의 총력안보 강화, 국군 현대와, 대규모 군사훈련은 평화의 원칙에 위배된다는 입장이었다. 반공정책도 민족 대단결의 원칙에 위배된다고 주장했다.(배광복 2009, 159) 따라서 자주는 주한미군 철수, 평화는 남조선 혁명을, 민족 대단결의 의미는 북한의 혁명에 찬동한다는 것으로 공산당을 반대하는 남한 내 각종 법과 장치들을 없애고 남북이 합작해 통일을 해야 한다는 것으로 북한은 공동성명의 내용을 해석했다.(배광복 2009, 160-161)

당시 북한은 월남전에서 월맹의 혁명적 분위기의 상승, 1969년의 〈닉슨 독트린〉과 닉슨의 미중 관계개선과 미군 철수, 내적으로 4대 군사노선의 정립 등으로 대남혁명의 호기를 맞았다고 보고 있었다. 1968

년에 발생한 '1·21사태,' 울진·삼척 공비침투, '푸에블로호 납치, 미정찰기 격추 등의 군사도발 등은 이러한 북한의 분위기를 보여주는 군사도발이었다. 그런 점에서 '7·4공동성명'에서 북이 가장 중요한 조국통일 3원칙을 관철한 것은 남북대화에서 북측이 의도한 큰 승리를 거둔 것으로 평가할 수 있다. 사실 남측 주장을 받아들인 나머지 세부 항목들의 내용은 그렇게 중요한 것이 아니었다. 그런 점에서 북한 입장에서 '7·4남북공동성명'은 담판이었던 것이고 나머지 회담은 접촉이었던 것이다.

사실 공동성명에 합의한 1972년 까지만 하더라도 남북관계가 대화를 하고 공동합의를 도출할 만큼 성숙한 상황은 아니었다. '7·4남북공동성명'이 나온 이후에도 상황은 비슷했다. 1972년 12월 회담에서 북측 대표 전금철은 남측 대표에게 공산주의를 반대하는 것은 민족대단결을 반대하는 것이고 그것은 통일을 반대한다는 논리를 내세웠다. 북한은 원칙적 합의를 남측에 관철시키면서 다른 해석을 통해 압박하는 대화전략을 갖고 있었다. 남한은 적십자 회담을 경제사회 교류협력 대화, 정치군사 대화로 나가는 단계의 일부로 운영한 반면에, 북측은 다방면의 합작을 위한 대화의 일부로 적십자 회담을 운영하려 했다. 따라서 북한은 인도적 문제 해결을 위해서라도 정치군사적 문제해결이 우선되어야 한다는 입장이었다.(배광복 2009, 166) 이처럼 '7·4남북공동성명'의 주요 내용을 둘러 싼 남북 사이 해석의 차이점은 이미 합의 당시부터 나타났고 지금까지 동일한 논리가 지속되고 있는 것이다.

Ⅳ. 유신체제의 성립과 북한의 대화공세

그러나 '7·4남북공동성명'의 주요 원칙들은 사실 북측이 요구해 오던 조건을 남측이 받아들인 측면이 더 컸다. 그런 점에서 '7·4남북공동성명'의 3대 원칙은 중앙정보부장인 이후락의 의지에 의해 북측의 요구조건을 받아들였기에 가능했다고도 볼 수 있다. 만약에 그렇지 않다면 '7·4남북공동성명'은 나오지 않았을 가능성이 높다. 1971년 8월 남북적십자를 통해 시작되었던 인도적 사업의 논의가 11월부터 비밀접촉으로 바뀌고 중앙정보부장인 이후락이 직접 대화에 나선 시점에서부터 남북접촉의 내용은 기본 성격이 바뀌기 시작했는데 이 시점에서 '7·4남북공동성명'의 내용들이 모색되었을 가능성이 크다.(당시 남북회담을 했던 인사와의 대담)

그런 점에서 이후락은 1960년대 말부터 박정희의 권력 강화를 모색했는데 유신체제의 도입은 이때 이미 구상되지 않았나 하는 점이고 그것을 위한 국내적 명분으로 남북대화와 '7·4남북공동성명'이 활용되었을 가능성이 크지 않았나 하는 점이다. 유신 개헌을 오래 전부터 구상했던 이후락은 때마침 형성된 남북접촉을 남북관계 개선의 명분으로 활용했던 것이다. 이러한 남북관계의 변화는 북한에게는 연방제 관철의 기회를, 남한에게는 이후락이 규정한 것처럼 '7·4남북공동성명' 이후의 남북관계를 '대화있는 대결'로의 선회를 가져왔다.

'7·4남북공동성명'이 발표된 이후 박정희 정권은 북한의 남침 위협을 근거로 1971년 12월 6일 '비상사태선언'과 1972년 '10월 유신'을 선언했다. '7·4남북공동성명'이 나온 지 한 달이 갓 지난 1972년 '8·15경축사'에서 박정희는 대동단결을 내세우며 "대의제도의 비효율성, 자유만을 방종스럽게 주장한 점, 민주주의가 분열과 파쟁으로 착각한 것이 아닌가 하는 점을 비판하며 성실과 능률에 바탕한 대동단결을" 촉구했다.

박정희는 1972년 10월 17일 비상계엄을 선포하면서 남북대화와 국제정세의 변화를 중요한 명분으로 강조했다.(경향신문1972/10/18) 이어 10월 27일 '특별선언'을 통해 남북회담을 뒷받침하기 위해 유신이 필요하다고 주장했는데 명분으로 "남북대화 같은 새로운 국면에 적응할 수 있는 새로운 체제로의 일대 유신적 개혁"을 내세웠다.(박정희 1972) 내부단속 없이 북한과 대화에 나설 수 없기 때문에 국가비상사태를 선포하고 총력안보태세에 대응해야 한다는 논리였다.(윤종현 1982, 30-35) 김형욱도 회고에서 박대통령의 북한 접촉이 결국 국내 정치권력의 지지기반 강화에 사용되었다고 했다.(김형욱·박사월 1985, 115)

따라서 박정희는 국내적으로는 10월 유신을 단행하고 대북관계에 있어서는 북한과의 대화를 시도하였다. 박정희 정권은 남북협상에서 통일문제에 소극적이었으나, 국내적으로는 통일 담론을 적극 활용했다.(김연철 2012, 222) 한편으로 '7·4남북공동성명'의 국내정치적 배경에는 1969년 3선 개헌을 추진하면서 박정희정권에 대한 저항이 확산되고 1971년 대통령 선거에서 야당의 김대중 후보에게 근소하게 승리한 요인도 작용했다. 박정희도 북한으로부터의 즉각적인 군사적 위협은 그다지 크지 않다고 인식하면서도 장기 집권의 필요성과 안보문제 해결을 위해 북한과의 대화가 필요했다.(마상윤 2003, 190-191)

그렇기 때문에 남북대화에 임하는 적극성은 북측이 남한보다 더 강했다. 북한은 능동적이고 공세적인 남북관계를 시도했다면 박정희는 소극적, 수세적 태도로 나서면서 유신체제를 강화하는데 관심을 더 갖고 있었다.(박광덕 2014, 29-30) 북한은 대화 초기부터 남북정상회담의 필요성을 밝혔으며 1972년 5월 29일 박성철이 서울을 방문했을 때, 그리고 이후락을 비롯한 남북조절위 남측 대표들이 평양에서 김일성을 만났을 때도 김일성은 재차 정상회담 의지를 재확인했다. 그러나 박정희는 애초부터 정상회담에 부정적이었다.(홍석률 2012, 188-194) 북한의 입장은 이미 김일성의 연초 인터뷰에서 구체적으로 나타났다. 1972

년 1월 10일 김일성은 요미우리신문과의 인터뷰에서 남북평화협정을 체결하고 이어 남북불가침조약 체결, 주한미군 철수, 그리고 남북한 군사력 감축을 단계적으로 실시하자고 제의했다.(김연철 2012, 238) 미국도 북한의 적극적인 평화공세 때문에 박정희 정부도 어쩔 수없이 공동성명을 발표하지 않을 수 없는 상황이 만들어졌다고 분석했다.

반면에 북한이 '7·4남북공동성명'을 받아들이게 된 부정적인 대외환경의 변화 요인으로는 중·소 대립, 베트남전에서의 중국, 소련의 원조미흡, 미·소 긴장완화, 미·중 관계개선 등으로 인한 동맹관계의 연루 및 포기의 위협 등으로 요약될 수 있다.(권흔 2006, 40) 그러나 남북대화를 한미·동맹의 이완으로 이끌려한 김일성의 입장이 남북대화에 임한 김일성의 가장 중요한 의도였다. 중국 역시 미국과 마찬가지로 남북대화를 통한 긴장완화를 북한에 주문했지만 김일성의 전략적 관심은 주한미군 철수와 한미방위동맹체제의 와해였다.(최명해 2008, 254) 반면에 남북대화를 통한 김일성체제의 공고화는 부차적인 효과였다. 왜냐하면 북한은 1972년 주석제 신설을 내용으로 하는 헌법개정을 했으나 김일성체제는 이미 1967년 4기 15차 전원회의를 계기로 확립되어 있었다.(김연철 2012, 242) 물론 '7·4남북공동성명'은 1968년 군부강경파 사건을 딛고 북한체제가 유일체제로 제도화되는 징검다리 역할을 했다. 하지만 북한 내부의 경제상황을 보면 '4대 군사노선' 채택 이후 과도한 군비증강으로 북한경제에 불균형이 초래되자 김장된 남북관계를 유연화 할 필요성에 의해 남북대화에 나선 요인도 있었다.(김용현 2004, 291)

결국 남북대화에 나섰지만 실제 남과 북 모두 미국과 중국의 화해무드에 호응하는 시늉만 낸 것이었다. 그럼에도 남북이 '7·4남북공동성명'을 채택한 것 자체는 남북 간 최초의 합의문이자 쌍방이 남북관계를 제도화 해 나가겠다는 의지를 표명했다는 측면에서 중요한 의미를 가졌다. 공동성명에서 규정한 '자주·평화·민족대단결'의 3원칙은 남북관계의 원칙으로 역할을 하게 되는데 이후 1985년 남북경제회담, 1991년 '남북기본합의서', 2002년의 '6·15정상회담'의 근거로 활용되었다.(김연철 2012, 220)

박정희도 1970년대 들어 서독 브란트총리의 동방정책에 관심을 갖고 청와대 비서실에 이와 관련한 정보를 수집, 보고할 것을 지시해 전문가들로 구성된 '수요회'가 중심되어 박대통령에게 보고하였다. '수요회'는 국제적인 데탕트 분위기를 활용해 장차 남북통일을 전망하고 북한과의 긴장관계 완화를 위해 남북 간 인적, 경제적 교류에서 주도권을 잡을 필요가 있다는 의견을 제시했다. 남북이산가족 찾기 제안은 인도적 견지에서 북한의 호응을 얻을 것으로 예상했고 박정희는 실현가능성을 검토하라고 지시했다. 그리고 이 모든 논의과정을 주한 미CIA 책임자에게 알리도록 지시했고 이후락 부장도 이를 미국 측에 통보했다.(김정렴 1997, 150-154)

미국도 남북대화와 '7·4남북공동성명'이 박정권의 내부 정치에 이용될 점이라는 점을 간파하고 있었다. 미국 CIA는 "남북협상이 깨지거나 정치적으로 부정적 효과가 나타나면 박정권은 즉시 1971년 이전으로 후퇴할 것이라고" 전망했다.(FRUS, 1972. 5. 11) 유신이 단행된 1972년 10월 17일 김동조 대사를 만난 그린 차관보는 "박정희 정부가 대외환경변화를 국내정치 변화의 이유로 드는 것을 이해할 수 없고, 그렇게 정당화될 수 없음"을 지적했다.(FRUS, 1972. 10. 18) 하지만 미국은 한국과 북한이 유화적 정세를 위하는 것에 대해 남북한 관계 개선 이외에 각자 나름대로의 목적이 있는 것으로 파악하였다. 박정희는 주한미군 철수가 남북대화에 나선 자신의 협상력을 약화시킨다고 주장함으로써 이를 지연 내지 축소시키려는 의도를 갖고 있으며, 김일성은 한국에 대한 군사적 지원을 종결시키는 방향으로 미국의 여론을 조성하려는 의도를 갖고 있다고 생각하고 있었다.(Front Popple to Green July 7, 1972)

V. '7·4남북공동성명' 국면의 조기 종료와 남북관계의 후퇴

'7·4남북공동성명'으로 조성된 남북대화의 결정적 국면은 1973년 8월 북한이 남북조절위원회 회의를 거부하면서 조기에 식어들었다. 이후락 남북조절위 공동위원장은 1973년 8월 29일 성명에서 남측이 조절위 간사회의, 공동사무국 발족과 판문점에서의 건축을 제의했지만 북측이 외면했다며 북측이 상호 비방, 중상을 하지 않기로 한 약속을 위배했음을 말했다. 폭넓은 교류와 협력을 거부한 것도 북측으로 남북관계개선의 구체화를 가로 막았다고 지적했다. 또한 북측이 '6·23선언'을 "2개의 한국"음모로 헐뜯었는데 '6·23선언'이야말로 현실적인 평화통일 정책임을 강조했다.(국토통일원 1989, 7-9)

장기영 부위원장도 '7·4공동성명'에서 사상과 이념과 체제를 초월하자고 했는데 "북쪽에서 사회주의를 하지 말아라, 남쪽에서 자유민주주의를 하지 말아라 하는 것은 공동성영 정신에 어긋나는 것"이라고 비판했다.(국토통일원 1989, 11-12) 공동성명에서 합의한 3대 원칙도 남북조절위 기능 속에서 군사분과위원회와 정치분과위원회를 통해 토의할 수 있다고 반박했다.(국토통일원 1989, 33-34) UN 가입문제에 대해서는 북한이 과거 UN에 가입신청을 낸 적이 있다며 북한이 UN에서 제일 큰 전문 기구인 유네스코(NESCO)에 들어가려 한 점을 지적했다.(국토통일원 1989, 36)

유엔에서의 한국문제에 대한 남한 정부의 입장은 이미 1971년에 변화하기 시작했는데 한국은 미국과 협조해 1971년과 이듬해 유엔에서의 한국문제 토의를 연기하는 안을 통과시켰다.(외교통상부 1999, 212-213) 한국은 유엔에 가입한 중국이 '북한의 입' 역할을 할 것이라는 우려가 나왔고 유엔군 철수 문제를 거론할지도 모른다는 염려도 생겼다. 따라서 과거 소련의 반대로 번번이 무산되던 한국의 유엔 가입

문제를 '분단국 동시가입' 방식으로 해결하자는 논의가 활발해진 것도 이 무렵이다. 이에 따라 1973년 한국 정부는 미국의 권고에 따라 한국에 적대적이지 않은 공산국가들과의 외교관계 개선과 남북한 유엔 동시 가입 불반대를 담은 '6·23선언'을 발표하고 사실상 '두 개의 한국정책'을 공식화했다. '6·23선언'은 한반도 분단 현실을 수용하는 미국의 '2개의 한국' 정책에 전제하고 있고 이것이 반영된 정책이었다.

사실 1971년 미·중관계 개선과 중국의 상임이사국 진출 등의 영향으로 한국과 미국의 대유엔정책은 재평가를 요구받고 있었다. 1972년의 '7·4남북공동선언'과 1973년의 '6·23선언' 등으로 남북한의 유엔을 비롯한 국제기구의 동시 참여를 남측이 제의한 것도 이런 대유엔정책 변화를 반영한 것이었다. 결국 1975년 북한을 지지하는 유엔 회원국들의 유엔사령부 해체와 남한을 지지하는 유엔 회원국들의 휴전협정 대체의 적절한 조치의 선조건을 유엔에서 모두 통과시킴으로써 유엔의 한국문제에 대한 실질적 논의는 종료되었다.

그러나 유엔에서의 '두 개의 한국'에 대해 북한은 당연히 반발했다. '6·23선언'이 발표된 당일 김일성은 체코의 후사크 당 총서기를 환영하는 평양시 군중대회를 통해 '조국통일 5대 방침'을 내놓았다. 남북 간 군사적 대체상태의 해소와 긴장 완화, 남북 간 다방면의 합작과 교류 실현, 남북 각계각층 인사와 각 정당, 사회단체 대표로 구성되는 대민족회의 소집, '고려련방공화국'의 단일 국호에 의한 남북 연방제 실시, 단일 국호에 의한 유엔가입 등을 담았다. 북한은 두 개 조선의 UN가입안은 주한미군의 철수를 피하려는 한국의 술책이라고 비난하고 1973년 8월 김대중 납치사건을 이유로 남북대화의 중단을 선언하였다.(신욱희 2010, 58)

이어 북한은 1973년 '8·28성명'을 통해 '7·4공동선언' 원칙 존중, 이후락 제거, '6·23선언' 취소, 김대중 석방, 남한 내 정당·사회단체들의 자유로운 활동 보장, 남북조절위위에 남한의 각 정당·단체, 각계 인사

대표들의 참가를 요구했다. 북한은 10월말부터는 북방한계선(NLL)에 대한 영해권을 주장하고 12월까지 43회에 걸쳐 NLL을 침범했다. 12월 1일 제346차 군사정전위원회에서 서해 5도가 북한 통제 하에 있는 해역으로 5개 도서 출입 시 북한의 사전 승인을 받아야 한다고 주장했다.(배광복 2009, 171) 남북한은 유엔에서도 격돌해 언커크(UNCURK)와 유엔사령부 해체를 두고 충돌했다. 북한은 언커크와 유엔사령부 모두 해체되어야 한다고 주장했는데 이는 유엔군이 미군의 통제 하에 있기 때문에 결국 주한미군의 철수를 의미하였다.(이상숙 2014, 98)

북한은 '7·4공동성명'의 평화공세를 추진했으나 주한미군 철수와 박정희정권의 국내외 고립의 목표를 달성하기 어렵게 되자 북한은 평화대화공세를 내리고 다시 혁명통일의 길을 걷게 된다.(하영선 2014, 12) 남북대화를 사실상 접고 1973년에 미국과의 직접 접촉을 시도한 북한은 1974년 3월 25일 외교부장 허담을 통해 북미 간 직접대화를 제의했다. 북한 입장에서는 북미직접 교섭과 중국의 중재를 통한 북미교섭이 모두 불가능해진 상황 속에서 남북대화를 계속할 이유가 없어졌다. 그 결과 남북대화는 1973년 이후 끊어지고 남북 간 긴장은 다시 고조되었다.

미국과 남한은 '2개의 한국' 정책을 통해 보다 안정화된 분단 상황을 유지시키려 했고, 한미분리와 주한미군 철수를 노렸던 북한은 목적을 달성하지 못하고 새로운 형태의 분단에 직면함으로서 남북대화는 더 이상 진전되기 어려웠다. 유신체제 구축 과정에서 일시 남북대화가 필요했던 박정희도 공동성명 자체로 이미 정치적 목적을 달성하고 있었다.(정해구 1998, 98) 결국 미·중화해라는 국제정세의 변화에 대응하기 위해 시작된 남북대화와 '7·4남북공동성명'의 도출은 체제유지의 수단으로 이용한 측면이 크며 이 부분은 당시 내외적으로 북한에 비해 권력이 상대적으로 취약한 상황에 있었던 박정희에게 더 크게 나타났다. 미국헤게모니의 약화와 냉전체제의 이완은 박정희의 대외적 자율성의 공간을 제공하였고, 대외경제적 조건의 악화는 대통령의 비상대권을 정당화시켜 주었으며, 북한과의 적대적 의존관계는 군사국가화에 필요한 명분을 제공했다. 그리고 사회적 갈등의 분출은 적절한 수준의 긴장과 위기의식을 조성해 유신체제의 수립을 위해 필요한 명분을 박정희에게 안겨주었다.(임혁백 2005, 14)

그런 점에서 '7·4남북공동성명'은 박정희에게 있어서는 국내적 요인이, 김일성에게 있어서는 대외적 요인이 더 크게 고려되어 이루어진 남북 간 합의라고 할 수 있다. 1970년대 초 데탕트 분위기와 미국의 주한미군 철수는 남한보다는 북한에게 유리한 대외환경을 조성시켰다. 따라서 국제환경의 변화에 의해 촉진된 남북대화도 북한이 적극적, 공세적 입장이었다면 남한은 자주국방의 모색이라는 수세적 입장에서 남북대화를 통한 남북관계의 실질적인 진전 보다는 그것의 국너정치적 활용이 더 컸다고 볼 수 있다.

참고문헌

김연철. 2012. "7·4남북공동성명의 재해석." 『역사비평』 99호. 서울 : 역사비평사.

김용현. 2004. "북한 내부정치와 남북관계 : 7·4, 남북기본합의서, 6·15 비교." 『통일문제연구』 통권 제42호.

김지형. 2008. "7·4공동성명 전후의 남북대화." 『사림』 제30호.

김정렴. 1997. 『김정렴 정치회고록, 아, 박정희』. 서울 : 중앙 M&B.

______. 1995. 『한국경제정책 30년사』. 서울 : 중앙일보사.

김현철. 2004. "1970년대 초 박정희의 한반도 평화구상과 자주·통일외교의 모색." 『통일정책연구』 제 13권 제 1호. 서울 : 국가안보전략연구소.

국토통일원. 1989. 『남북조절위원회에서 언급된 7·4남북공동성명 3원칙에 대한 우리측 주장논리』. 서울 : 국토통일원.

권만학. 1996. "남북한관계의 변화와 신대북정책." 윤정석 편. 『통일환경론』. 서울 : 오름.

권흔. 2006. "남북한 라이벌에서 화해로 : 7·4남북공동성명과 남북기본합의서를 중심으로." 『육사논문집』 제62집 2권.

돈 오버도퍼. 1998. 『두개의 코리아』. 서울 : 중앙일보.

마상윤. 2012. "1970년대 초 한국외교와 국가이익 : 모겐소의 국익론을 통한 평가." 『국제지역연구』 21권 2호.

마상윤. 2003. "안보와 민주주의 그리고 박정희의 길: 유신체제 수립원인 제고." 『국제정치논총』 43집 4호.

박광덕. 2014. 『통일전략』 제14권 제3호.

박건영·박선원·우승지. 2003. "3공화국 시기 국제정치와 남북관계: 7·4공동성명과 미국의 역할을 중심으로." 『국가전략』 9권 4호. 서울: 국가안보전략연구소.

박정진. 2012. "냉전시대 한반도 갈등 관리의 첫 실험, 7·4남북공동성명." 『북한연구학회보』 제16권 제1호.

박정희. 1968. 『박정희대통령 연설문집』 제4권. 서울 : 대통령 비서실.

______. 1967. 『박정희대통령 연설문집』 제3권. 서울 : 대통령 비서실.

______. 1966. 『박정희대통령 연설문집』 제2권. 서울 : 대통령 비서실.

배광복. 2009. 『남북관계의 경로의존과 구성 : 7·4남북공동성명에서 남북기본합의서 채택까지 남북회담 분석』. 서울 : 고려대 대학원 박사학위논문.

신욱희. 2010. "데탕트와 박정희의 전략적 대응 : 박정희는 공격적 현실주의자인가." 『세계정치』 31집 2호.

손열. 2014. "미중데탕트와 일본: 1972년 중일국교정상화 교섭의 국제정치." 『NSP Report 63』.

이상숙. 2014. "1970년대 중반 한반도 위기와 북중관계." 『평화학연구』 제15권 1호.

이상현. 2011. "데탕트기 한국의 동아시아외교: ASPAC존속을 위한 한국의 대응과 좌절 1972~1973." 『한국정치학회보』 제45집 제5호.

이종석. 2001. 『북한·중국관계 1945~2000』. 서울 : 도서출판 중심.

임혁백. 2005. "유신의 역사적 기원: 박정희의 마키아벨리적인 시간(하)." 『한국정치연구』.

오시림. 1984. 『신의와 배신』. 경기 : 동아서관.

장준갑. 2009. "닉슨 행정부의 아시아 데탕트와 한미관계." 『역사와 경계』 70집.

조인원. 1998. 『국가와 선택』. 서울 : 나남출판.

정일준. 2006. "유신체제의 모순과 한미 갈등: 민주주의 없는 국가안보." 『사회와 역사』 제 70집.

정홍진. 2001. "북 국력 우열 따라 '연방제'서 '느슨한 연방제 구사 녹음기 같은 북측대료 상대로 7·4공동성명 합의." 『자유공론』.

정해구. 1998. "남북대화의 가능조건과 제약조건 분석: 7·4남북공동성명과 남북기본합의서를 중심으로." 『통일문제연구』 통권 제30호.

최명해. 2008. "중국의 대미 데탕트 주도와 북·중 동맹관계의 재조명." 『아세아연구』 51권 3호.

하영선. 2014. "북한 1972 진실 찾기: 7·4 공동성명의 추진과 폐기." 『EAI국가안보 패널 보고서: 탈냉전 국가대외전략 비교연구』. 서울 : 동아시아연구원.

홍석률. 2012. 『분단의 히스테리』. 서울 : 창비.

______. 2004. "1970년대 전반 북미관계: 남북대화, 미중관계 개선과의 관련하에서." 『국제정치학논총』 제44집 2호.

『경향신문』(1972.10.18).

郭煥圭. 2005. 『臺灣的 將來 : 國際政治與臺灣問題』. 臺北 : 致良出版社有限公司.

DOS. 1971. Memorandum of Conversation (Participants: Lee Hu Raek & Ambassador Winthrop G. Brown). July 14.

______. 1971. Memorandum of Conversation (Secret Section Seoul). July 14. Porter, William, *Political Affairs and Relations : organization and alignment, 1970~1973.*

______. 1971. Telegram from Embassy Seoul to Sectary Washington DC (Secret Section Seoul 7289). Dec.

______. 1970. Airgram from American Embassy Seoul to Department of State, "President Park's Statement on Security Problem and Relations with North." July 28.

______. 1970. Airgram from American Embassy Seoul to Department of State, "U.S. Policy Assessment-Republic of Korea 1970." March 11.

East Asian Interdepartment Group. 1972. Policy Analysis Resource Allocation(PARA) Korea, FY 1973, March 14. Pol 1 Kor-US, Subject-Numeric Files. RG 59. National Archives.

Front Popple to Green. 1972. July 7. Pol Kor S-US. Subject-Numeric Files. RG 59. National Archives.

FRUS. 1972. "Telegram from the Department of State to the Embassy in Korea."(10. 18). V ol. XIX.

______. 1972. "National Intelligence Estimate."(5. 11). Vol. XIX.

______. 1971. "Letter from President Nixon to Korean President Park."(11. 29). Vol. XIX.

Memorandum for the Record. 1968. March 7. Pol Kor S-US. Subject-Numeric Files. RG 59. National Archives.

제4부

산업화 경쟁시대로

1965년 대만을 방문한 박정희 대통령이 장제스 총통과 담화하고 있다.

박정희 대통령과 기시 노부스케 전 일본 총리. 한국 정부는
1970년 6월 기시 전 총리에게 수교훈장 광화장을 수여했다.

김일성이 '주체농법'을 통한 식량증산을 독려하고 있다.
그러나 데탕트기 이후 본격화하는 남한과의 산업화
경쟁에서 북한은 사실상 완패하게 된다.

장징궈 행정원장이 제철소 건설현장을 방문하여 진척상황을 확인하고 있다. 1973년
오일쇼크 이후 대만은 도로, 항만, 철도, 철강, 조선, 석유화학, 원자력발전 등 10대
건설사업을 통해 경제위기를 극복했다.

第8장 국교정상화 後 한일관계 형성(1966-1972)의 논리와 과정*

'전체화'와 '국소화'(局所化)의 동시 전개와 관계 '비정상화'의 정착

장박진

Ⅰ. 들어가며

1965년 6월22일 한일 국교정상화 관련 조약이 조인되자, 예컨대 일본의 〈마이니치신문〉은 사설에서 "한일관계는 이번 조약의 정식 조인으로 모든 문제가 해결된 것이 아니며 정상화를 위한 레일이 깔린 것에 불과하다. 지금부터가 오히려 문제"(『每日新聞』 1965/06/23)라고 지적했다.

양국 관계의 정상화가 단지 조약상의 수교로 바로 이뤄지는 것이 아니라 그 후의 관계 구축의 내용에 크게 의존한다는 판단은 지극히 상식적이었다. 한일 양국이 오랫동안 이웃하는 관계였음에도 불구하고 근대 이후 지배-피지배 관계로 전환되었던 점을 상기하면, 특수한 관계의 정상화가 하나의 조약 체제로 바로 구현될 것이라고 예상한 사람은 지배자 측이었던 일본에서조차 그리 많지 않았을 것이다. 실제로 현재까지 과거사에 얽힌 한일 간의 불신은 강하고 관계정상화의 길은 여전히 멀다.

지금까지 전후 '비정상적'인 한일관계 구축의 원인 규명을 위한 연구의 초점은 주로 한일 국교정상화 교섭에 모아졌다. 한일관계의 비정상화가 결국 식민지 관계에서 연유한다는 점을 고려하면 14년간(1951-65년) 진행된 한일회담이 전후 불편해진 한일관계의 시발점이 된 것은 사

* 이 글은 『아세아연구』 57권 2호(2014)에 게재된 같은 제목의 논문을 약간 수정한 것이다.

실이며, 그것이 분석의 주요 대상이 된 것은 당연했다. 그러나 동시에 수교로 인해 일단 물꼬가 터진 한일관계가 그 후 어떤 논리로써 어떠한 관계를 연출하게 되었는지, 또 그것이 현재까지 정상화하지 못한 한일관계에 어떤 함의를 주는지 등을 고찰하는 작업도 전후 한일관계를 이해하기 위한 중요한 연구 과제일 것이다.

이 장에서 분석 대상으로 삼는 시기는 1965년 한일 국교정상화 이후 1970년대 초반까지로, 보다 구체적으로 말하면 동북아시아가 본격적으로 데탕트에 진입하는 미중화해 직전까지의 시기에 해당한다. 1965년부터 72년까지의 한일관계를 분석 대상으로 삼은 것은, 미중화해의 결과 전개된 동북아시아의 데탕트 국면과 그 역작용으로 한국에 자리 잡은 유신체제, 또 그 연장선상에서 발생한 김대중 납치사건 및 박정희 저격 미수 사건 등 일련의 특수한 정치적 사건 등으로 점철된 한일관계에 대해서는 또 다른 심층적인 분석이 필요하다고 판단되기 때문이다.

이 시기 한일관계는 반공 논리에 기초한 협력체제의 정착이라는 전통적인 해석이든, 닉슨독트린으로 상징되는 미국의 아시아로부터의 후퇴에 따른 한일 간 협력체제의 강화라는 정치적 해석이든, 대체로 협력체제가 확립된 시기로 이해되어 왔다.[1] 물론 이는 '거시적'으로 보면 틀리지 않다. 다만 이러한 거시적인 접근은 한일관계의 '진전'이라는 측면만 부각시킨 결과, 그 '협력' 체제가 추진된 '미시적'인 과정이나 논리가 오히려 이후 오늘날까지 이어진 한일관계 '비정상화'의 중요한 원인이 되었다는 측면을 희석시키는 측면이 있다. 또, 이 글이 중시하는 경제협력 논의나 한일협력위원회 등 개별적인 움직임에 초점을 맞춘 연구들 역시 이 시기의 한일관계의 단면을 부각시켰지만, 그것들이 얽히면서 전개된 논리나 한일관계 정상화에 역행한 함의를 강조하고 있는

---

1) 안보이건, 경제이건 반공을 위한 협력이라는 관점을 제시한 연구는 많으므로 굳이 예시하지 않는다. 미국의 안보전략 전환에 따른 이 시기의 한일 협력관계에 대해서는 빅터 차(2004, 제3장)를 참조할 것.

것은 아니다(이현진 2011; 안소영 2011).

이상과 같은 맥락에서 이 장에서는 지금까지 그다지 분석되지 않았던 한일 양국의 외교문서를 적극 활용하면서 대체로 진전된 것으로 평가되기 마련이었던 이 시기의 한일관계의 실상과 그 논리를 상세히 논함으로써, 그것이 한일관계 전반에 미친 영향을 고찰하고자 한다. 보다 구체적으로 말하면 이 시기 한일관계가 '전체화'와 '국소화'[2]라는 일견 모순된 논리로 전개되었음을 논증하면서, 결국 그 어느 쪽도 한일관계를 '정상화'하는 데 한계를 안고 있었음을 밝히고자 한다.

2) '국소화'는 한국어로는 다소 낯선 일본어 표현이나 한국정부가 지극히 제한된 일본측 인사들과의 관계 구축을 중시했음을 강조하기 위해서는 '세부화' 등의 표현만으로는 부족하다고 판단, '국소화'라는 표현을 그대로 사용한다.

Ⅱ. '전체화'의 논리와 전개

1. 경제 관계의 시동

국교정상화 이후의 '새로운' 한일관계는 경제를 중심으로 전개됐다. 이는 '섣부른' 수교가 애초부터 식민지 관계 청산보다는 한국의 경제건설과 관련해 이뤄진 데[3] 따른 필연적 결과이기도 했다. 한일협정 발효 3개월 후인 1966년 2월, 한일 양국은 국교정상화 후의 경제협력 문제를 논의하기 위해 경제계 인사를 중심으로 한일합동경제간담회를 조직했다. 일본에서는 이시자카 다이조(石坂泰三) 경제단체연합회 회장, 아다치 다다시(足立正) 일본상공회의소 회두(會頭)가, 한국에서는 김용완 전국경제인연합회 회장 및 송대준 대한상공회의소 회장 등이 참석했다. 양국을 대표하는 기업단체장이 앞장서서 협의기관을 만든 것은 수교 결과 일본 자금이 대거 도입될 예정이었기 때문이다.

그러나 한일 수교의 결과 물꼬가 터진 합계 8억 달러 이상의 자금은 한국으로 곧장 들어오는 게 아니었다. 그것은 그 값에 해당하는 일본의 생산물 및 용역으로 들어오게 되어 있었다. 일본정부가 직간접적으로 관여한 청구권 관련 사업은 일본 기업에게는 이익을 남길 수 있는 일거리이기도 했다. 물론, 한국 기업인들에게도 일본의 생산물 및 용역 관련 사업과 새로운 인연을 맺는 것은 성장을 위한 필수 동력이었다. 1966년 2월 23일 열린 간담회에서 양측은 민간베이스에 기초한 경제협력 촉진을 위한 민간차관 지불보장 방법의 개선, 양국의 국제분업 및 기술교류를 촉진하기 위한 한국 공업소유권의 보호 확립, 한국 가공무역 촉진을 위한 일본의 협력 방법 검토, 일본 상사 등에 대한 과세 문제 검토를 양국 정부에 요청하자는 공동성명을 발표했다(『朝日新聞』 1966/02/23 석간). 청구권 관련 자금을 토대로 하는 일본의 생산물 및

3) 한일회담의 성격에 관해서는 장박진(2009)에서 자세히 논했다.

용역 제공을 위한 환경 정비를 요구한 것이다.

민간 경제계 차원의 논의와 더불어 한일협정에 따른 자금 공여를 구체화하기 위한 정부 차원의 접촉도 시작됐다. 1966년 4월 무상 3억 달러, 정부차관 2억 달러와 관련된 1차년도 실시계획을 협의하기 위해 한일 정부는 양국 실무자 간의 경제합동위원회를 가동했다. 총액 8억 달러 이상 가운데 무상 3억 달러 + 정부차관 2억 달러는 원래 식민지 관계 청산을 위한 한국측 청구권에 대한 변상이라는 성격을 띤 자금이었다.[4] 그러나 이 자금의 도입 역시 일본과의 협의와 승인을 거쳐 진행되었다. 즉 경제합동위원회는 3억 달러 및 2억 달러를 배경으로 한국경제에 대한 일본정부의 관여를 제도화하는 것을 의미했다.

그러나 한국경제에 대한 일본의 관여는 한일협정에 따른 조문상의 귀결만이 아니었다. 조문상의 내용을 넘어, 한국경제에 대한 일본정부의 보다 긴밀한 관여를 유도한 것은 오히려 한국정부였다. 1966년 5월 방일한 장기영 경제기획원 장관은 사토 에이사쿠(佐藤栄作) 일본 총리에게 박정희 대통령의 의향이라면서 한일간 경제협력은 한국 경제건설의 중심이 되므로 1년에 1-2차례 정도 경제각료회담을 갖고, 그 자리에서 매년 경제협력의 대강을 정하고 실무자에 회부하자고 제안했다(『朝日新聞』 1966/5/17). 이 같은 한국측의 강청(強請) 결과 한국경제에 대한 일본정부의 관여는 실무 차원을 넘어 각료급에 의한 '정치적' 협의체로 제도화되었다.

1966년 9월 8일부터 열릴 예정이던 한일 경제각료간담회를 앞두고 한국은 9월 5일 "한국측 입장"으로 내부적으로 〈표 1〉과 같은 교섭방침을 세웠다(『한일 경제각료간담회, 서울, 1966. 9. 8.-10』, 120-134에서 정리).

---

4) 총액 8억 달러의 구성과 성격에 관해서는 다양한 의견들이 있고, 무엇이 공식적인 해석인지도 꼭 정해지고 있는 것도 아니지만 예를 들어 한국정부는 한일조약 가조인 후 무상 3억 달러 및 정부차관 2억 달러와 관련해 "우리의 '청구권'에 의한 정당한 권리 행사"(대한민국정부 1965, 45)라고 설명하고 있다.

표 1 **1966년 9월 한일 경제각료간담회를 위해 한국정부가 세운 대일협력 요청 사항의 대강**

의제	내용
의제 1	한일 양국의 경제 현황
의제 2 한일경제협력	– 청구권 자금 제1차년도 실시계획의 증진과 협상 – 청구권 자금 제2차년도 앞당겨 사용 – 민간 상업차관 3억 달러 이상과 관련된 사항(상한 무제한 및 민간계약 존중, 어업협력자금 및 선박도입 자금에 대한 특별한 배려 등) – 일본의 대북한 경제관계(북한 기술자의 일본 입국, 대북 플랜트 수출, 대북 무역, 일본 경제인의 대북 활동, 오사카만국박람회 참가) – 기술협력(일본인 기술자 파견) – 종합제철공장 사업을 위한 국제차관단 구성(일본기업의 참가, 재원 부담) – 발전소 건설 사업에 대한 일본측 재정차관 또는 이에 준하는 유리한 조건의 차관 제공 등
의제 3 통상확대	무역수지 개선을 위한 한국측 1차 상품 수출 증대를 위한 협력, 보세가공 무역 증진 등
의제 4 농수산물 부분의 협력	수입 제한 조치 완화, 계약재배, 어업 관련자금 협력, 기술협력 등
의제 5 해운 및 항공	선박 자금의 신속한 소화 촉진, 항공기 및 철도시설 개선을 위한 일본측의 지원

〈표 1〉에서 제시된 바와 같이 한국정부는 경제개발 5개년계획에 대한 일본 자금의 도입 문제를 다루는 '경제협력' 문제만이 아니라 통상, 농수산물, 그리고 해운·항공 분야에 이르는 전반적인 한일 경제 문제를 각료급 간담회의에서 의제로서 다루기로 했다. 그 중에서도 가장 중요한 것은 물론 '경제협력'이라는 제목으로 제기된 한국의 경제계획에 대한 일본의 관여 문제였다. 이와 관련해 장기영 한국측 대표는 각료간담회 벽두의 개회 인사에서 한국측의 사고방식을 다음과 같이 밝혔다(『한일 경제각료간담회, 서울, 1966. 9. 8.-10』, 448-451에서 정리).

> 작년에 한일 양국 정부는 국교정상화 협정 체결에 성공하였습니다. 그러나 아직 정책 책임자 간의 경제협력을 위한 방법에 관해 충분히 논의할 기회가 없었습니다. (중략) 손님에게 무슨 어려운 주문이나 난제

> 를 내놓을 생각은 없습니다. 모든 문제를 경제의 관점에서 경제인의 사고에서 상의하고자 하는 것입니다. 현재 국제경제 관계에서 협력의 한계와 국제분업의 원칙에 입각하여 상의하고자 합니다. Give and Take의 공정한 협의를 원하는 것입니다. (밑줄은 필자)

즉 한국은 민간차관 부분은 물론, 식민지 관계 청산을 위해 획득했다고 스스로 주장한 3억 달러 및 2억 달러 등 5억 달러조차 '경제의 관점에서 경제인의 사고에서 상의'하면서 한일 양국이 'Give and Take'로 나눠가질 수 있는 사안으로서 추진하려 한 것이다. 물론 장기영이 언급한 'Give and Take'의 내용은 한국이 일본 기업의 생산물 및 용역을 'take'하는 대신, 일본에게는 일본정부가 지출하는 자금 자체를 일본기업이 받을 수 있게 'give'하는 것이었다.

이는 한일 간의 경제적 격차가 엄존하던 조건 하에서 상호 이익을 얻을 수 있다는 의미에서 '공정'한 것이었다. 그러나 식민지 통치에 따른 가해-피해를 청산하는 대금의 성격과, 지배-피지배라는 관계에서 벗어나 대등한 한일관계의 재구축을 원했던 당시의 문맥에서 보면, '모든 문제를 경제의 관점에서' 'Give and Take'하는 관계를 구축하려 한 방법은 관계정상화에 역행하는 측면이 강했다. 이러한 관계를 비록 한국정부가 유인했다고 하더라도, 이는 사실상 일본이 다시 일방적으로 한국으로 들어오는 관계를 의미하는 것으로 과거 일본의 침략적인 침투를 상기하지 않을 수 없었다.

물론 한국정부가 제기한 위의 의제들 중에는 한국의 산업수준을 감안해 비록 1차 산품 등에 한정될 수밖에 없었지만 장기적인 자립을 위해 필요한 외화벌이의 의미를 지닌 수출 확대 요청 등도 포함돼 있었다. 이는 물론 일본으로의 한국의 '침투'라는 의미를 일부 내포하고 있었다. 그러나 당시 이러한 요청을 굳이 정부 차원에서 제기해야만 했다는 것이 바로 한일관계의 현실을 상징했다. 다시 말하면 그것은 대등한 관계에 기초해 민간 차원의 필요에 의해 저절로 이루어지는 침투가 아니었다. 이 점은, 예컨대 한국정부가 일본에 대해 '개발수출산품'으로 지정된 농산물에 대해서는 '특별한 배려'로 수입제한조치를 완화해줄 것을 요청하거나, 일본이 제3국에서 수입하는 농산물 중 같은 가격으로 한국이 수출 가능한 품목에 대해서는 한국에서 우선적으로 수입해줄 것을 요청하려 한데서도 확인이 가능하다(『한일 경제각료간담회, 서울, 1966.9.8.-10』, 178-179). 다시 말해 이는 한국의 수출 확대 문제에 대해 일본정부가 '정치적으로 관여'할 것을 유도하는 것에 다름 아니었고, 그런 의미에서 한국경제에 대한 일본정부의 관여를 자초한 것이었다. 수교 후 한일관계의 축이 된 경제협력 관계는 사실상 한국경제에 대한 일본정부 및 기업들의 침투 양식의 문제로 출발한 셈이다.

'Give and Take'를 내세우면서 일본의 적극적인 침투를 유도하려 한 한국측의 기대와는 달리 경제각료간담회에서는 구체적인 성과가 도출되지 못했다. 역설적이지만 그 주요 원인은 일본 기업에게도 이익이 되는 침투 유도의 속도가 지나치게 빨랐기 때문이었다. 후지야마 아이이치로(藤山愛一郎) 경제기획청장관은 간담회에서 민간차관 3억 달러 '이상'이라는 것에 제한이 있다고 생각하지 않지만 1년 안에 이렇게 집중되리라고는 생각하지 않았다고 발언했다(『한일 경제각료간담회, 서울, 1966.9. 8.-10』, 324). 실제로 국교정상화 당시 약속된 3억 달러 이상의 민간차관은 협정 체결 후 불과 약 1년 만에 승인 요청 단계에 있었던 것까지 포함하면 이미 약 2억 달러의 계약이 성립되었다(『朝日新聞』 1966. 12. 15 석간). 이러한 추세를 반영해 일본의 보다 빠른 침투를 원했던 한국은 청구권협정 때 확인된 '3억 달러 이상'에서 '이상'에는 상한선이 없다는 방침을 일찌감치 정하고, 경제각료간담회에서는 민간계약을 존중하자는 명목으로 민간차관에는 제한을 두지 말자는 데 합의할 수 있도록 교섭에 임하기로 했다(『대일경제협력정책, 1965-66』, 55).

이 같은 한국측의 '침투 유도 공작'을 사전에 알아챈 일본정부는 간담회 개최에 앞서 경제문제에 관해서도 구체적인 결정은 하지 않는다는 방침을 정했다. 자금 공여가 아무리 일본기업에 이득이 될 사업이라 하더라도 공여하는 자금량의 제약이나 차관 상환에 대한 우려를 불식할 수 없었다. 일본으로서는 어느 정도 속도를 조절할 필요성을 느끼고 있었던 것이다. 당초 한국이 '회담'이라는 형식으로 요청한 각료모임을 '간담회'로 '격하'시킨 것 또한 구속력이 없는 의견교환의 장 정도로 취급하고자 했던 일본의 의도에 따른 것이었다(『朝日新聞』 1966. 8. 18).

실제 일본은 간담회 개회 인사에서 "이번 회담은 특정 안건에 대해 교섭하고 결론을 내기보다는 상호 이해를 촉진하기 위해 기탄없는 의견교환을 진행하는 것이 목적이라고 생각합니다"(『한일 경제각료간담회, 서울, 1966.9.8-10』, 457)라고 못을 박았다. 이에 따라 간담회에서 일본은 구체적인 약속을 하려 하지 않았다. 그러나 한국경제에 대한 일본의 관여를 희망하는 한국의 의지는 강했다. 이듬해인 1967년부터 열리게 된 한일 정기각료회의는 초반부터 구체적인 성과를 내기 위한 치열한 교섭의 장이 되었다. 정기각료회의의 분위기와 관련해 일본 외무성은 "이러면 마치 예산 절충이나 노사의 단체교섭이 아닌가"라는 볼멘소리를 내는 일본 관계자들이 있었다고 증언하고 있다(吉良秀通外務省アジア局参事官 1967. 10. 58).

2. 한일정기각료회의

1967년 8월 9일부터 제1회 한일 각료회의가 열렸다. 당초 '경제'로 제한됐던 협력의 범위가 보다 확대되고 '간담회'가 '회의'로 격상된 것이다. 이로써 한일 각료회의는 1970년대 한일관계 구축의 기초가 되었다. 한국을 대표한 장기영 부총리는 회의에 임하는 한국의 의지를 다음과 같이 설명했다(『한일정기각료회의, 제1차 동경, 1967. 8. 9-11, 제4권(V.2본회의철)』, 48-49에서 정리).

> 날로 깊어가는 양 국민 간의 경제적 왕래를 보면 이것은 아무도 막을 수 없는 바다로 흘러가는 강물처럼 무한한 자연의 힘이라고 생각하는 바입니다. (중략) 이제는 우리가 과거 20개월 동안에 이미 발전하였고 작년 간담회에서 일단 정리하고 그 후 11개월 간 더욱 발달된 과제와 의지와 문제점에 대해 이제는 구체적으로 하나하나 정해나가는 작업을 하는 것뿐입니다. 이러한 조정업무에서 얻은 결론은 양국 최고지도자의 정치적 재단을 거쳐서 본 회기 중에 알찬 결실을 얻는 것으로 기대하는 바입니다. (밑줄은 필자)

요컨대 한국은 경제를 중심으로 한 한일관계의 구축을 막을 수 없는 '무한한 자연의 힘'이라고 비유하면서 한일 각료회의에서는 '구체적으로 하나하나 정해나가는 작업'을 통해 '결실을 얻는 것'을 목표로 해야 한다는 강한 의지를 천명했다.

제1회 한일 각료회의 이후 한일 간에 주된 토의 주제가 된 것은 양국 관계 일반, 경제협력 문제, 무역문제, 조세문제, 어업·농림수산문제, 해운문제였다. 양국 관계 일반은 동북아시아 정세를 포함한 정치적인 문제를 다루기 위한 것이었다. 이는 물론 '경제각료간담회'가 '각료회의'로 격상되면서 의제가 확대된 결과였다. 경제 협력 문제란 한국의 제2차 경제개발 5개년계획에 대한 협력 문제, 무역 문제는 한일 무역 불균형 시정의 문제, 조세 문제는 한국의 경제발전계획과 연결해 한국에서 경제활동을 하는 일본상사에 대한 징세 문제,[5] 어업·농림수산 문제는 한일 어업 협정에 따른 협력 및 한국 농수산물의 일본 수출 증대 문제, 해운 문제는 해운의 자유를 보장하는 협정 체결 문제였다.

---

5) 당시 한국은 한국에 진출한 일본 상사에 대해 대한국 수출품 일반을 대상으로 도매영업세율이나 인정법인과세 등 각종 가산세율을 적용했고, 이에 대해 일본측은 불만을 가지고 있었다. 때문에 일본은 조세문제 개별회의에서 "일한(日韓) 조세문제 처리 시안"을 제시하면서 향후 한국에서 활동하는 일본 상사에 대해서는 한국의 무역거래법에 기초한 물품매도확약업 지위를 부여하고 그에 맞는 한국법인세 및 영업세 등을 지불하도록 해달라고 요구했었다. 이 시안에 대해서는 『한일정기각료회의, 제1차 동경, 1967. 8. 9.-11, 제4권(V.2본회의철)』(183-187)을 참조할 것.

이들 의제 중에 제1회 각료회의의 초점이 된 것은 한국의 제2차 경제개발 5개년계획 성공 여부와 직결되는 경제협력 문제였다. 이는 특히 민간차관 도입과 관련이 깊었다. 장기영 대표는 위에서 인용한 회담 인사에서 "한국에 있어 모든 대내적 대외적 경제정치 활동은 2차 5개년계획 성패에 직결되어 있으며 그 판단의 기준으로 삼고 있습니다. 우리는 2차 5개년계획을 3년 반에 완수할 것입니다. (중략) 2차 5개년계획의 전도(前途)에 대해 특별한 관심과 조언을 아끼지 않으실 것을 믿는 바입니다"라고 밝히고 있다.

즉 한국은 제2차 경제개발 5개년계획 완수를 3년 반에 압축하여 성공시키기 위한 열쇠를 일본의 적극적인 협력 여부에서 찾은 것이다. 이 문제가 직접 논의된 경제협력 개별회의에서 장기영 부총리는 제2차 경제개발 5개년계획을 3년 반으로 조기 달성하는 데 필요한 외자 도입액을 약 8억 3,000만 달러로 상정했는데 그 중 일본으로부터 민간차관으로 1969년 말까지 2억 달러, 선박 및 어업 관련으로 7,000만 달러를 기대한다고 밝혔다(『한일정기각료회의, 제1차 동경, 1967. 8. 9-11, 제4권(V.2본회의철)』, 90). 제2차 경제개발 5개년계획 이행을 위한 외자 도입액의 약 1/3을 일본에 의지하겠다는 방침을 정하고 있었던 것이다.

주지하는 바와 같이 한일 청구권협정에서는 정부 차원에서 무상 3억 달러 및 정부차관 2억 달러를 10년에 걸쳐 균등 제공하도록 되어 있었던데 반해, 민간차관은 어업 9,000만 달러, 선박 3,000만 달러를 포함해 3억 달러 이상으로만 되어 있었고, 도입 기한 역시 명시되지 않았다. 그런데 어업과 선박 협력 부분의 1억 2,000만 달러를 제외한 나머지 1억 8,000만 달러의 한도 부분은 수교 후 1년 반도 지나지 않은 기간 동안 거의 이행됐다(吉良秀通 1967. 10, 59). 관련 투자계약의 승인 요청이 쇄도하면서 당시 일본 통상산업성은 일시적으로 승인 업무를 중단할 정도였다(鮫島晋助 1967.10, 9). 요컨대 한국으로선 제2차 경제개발 5개년계획 성공 여부가 달린 외자 도입을 위해선 수교 당시 확약

받은 1억 8,000만 달러라는 장벽을 돌파해야 했던 것이다.

한일 각료회의에서 일본은 한국이 제시한 목표에 대해 전력 등 기간산업의 능력 문제, 수출 전망을 비롯한 경제전망에 의문점을 제시하기는 했다(『한일정기각료회의, 제1차 동경, 1967. 8. 9-11, 제4권(V.2본회의철)』, 87). 그러나 일본은 한국이 요청한 민간차관과 관련해서 비록 제공 시기를 분명히 하지는 않았지만 공동코뮈니케를 통해 이미 이행된 것 이외에 2억 달러를 추가로 승인하는 데 협력하겠다고 약속했다(『한일정기각료회의, 제1차 동경, 1967. 8. 9-11, 제4권(V.3 연설문 및 신문관계)』, 84). 수교 2년도 채 되지 않는 시점에서 이미 민간차관 '3억 달러 이상' 부분은 그 '상한선'을 돌파하는 추세에 접어든 것이다. '경제의 관점에서 경제인의 사고에서' 개시된 한일관계는 '아무도 막을 수 없는 바다로 흘러가는 강물처럼" '우르르'(どっと)(『朝日新聞』 1967. 8. 12) 확대되고 있었던 것이다. 이러한 추세에 따라 1968년 1월 현재 한국의 외자도입 확정분 163건, 8억 1,159만 6,000달러 가운데 일본이 차지하는 비율은 30.8%로, 2위 미국의 22.2%를 크게 앞섰다. 또 기술협력에 있어서도 외자도입법상 허가된 기술원조 계약 87건 가운데 52건을 일본과 체결했다(知久功 1973.4. 29).

일본의 대한국 경제 침투는 민간차관을 통한 일반 프로젝트에만 한정되지 않았다. 그것은 한국이 희망한 '국방' 부분까지 미쳤다. 1968년 3월 일본을 방문한 박충훈 부총리는 사토 총리를 만나, 같은 해 1월 발생한 청와대 피습 사건 등을 거론하며 한국의 경찰력 강화를 위해 일본으로부터 쾌속정, 트럭, 지프, 통신설비 등을 제공받고 싶다고 비밀리에 요청했다(北東アジア課 1968. 3. 8, 「佐藤総理·朴副総理会談」, 『日韓関係(日韓要人会談)』 문서번호 2010-3947).

이 같은 '국방' 부분의 협력은 제2회 한일 각료회의에서 의제가 되었다. 회의 개최에 앞서 1968년 7월 말 박충훈 부총리는 일본에 한일 각료회의에서 다룰 요구 리스트를 전달했다. 여기에는 이미 쟁점이 된 민간 신용공여 금액의 승인 문제뿐만 아니라 위탁가공무역 확대를 위한 관세 인하 품목의 확대, 기술지원 센터 설립을 위한 협력 등 새로운 요구들과 함께, 경찰용 자재의 공여 문제도 포함되었다.(문서 작성자, 날짜 불명, 「第2回日韓定期閣僚会議のguideline」, 『日韓関係(第2回定期閣僚会議)』 문서번호 2010-3949). 실제로 같은 해 8월에 열린 제2회 한일 각료회의에서 박충훈 부총리는 북한의 위협에 대응한 국방 및 치안의 강화와 더불어 경제건설에 매진하는 것이 승공의 길이라고 믿는다면서, 일본에 경제와 함께 치안 부분에 대해서도 협력해줄 것을 당부한다고 밝혔다(문서 작성자, 날짜 불명, 「第2回日韓定期閣僚会議·朴忠勲副総理兼経済企画院長官の開会辞」, 『日韓関係(第2回定期閣僚会議)』 문서번호 2010-3949). 이렇게 민간차관을 통한 일반 플랜트나 기술지원 센터 지원 외에도 한국의 치안 부분까지 일본이 침투할 수 있는 관계가 구축되어 갔다.

일본의 한국에 대한 침투는 제3회 한일 각료회의를 계기로 보다 내부 깊숙이 들어왔다. 포항종합제철 건설 문제가 바로 그것이다. 1969년 5월 6일 박충훈 부총리는 미 정찰기 EC-121 격추사건 등으로 안보 상황이 매우 불투명해진 상황에서 일본이 한국에 대해 본격적으로 군사지원을 하는 것이 무리라는 점은 알고 있다 면서도, 그 대신에 경제적 측면에서 보다 적극적으로 지원해줄 것을 사토 총리에게 요구했다(北東アジア課 1969. 5. 6, 「佐藤総理·朴副総理会談要旨」, 『日韓関係(日韓要人会談)』 문서번호 2010-3953). 직접적으로는 '경제'적 사안이면서도 '군사'적인 성격을 띤 것이 바로 '제철'이었다. 한국은 경제와 군사를 아우르는 핵심 지원 사업으로서 제철 능력 확보를 위해 일본이 보다 적극적으로 침투할 것을 요구한 셈이다.

원래 제2차 경제개발 5개년계획의 핵심 사업으로 지정된 제철소 건설 사업은 국제적인 지원조직인 KISA(Korean International Steel Association)의 지원을 받아 진행될 예정이었다. 그러나 이 계획은 사업

타당성 논란으로 암초에 부딪쳤다. 이에 따라 한국은 1969년 8월로 예정된 제3회 한일 각료회담을 앞둔 6월 주일대사관을 통해 일본에 정식으로 포항제출 건설에 대한 협력 요청을 타진했다(副島有年大蔵省大臣官房参事官 1969.10.1., 6). 이는 당시 국제적으로 타당성이 의심되는 사업에 대해 일본이 관여하도록 유도하려는 것이었다. 실제 일본 외무성조차 한국정부가 제철소 건설을 고집하는 것은 북한과의 대항의식에 얽매인 정부의 위신(威信) 때문이라고 지적하면서 정작 사업 타당성에 대해서는 의문스럽다는 견해를 갖고 있었다. 아울러 그것은 자금 제공의 어려움 등을 의식할 수밖에 없는 요구이기도 했다(経協1 1969. 8. 7, 「韓国総合製鉄所問題」, 『日韓関係第三回定期閣僚会議』 문서번호 2010- 3956).

한국정부는 결국 제3회 한일 각료회의에서 외자 1억 600만 달러, 내자 6,300만 달러 규모로 연간 약 100만 톤 규모의 종합제철소를 건설하기 위해 일본에 정식으로 지원을 요청하기로 했다(『한일정기각료회의, 제3차 동경, 1969. 8. 26-28, 제5권(V.5 관계부처 협조)』, 372). 이렇게 제2기 확장 사업까지 약 5억 1,800만 달러의 민간차관 외에도 무상 3억 달러 가운데 10%, 유상 2억 달러 가운데 45%라는 '민족적 혈채(血債)'(經濟企劃院 1976, 202-203)를 투입하게 되는 핵심 국책사업에 일본을 끌어들이는 구조가 형성됐다. 이는 사실상 경제와 국방이라는 한국의 '심장'에 일본이 침투하는 것을 의미했다. 이러한 비대칭적인 관계에 대해서는 일본 외무성조차 원료공급, 경영 및 기술지도 등으로 일본의 과잉 개입을 초래하여, 결국 한일관계에 화근을 남길 수 있다고 우려를 내타내는 정도였다(経協1 1969. 8. 7, 「韓国総合製鉄所問題」, 『日韓関係第三回定期閣僚会議』 문서번호 2010-3956).

한국의 '심장'까지 이르게 된 일본의 침투는 그 후에도 멈추지 않았다. 이듬해인 1970년 7월에 개최된 제4회 한일 각료회의를 맞이해 한일관계는 새로운 단계에 진입했다. 6월 17일 당시 김학렬 부총리는 가나야마 마사히데(金山政英) 주한 일본대사를 통해 1972년부터 개시되는 제3차 경제개발

5개년계획과 관련해, 일본의 차관을 기대한다는 의향을 전달했다(金山大使から外務大臣へ(電文710号) 1970. 6. 17, 「日韓閣僚会議」, 『日韓関係(第四回日韓定期閣僚会議(1))』 문서번호 2010- 3959). 즉, 한국정부는 제2차 경제개발 5개년계획에 이어 경제 전체의 부흥을 도모하기 위한 경제개발계획에 계속해서 일본이 관여하도록 길을 열어준 것이다.

그것만이 아니다. 당시 이후락 주일대사는 7월 1일 한일협정 때 약속된 정부차관 2억 달러 이외에 추가적으로 1억 달러를 현금으로 지원해줄 것을 요청했다(金山大使から外務大臣へ(電文775号) 1970. 7. 1, 「日韓閣僚会議」, 『日韓関係(第四回日韓定期閣僚会議(1)』 문서번호 2010- 3959). 이후락은 같은 달 9일에는 포항제철소의 가동을 보완하는 의미에서 중요한 4가지의 중공업 프로젝트(주물, 중기계, 특수강, 조선소)에 대한 지원을 요청하면서, 특히 이 프로젝트들이 군사 수요에 호응하는 의미도 있으므로 일본이 '군사 지원'을 한다는 뜻으로 적극적으로 관여할 것을 요청했다(北東アジア課 1970. 7. 9, 「牛場次官と李厚洛大使の会談」, 『日韓関係(第四回日韓定期閣僚会議(2)』 문서번호2010- 3960). 더욱이 10일 이후락은 이미 전달한 프로젝트 이외에 낙동강, 영산강 수리 사업 및 서울지하철 건설에 대해서도 일본이 관여하도록 당부했다(北東アジア課 1970. 7. 10, 「韓国側よりの経済協力要望(定期閣僚会議)」, 『日韓関係(第四回日韓定期閣僚会議(2)』 문서번호2010- 3960). 이러한 일련의 한국정부의 희망 사항은 같은 달 20일 박정희 대통령이 정식으로 일본에 전달했다(金山大使から外務大臣へ(電文911号) 1970. 7. 20, 「ボク大統領との会見」, 『日韓関係(第四回日韓定期閣僚会議(1)』 문서번호 2010-3959).

일본은 닉슨 독트린 이후 초미의 안보 과제가 된 주한미군 철수 반대를 공동성명에 넣을 것을 한국이 요구해 올 경우 그것이 국제문제임에 비추어 반대한다는 태도를 표명하는 한편, 한국이 제기한 각종 경제협력 요청에 대해서는 가능한 한 전향적으로 임한다는 자세를 취하기로 했다(アジア局 1970. 7. 13, 「第四回日韓定期閣僚会議について」, 『日

韓関係(第四回日韓定期閣僚会議(１)』 문서번호 2010-3959).

실제로 제4회 한일 각료회의에서 일본은 제3차 경제개발 5개년계획에 대한 적극 지원, 중공업의 육성, 정부차관 신규 1억 달러 지원 요청에 대한 5,000만 달러의 선행적 제공[6], 낙동강 수리사업 및 서울지하철, 그리고 기술고등학교 설립 등에 이르는 광범위한 협력을 약속했다. 그러나 이것은 자금협력 관계를 확장하는 것만을 의미하는 것이 아니었다. 이 시기 일본의 한국에 대한 침투는 생산물과 기술뿐만 아니라 사실상 경제의 설계에까지 미치고 있었다. 일본 대장성 관계자는 제2차 경제개발 5개년계획까지는 계획 수립 자체에 대해 일본이 직접적으로 관여하는 것을 원하지 않았던 한국이 제4회 한일 각료회의에서는 제3차 경제개발 5개년계획의 초안(blueprint) 단계에서 그 내용을 일본에 통보하고 조언을 요청하게 되었다고 전하고 있다(副島有年 1970. 10, 29). 이는 일본의 설계로 한국경제의 건설이 기획되는 단계로까지 한일관계가 진입했음을 강하게 시사했다.

이에 따라 제5회 한일 각료회의는 1972년부터 개시될 제3차 경제개발 5개년계획에 대한 일본의 구체적인 관여를 결정하는 것을 목표로 했다. 회의를 앞둔 1971년 8월 5일 김학렬 부총리는 계획에 필요한 외자가 38억 달러인데 그 중 상당 부분을 일본에 기대하겠다고 말했고, 이러한 한국의 기대는 일본정부에도 일찌감치 전달되었다(上川臨時代理大使から外務大臣へ(電文811号) 1971. 8. 5,「日韓閣僚会議」,『日韓関係(第5回日韓定期閣僚会議(１)』 문서번호 2010-3961).

더욱 주목되는 것은 수교 때 정해진 무상 3억 달러 + 정부차관 2억 달러 + 민간차관 3억 달러 이상이라는 테두리 내에서는 더 이상 필요

6) 공동성명 제19항에서 약속된 동 1억 달러 차관 문제와 관련해 한일 양국 간에는 공표하지 않는 비밀 합의가 존재했다. 그 내용은 우선 5,000만 달러에 대해 일본정부가 일본수출입은행을 통한 대부를 용이하게 하고 3년 분할 제공키로 한다. 금리는 6.25%, 상환기간은 3년 거치 12년 내지 13년으로 한다는 등의 조건들이 이미 성립되어 있었음이 외교문서를 통해 확인된다(「不公表　細目」,『日韓関係(第四回日韓定期閣僚会議(１))』 문서번호 2010-3959).

한 외자를 확보하지 못하게 된 현실을 감안해 김학렬 부총리가 그 틀 자체를 변경할 것을 요청하기 시작했다는 점이다. 실제 1966년부터 10년에 걸쳐 균등하게 제공될 예정이던 무상 3억 달러의 경우 1억 6,100만 달러, 정부차관 2억 달러의 경우 9,556만 달러가 이미 집행되는 등 거의 절반이 이행되고 있었다. 게다가 비록 직접적으로 상한은 명기되지 않았지만 민간차관 공여에 대해서도 이미 5억 달러를 넘어선 상황이었다(知久功, 1973. 4, 34). 이러한 상황에 직면하자 한국은 앞서 언급했듯이 제4회 한일 각료회의에서 정부차관 2억 달러 이외에 추가로 1억 달러를 제공하도록 요청했다.

이처럼 일본의 자금 제공 상황을 고려하면서 제3차 경제개발 5개년계획에 투입될 예정이던 외자 38억 달러 가운데 상당액을 일본에 또 다시 의지하게 되면서 3억 달러 + 2억 달러 + 3억 달러 이상이라는 틀은 해소해야 할 장애물로 전락했다. 한국에 대한 일본의 침투는 국교정상화 때 정한 범위를 훌쩍 넘어, 사실상 상한선이 없는 '일체화'의 단계에 본격적으로 접어든 것이다.

결국 제5회 한일 각료회의에서는 제3차 경제개발 5개년계획에 대한 지원 약속에다, 제4회 회의에서 합의된 중공업 육성 지원과 한국이 요청한 정부차관 1억 달러 가운데 남은 5,000만 달러의 검토, 국교정상화 때 3,000만 달러로 정해져 있었던 선박 협력과 관련해 추가로 5,000만 달러 제공하는 것 등이 합의됐다. 여기에 추가적으로 제주도 관광개발, 국유철도 운영, 해외자원 도입을 위한 노하우 제공 등이 새롭게 약속되었다.[7)]

사실상 상한선이 사라진 일본의 한국에 대한 침투는 그야말로 '바다로 흘러가는 강물처럼' 확대일로를 걸었다. 1972년 9월 개최된 제6회 한일 각료회의에 앞서, 한국은 8월 8일 구체적인 요구사항을 제기했다. 그 내용은 포항제철소 확장을 위해 1억 3,000만 달러, 통신설비 2,000

7) 한국은 이러한 의제를 7월 19일 일본에 제기하고 있었다. 金山大使から外務大臣へ(電文758号) 1971. 7. 19,「閣僚会議(経済問題議題)」,『日韓関係(第5回日韓定期閣僚会議(1))』 문서번호 2010-3961.

만 달러, 수출산업 육성을 위해 5,000만 달러, 지하철 2·3호선 건설을 위해 2억 달러 등을 제공해달라는 것이었다(前田臨時大使から外務大臣へ(電文1235号) 1972. 8. 8, 「日韓閣僚会議」, 『日韓関係(第6回日韓定期閣僚会議(1)』 문서번호 2010-3963). 한국은 포항제철소 건설에 대한 협력 요청에 더해 일찌감치 그 확장을 위한 지원을 요구했고, 서울 지하철 1호선 건설이 끝나지 않는 단계에서 이미 2호선, 3호선의 추가 건설에 대한 요청까지 제기한 것이다.

이들 요청 이외에 한국은 같은 제6회 한일 각료회의에서 '안정'을 위한 조치로서 총액 2억 5,000만 달러에 이르는 상품차관을 제공하고, 그 가운데 5,000만 달러 분을 같은 1972년 중에 제공할 것을 요청했다. 이는 급속히 악화된 외화 사정으로 인해 수입이 급감함에 따른 즉각적인 생활 지원 요청을 의미했다. 또 한국은 사전에 전달했던 포항제철소 확장 등의 지원을 포함해 총액 10억 달러의 '성장'을 위한 프로젝트 지원을 요청했다(後宮大使から外務大臣へ(電文1499号) 1972. 9. 5, 「日韓閣僚会議(全体会議)」, 『日韓関係(第6回日韓定期閣僚会議(1)』 문서번호 2010-3959).

무엇보다 제6회 한일 각료회의에서 주목된 것은 박정희 정권의 눈부신 업적으로 평가받는 새마을운동에 대한 협력을 요청한 점이었다. 한국은 제6회 한일 각료회의에서 '안정'과 '성장'에 더해 '균형'을 위한 지원으로 새마을운동 전개를 위해 필요한 10억 달러의 자금 협력을 새롭게 제기했다. 이 새마을운동 운영 계획은 당초 제3차 경제개발 5개년계획에는 포함되지 않는 것으로 추가적인 요구에 해당했다. 이에 대해 당초 일본 농림수산성은 다른 경제개발 5개년계획과 관계가 불명확하다는 점, 융자 대상 업무의 성격 문제 등을 이유로 한국에 대한 협력에 우려하는 견해를 갖고 있었으나, 결국 6차 회의에서 1972년에 8,000만 달러의 차관을 공여하고 또한 새마을운동 지도자 육성을 위한 연수 등을 지원할 것들을 약속하기로 했다(宮地和明 1972. 11, 21-22). 이렇게 일본은 포항제철소로 상징되는 중화학공업이라는 '심장' 부문 이외에도, 농촌진흥이라는 '구석'까지 스며들게 되었다. '안정'이라는 일시적인 지원을 넘어, 국가 정책의 기본적인 목표인 '성장'과 '균형'의 양 측면에서 일본이 한국경제에 침투하게 된 것이다.

이와 같이 1960년대 후반에 제도화된 한일 각료회의 등을 통해 일본이 한국경제 '전체'에 관여하는 '특수 관계'가 구축되었다. 물론 '모든 문제를 경제의 관점에서 경제인의 사고'로 평가하면 당시의 선택은 지극히 타당한 것이었다. 동서 대립과 남북 분단이라는 극단적인 조건 하에서, 살아남기 위한 핵심 과업으로 경제건설에 매진해야만 했던 한국의 입장에서 근대화를 위해 필요한 자금, 기술, 경험 등을 제공할 수 있는 국가는 당시 일본을 제외하고는 생각할 수 없었다. 그것은 일본경제에도 한일협정의 연장선상에서 정부가 관여하는 '안전 사업'을 통해 한국의 저렴한 노동력과 시장을 확보할 수 있는 매력적인 기회였다. 이 같은 의미에서 일본의 한국경제 전체에 대한 침투는 'Give and Take의 공정한 협의'의 결과라는 측면을 가졌다.

그러나 과거 일본이 한반도에 침투함으로써 생기게 된 한일 간의 지배관계를 청산하고 새로운 한일관계를 구축해야만 가능한 관계 '정상화'는 당시 요구된 경제의 논리와는 충돌할 수밖에 없었다. 경제의 논리로 보면 지극히 합리적인 새로운 방식의 침투도 과거의 양국 관계를 기억하는 한일 양국 사회에는 관계정상화와는 정반대의 길로 나아가는 것으로 비춰졌다. 예를 들어 "과거 침략의 역사가 '경제협력'이라는 새로운 단장을 하고 재현되고 있는 현실"(中川信夫 1971. 11, 171)이라는 지적은 이 논자 특유의 시각이라기보다는 당시 한일 양국 사회를 덮었던 지극히 상식적인 비판 의식의 발현이었다. 결국 이것은 과거 양국 간의 역학 차이로 인해 그 침투를 허용한 한국이 전후 변화된 국제정세 하에서 과거 자신을 지배한 일본에게 다시 침투할 것을 스스로 요청해야만 했던 국내외의 조건이 초래한 역설적인 결과가 아닐 수 없었다.

Ⅲ. '국소화'의 논리와 전개

1. 국소화의 배경

그 평가 여부를 막론하고, 수교 후 일본은 한국의 시급한 경제건설을 계기로 전방위적으로 침투함으로써 한국경제 곳곳에 스며들었다. 그러나 경계(境界)를 싫어하는 자본의 논리와는 반대로 권력이 미치는 영역을 설정해야만 가능해지는 정치의 논리는 그 본성상 늘 경계를 필요로 한다. 그리고 그 정치의 논리로써 규정되는 경계는 항상 그 경계를 보전하는 과제를 자기본능으로 삼는다. 안전보장 문제가 바로 그것이었다. 그러나 경계가 다른 이상, 안전보장 논리 역시 달라질 수밖에 없었다.

당시 남북 분단 상황에서 체제경쟁을 전개 중이던 한국은 경제와 더불어 한국이라는 경계를 보전하는 안전보장 문제에 대해서도 일본과 거의 완벽한 일체화를 희망했다. 그러나 전후 패전을 계기로 새 출발하게 된 일본에서는 파멸적인 전쟁을 주도한 우파 세력에 대한 반감으로 인해 국회라는 제도권에서조차 일본의 사회주의화 또는 중립화를 희망하는 세력이 1/3 안팎을 점했다. 또한 이른바 '평화헌법'은 전후 일본이 군사적으로 세계에 적극적으로 관여할 것을 엄격히 제한했다. 그리고 현행 헌법이 보장하는 국민주권이나 기본적 인권은 각 개인의 활동과 주장을 최대한 존중할 것을 요구했다. 요컨대 '반(反)북한'이라는 원칙으로 일원화될 수 있었고 또 되어야만 했던 한국과는 달리 일본은 분명히 보다 다원화되어 있었다.

이러한 일본에게 반북한이란 원칙으로 일원화된 한국의 속성은 부담이 되지 않을 수 없었다. 일본의 우려는 사실 수교 직후부터 이미 표출되고 있었다. 비교적 우파, 보수적이라고 평가를 받는 요미우리신문조차 사설을 통해 수교 직후부터 한국의 반북한적인 일체화 요구를 경계하는 목소리를 내고 있었다(『讀賣新聞』 1965/06/23).

> 자유진영이라고 하더라도 각각 국가적인 이해에 기초해 다양성을 가지는 것은 당연한 것이라고 말해야 한다. (중략) 한일 국교가 정상화 되었다고 해서 북한이나 중국을 적대시하는 것과 같은 입장을 취할 수는 없는 것이다.

일본은 수교 직후부터 원래 정치가 갖는 경계의 논리로 인해 비록 자유주의 진영이라는 거시적인 틀에서는 협력하지만, 그 이상의 일체화에는 거리를 두는 태도를 보였다. 국방에 관한 한일 간 협력체제 확립의 상징으로 여겨지는 이른바 1969년의 '한국조항'이 미중화해에 따른 긴장완화의 결과 사문화됐듯이, 한일 협력관계에 금이 간 것은 1970년대에 나타난 동아시아 정세 변화에 따른 것으로 이해되는 경향이 강하다. 그러나 한일 간의 미묘한 균열은 동북아시아의 긴장상태가 계속되는 과정에서도 이미 내포되어 있었다.

앞서 고찰한 1966년 한일 경제각료간담회에서 한국은 일찌감치 경제협력 문제의 중요항목으로 북한에 대한 플랜트 수출 및 그와 관련된 북한 기술자의 일본 입국, 기타 일본과 북한의 경제적 접촉을 차단하는 문제를 의제로 제기하겠다는 입장을 취했다. 그러나 간담회에서 북한과 일본의 접촉 문제가 논의되는 일은 없었다.[8] 일본은 간담회 개최에 앞서 간담회 참가 예정인 각료들 간에 정치적인 문제는 일절 다루지 않기로 합의를 보았다(『朝日新聞』 1966/09/02). 간담회 종료 후 공동발표에서도 일본은 북한과의 접촉 문제와 관련해 한국에 동조하는 입장을 표명하지 않았음은 물론이고 '북한'에 관한 언급조차 삼갔다.[9]

이 같은 자세는 '격상'된 형식으로 개최된 한일 각료회의에서도 기본적으로 흔들리지 않았다. 원래 '경제각료간담회'가 '각료회의'로 전환된 것은 정치적 문제를 포함시키기 위한 것이었다. 이로써 외상이 참가하

---

8) 당초 북한 문제를 포함하려 했던 경제협력 문제에 관한 토의 기록은 『한일 경제각료간담회, 서울, 1966. 9. 8.-10』(322-338)을 참조할 것.

9) 공동 발표의 내용은 『한일 경제각료간담회, 서울, 1966. 9. 8.-10』(471-473)을 참조할 것.

게 된 각료회의에서는 동북아시아 정세를 포함한 양국 간의 정치적인 인식 교환을 위해 '양국관계 및 국제정세 개별 회의'가 분과회의 형식으로 개최되었다. 그 자리에서 최규하 외무부장관은 남북 분단과 한국전쟁을 거친 한국은 여전히 국가 존립 자체에 위협을 받고 있음을 역설했다. 그러나 미키 다케오(三木武夫) 일본 외상은 국민의식 및 평화헌법 등을 거론한 후 사상이 달라도 상호 우호관계를 맺는 것이 일본정부의 방침이라고 밝히면서 처음부터 한국의 반공 자세에는 동조하지 않을 것임을 천명했다(『한일정기각료회의, 제1차 동경, 1967. 8. 9-11, 제4권(V.2본회의철)』, 80-81).

1965년 이른바 '북폭'을 계기로 베트남전쟁이 확대되고 중국에서는 문화대혁명이 터지는 등 제1회 한일 각료회의가 열린 1967년의 동아시아 국제정세는 1970년대 초에 극적으로 나타난 데탕트와는 그 양상이 크게 달랐다. 일본정부는 자유진영의 결속이 필요한 이 시기부터 한국이 원하는 반공논리에 일체화되는 것에는 거부감을 표명한 것이다.

1968년 8월 제2회 한일 각료회의를 앞두고 7월 한국정부는 주일대사관을 통해 북송 문제나 조선대학 설립 문제 등을 공식 의제로 삼을 것을 요청하면서 외상만이 아니라 문부상 및 법무상도 참가시킬 것을 요청했다(三木大臣から金山大使へ(電文32899号) 1968. 7. 24, 「日韓定期閣僚会議」, 『日韓関係(第2回定期閣僚会議)』 문서번호 2010-3948). 북일 콜카타 협정의 결과 1959년부터 개시된 재일 한국인 북송 문제는 일단 1967년에 종료되는 것으로 되어 있었으나, 그 기간 중 북송 희망을 신청했지만 북한으로 돌아가지 않았던 재일 한국인의 추가 송환 문제가 남아 있었다. 또 조선대학 설립 문제란 재일 한국인들에 대한 최고 교육기관으로서 북한 및 조총련이 도쿄에 건설하고 있었던 '대학'을 도쿄도지사가 '각종학교'로 인정하는 문제였다.

한일 각료회의에 임한 일본정부는 한국의 요청을 거절하는 자세를 취했다. 일본은 1968년 7월 29일 한국의 요청에 대해 북송 문제나 조선대학 설립 허가 문제는 의제에서 제외하고 문부, 법무 양 장관도 참석시키지 않기로 결정했다(北東アジア課 1968. 7. 29, 「第2回日韓定期閣僚会議」, 『日韓関係(第2回定期閣僚会議)』 문서번호 2010-3948). 일본이 밝힌 이유는 한국에게 민감한 문제라고 하더라도 북송이나 조선대학 설립 문제 등에 관해서는 구체적인 해결 방법을 제시할 수 없으므로 의제로 삼더라도 합의를 도출하기 어렵다는 것이었다(金山大使から外務大臣へ(電文762号) 1968. 7. 30, 「日韓定期閣僚会議」, 『日韓関係(第2回定期閣僚会議)』 문서번호 2010-3948). 다시 말하면 일본은 대립이 계속될 것이 확실한 정치적인 문제를 표면화시키는 것을 피하고자 했다. 한국에는 커다란 불만사항이었던 재일 한국인의 북한 송환은 일본의 국익에 도움이 되는 것이었으며, 조선대학 설립 문제 역시 비록 북한의 영향 하에 있는 조직이라 하더라도 다원화된 사회를 다뤄야 하는 일본정부로서는 그에 찬성하는 국내세력의 존재를 감안해야 했다. 더구나 '각종학교'로 인허가 하는 것은 도쿄도지사의 권한 사항으로, 다원화된 사회를 통치하는 일본정부로서 어설프게 관여할 수 있는 문제가 아니었다.

결국 한국은 순조로운 회의 진행을 위해 일본의 의향을 수용할 수밖에 없었다(金山大使から外務大臣へ(電文823号) 1968. 8. 11, 「日韓定期閣僚会議」, 『日韓関係(第2回定期閣僚会議)』 문서번호 2010-3949). 구석까지 스며들기 시작한 경제와 달리 한일 각료회의는 국방과 관련된 정치문제에 대해서는 한일관계가 평행선을 긋는 관계임을 확인하는 자리였다.

1968년 10월 울진, 삼척 지역에 북한 게릴라가 침입하는 사건이 일어났다. 최규하 외무부장관은 12월 사토 총리에게 비록 국내에서는 발표하지 않았으나 침입한 북한 게릴라가 일본제 의복과 라디오, 카메라 등을 보유하고 있었다고 지적하면서 재일 한국인의 북한 왕래를 포함해 일본과 북한 간의 접촉이 간첩 행위나 무기 보급으로 연결된다고 불

만을 표명했다(문서 작성자, 날짜 불명, 「佐藤総理、崔外務部長官会談要旨」, 『日韓関係(日韓要人会談)』 문서번호 2010-3947). 뒤에 국무총리를 지낸 백두진 의원 역시 1969년 2월 재일 한국인들의 북한 왕래, 플랜트 수출 등은 한국으로서는 참기 힘든 일이라고 강조했다(金山大使から外務大臣へ(政第451号) 1969.2.21, 「日韓協力委員会について」, 『日韓関係(日韓協力委員会)』 문서번호 2010-3952). 그러나 이들 간첩 사건 역시 일본의 태도를 뒤집지는 않았다.

오히려 일본의 통상산업성은 한국을 자극하지 않도록 눈에 띄지 않는 형식을 취한다 하면서도 서독이 북한에 활발히 진출하고 있기 때문에 1969년 8월부터 북한에 대한 플랜트 수출을 허가할 의향임을 외무성에게 통보했었다(アジア局経済１課 1969. 2. 12, 「小林参事官と通産省楠岡通産次長との懇談要旨」, 『日韓関係(日韓要人会談)』 문서번호 2010-3953). 한국의 간절한 희망에도 불구하고 냉혹한 상업 논리로 무장한 일본정부는 비밀리에 북한에 대한 침투를 지속적으로 추진했다. 다원화한 일본에게 북한에 대한 경제적 침투 역시 일본 기업의 이익으로 이해됐다. 그것이 일본이나 한국의 안전보장을 결정적으로 훼손하지 않는 한 일본정부로서는 민간의 경제활동을 희생시킬 수는 없었다.

그나마 비밀리에 추진하려는 정도에는 한국에 대한 배려 의식을 갖고 있었던 일본정부도 동북아시아에서 긴장완화 국면이 뚜렷해지자 북한과의 접촉 의지를 노골적으로 표출하기 시작했다. 미국과 중국이 화해를 위해 움직이기 시작한 1971년 8월, 사토 총리는 방일한 김용식 외무부장관에게 최근의 국제적 긴장완화와 국내 상황을 감안하면 일본과 북한 간 민간차원의 접촉을 금지할 수 없다면서 한국정부가 이를 공식으로 인정할 것을 요구했다(北東アジア課 1971.8.10, 「総理と金溶植韓国外務長官との会談資料」, 『日韓関係(第5回日韓定期閣僚会議(１)』 문서번호 2010-3961). 이에 따라 일본정부는 제5회 한일 각료회의를 일본이 북한과 민간차원의 관계를 설정하는 것을 한국에게 정식으로 인정시키는 장으로 삼으

려 했다. 예컨대 일본은 마무리되지 않았던 북송 문제를 정식으로 추진할 의사를 한일 각료회의에서 밝힌다는 방침을 세웠다.

그것만이 아니었다. 일본은 국교정상화 때 체결된 재일 한국인의 법적지위 협정에 따라 한국 국적 소유자에게만 영주권을 부여하는 조치를 취함으로써 재일교포의 국적을 모두 '조선'에서 '한국'으로 유도한다는 일종의 차별정책을 취해 왔다. 그러나 제5회 한일 각료회의에서 일본은 향후 한일협정에 따라 한국 국적자만을 우대하는 정책을 계속하는 것이 어렵다는 인식까지 밝힌다는 방침을 세우고 있었다(문서 작성자 날짜 불명, 「外務関係個別部会大臣発言御参考」, 『日韓関係(第5回日韓定期閣僚会議(2)』 문서번호 2010-3962). 데탕트 국면을 맞이해 일본은 이미 기정사실화 한 정책조차 수정하려 한 것이다.

이와 같이 이 시기 일본은 아시아의 자유진영이라는 거시적인 협조관계는 유지하되, 한국이 요구한 구체적인 대북한 관련 정책에 대해서는 일일이 동조하는 입장은 취하지 않았다. 경계를 넘나들고 타자와 저절로 일체화될 수 있는 자본의 논리와 달리 경계를 본능적으로 요구하는 정치의 논리는 그 경계를 달리하는 주체와 쉽게 일체화될 수가 없었다. 더구나 전후 다원화된 일본이 안전보장이라는 예민한 정치문제를 둘러싸고 '국가'로서 한국과 일체화되는 것은 더욱 어려웠다.

이러한 조건 하에서도 체제경쟁이라는 국가존립 문제가 걸려 있어 김일성 전기를 출판하는 것에 대해서조차 개입해야만 했던[10] 당시 한국이 택할 수 있는 남은 대응 방안은 국가로서 일체화를 일거에 도모하는 것이 아니라 일본 내의 지지 세력과 유대관계를 강화하는 것이었다. 여기서 이 시기 다른 국가간 관계에서는 보기 어려운 특이한 '국소화'의 논리가 성립된 것이다.

---

10) 김일성 전기의 출판에 대한 한국의 항의 구상서는 『북한·일본 관계, 1969』(16-18)를 참조할 것.

2. 기시 노부스케 일본 전 총리 계열과의 '국소화'

불가피한 '국소화'의 요구로 인해 한국이 택한 한일관계는 일본 총리를 역임한 기시 노부스케(岸信介)와 그 계열에 속한 일본 인사들과의 유대를 강화하는 방향으로 나아갔다. 새삼스레 소개할 필요도 없지만, 기시는 진주만 공격을 결정한 도조 히데키(東条英樹) 내각에서 상공대신을 역임했고 대륙 팽창의 보루였던 만주 개척의 책임자이기도 했다. 그는 전후 한때 A급 전범으로 체포되었지만 냉전의 심화와 미국의 점령정책 전환 와중에 석방되어 정계에 복귀한 뒤 총리까지 된 인물이다. 그는 많은 뒷소문과 함께 제도권 및 비제도권을 넘나드는 복잡한 인맥을 통한 정치적 영향력으로 '쇼와의 요괴'(昭和の妖怪)라는 별명도 갖고 있다.

이러한 기시와 한국정부의 인연은 재한 일본인 재산의 포기를 계기로 맺어진 것으로 보인다. 당초 한일 국교정상화 회담은 남한 지역에 존재한 일본인 재산에 대해 일본이 '역청구권' 주장을 제기하면서 난관에 봉착했다. 이때 국내적으로 풀기 어려운 권리 포기를 총리로서 결정하고 한국과 협력에 적극적으로 나선 인물이 바로 기시였다. 이러한 인연으로 박정희 정권은 신속한 타결을 위해 제6차 한일 국교정상화 회담 일본 수석대표에 기시가 취임하도록 사전 공작을 벌일 정도로 기시와의 관계를 진전시켰다.[11)]

'공식'적인 교섭을 통해 맺어지게 된 인연은 서서히 사적인 인맥 관계로 전환된 것으로 보인다. 예컨대 한일 국교정상화 관련 조약이 발효된 후 얼마 지나지 않은 1966년 4월, 조기 방한을 계획한 기시는 '친선 골프'의 실시를 희망했고(『기시 노부스케(岸信介) 전 일본 수상 방한, 1966-70』, 7), 또 다른 행사에서도 딱딱하지 않는(informal) 복장으로 행동할 것을 한국에 알리고 있다(『기시 노부스케(岸信介) 전 일본 수상 방한, 1966-70』, 15).[12)]

---

11) 이러한 움직임에 관해서는 장박진(2009, 402-403)을 참조할 것.

기시 계열 인사들과의 관계는 1968년 6월 '한일 국회의원 간담회'로 제도화되기 시작했다. 이 간담회를 주도한 일본 쪽 대표는 가야 오키노리(賀屋興宣)였다.[13] 가야는 도조 내각의 대장대신으로 기시와 더불어 전후 A급 전범으로 종신형 선고를 받았다가 주권 회복 후인 1955년에 석방된 인물이다. 그는 한때 스가모(巣鴨)수용소에서 기시와 함께 지냈고 석방된 후에는 기시 등과 더불어 자민당 내 이른바 반(反)중공, 친대만파 의원으로 활동한 일본의 대표적인 우파 정치인이었다. 여기에 이 간담회의 멤버였던 후지오 마사유키(藤尾正行)를 언급하지 않을 수 없다. 그는 1980년대에 발생한 '역사교과서 파동' 때 한일병합이 합의로 이뤄졌고 한국에도 책임이 있다고 말한 이른바 '후지오 망언'의 당사자이다. 그는 자민당 내 반중공, 친대만파의 핵심 멤버로서 기시 계열의 인사들을 중심으로 조직된 세이와회(清和会)에 참가했다. 또한 그는 오늘날 일본의 대표적인 극우 정치가로 알려져 있는 이시하라 신타로(石原慎太郎)와 함께 자주헌법 제정을 주창하면서 반중공, 친대만파를 규합한 자민당 내 파벌 횡단적인 우파그룹인 세이란카이(青嵐会)의 조직화 과정에서도 대표간사(代表世話人)로서도 활약한 인물이었다.

한국과 기시를 필두로 한 일본의 반공, 우파 인사들의 '국소적'인 관계 구축을 상징하는 것이 비록 시대의 문맥에 따라 그 성격이 달라졌으나 오늘날까지 존재하는 한일협력위원회이다. 이 협력위원회는 원래 1957년 설립된 일화(日華)협력위원회를 모델로 삼은 것이다.(『한일협력위원회 총회, 제1차, 동경, 1969. 2. 12-15』, 15). 한일협력위원회는 반공, 특히 그 중에도 반중공, 친대만파였던 기시 및 그 계열 인사의 정치철학과 대한민국의 국가 정체성이 결합한 소산이었다. 이러한 한일협력위원회의 성격은 그것을 중요시한 한국이 그 조직의 '역효과'를 언

12) 단 이 방한 계획은 기시의 허리 통증 때문에 실현되지는 않았다(JAW-04099, '기시 방한', 『기시 노부스케(岸信介) 전 일본 수상 방한, 1966-70』, 39).

13) 일본측 명단은 『한·일 국회의원 간담회, 제1차 서울, 1968.6.6.-9』(221-222)를 참조할 것.

급한 그 말에 여실히 나타났다.

당시 우시바 노부히코(牛場信彦) 일본 외무성 차관과 면담한 엄민영 주일대사는 한일협력위원회와 관련해 그 조직이 한일 간의 상호 이해를 강화하는데 일면 도움이 되지만, 일면에서는 역효과를 내고 있다면서 그 이유를 다음과 같이 설명하고 있다. 한국의 국론은 하나로 뭉쳐 있으나 일본은 자민당의 일부 사람들만이 상대로서 나온다, 다시 말하면 원래 이야기가 잘 되는 일부 인사들과만 논의하기 때문에 이야기는 잘 통하지만 그로 인해 한국은 이야기가 잘 되는 일부 의견을 일본의 국론으로 받아들여 귀국 후 선전한다. 요컨대 일본과 한국이 다른 평면에 서 있다는 것을 인식하지 않고 같은 평면에서 이야기하고 있다고 착각하고 있다(北東アジア課 1969. 3. 3, 「牛場次官·嚴大使会見要旨」, 『日韓関係(日韓要人会談)』 문서번호 2010-3953).

이처럼 한일협력위원회는 한일 각료회의와 같이 직책에 따라 참가함으로써 저절로 다양한 사고를 가진 사람이 모이게 되는 공식 채널과는 달리 '국론이 하나로 뭉친' 한국과 애초 '이야기가 잘 통하는 자민당의 일부 인사들'이 만나는 국소적인 한일관계를 구축하는 발판이었다. 물론 한국이 이 같은 선택을 한 핵심요인은 반공을 위한 협력강화에 있었다. 실제 1969년 2월 15일 한일협력위원회 창립회의에 참가하기 위해 방일한 한국 인사들은 위원회 조직화에 담은 자신들의 뜻이 일본에서 '선린 적화 방지위원회'를 만들어달라는 것이라고 아이치 기이치(愛知揆一) 외상에게 직접 밝히고 있다.(亜北 1969. 2. 15, 「日韓協力委員会代表と愛知大臣との懇談について」, 『日韓関係(日韓要人会談)』 문서번호 2010-3953).

국소화한 한일협력위원회의 성격을 보다 잘 드러낸 것은 협력위원회에 참가했던 일본 국회의원의 속성만이 아니었다. 회장을 맡은 기시 이외에 사무차장 다나카 다츠오(田中龍夫), 가야, 시이나 에츠사부로(椎名悦三郎) 등 기시 측근으로 알려진 국회의원들과 함께, 이 협력위원회에는 일상적인 운영 역할을 맡게 되는 상임위원으로 우에무라 고고로

(植村甲午郎) 경제단체연합회회장 등 경제계 인사들과 함께 야츠기 가즈오(矢次一夫) 당시 국책연구회 상임이사가 처음부터 참가하고 있었다. 일본을 대표하는 기업단체장과 비교하면 분명히 격이 떨어지는 국책연구회 이사가 상임위원으로서 참여하게 된 배경은 야츠기가 기시의 측근으로서 일찍이 한국과 깊은 인연을 맺은 인물이었기 때문이었다.

전전(戰前)에 국책연구회를 조직해 우익활동을 벌인 야츠기는 그에 걸맞은 마땅한 직책도 없는 '낭인'(浪人)이면서도 1958년 5월 기시 총리 특사 자격으로 방한, 이승만 대통령과 접견한 전후 최초의 일본인이었다(矢次一夫 1973, 43-44). 이 같은 인맥을 반영하듯이 야츠기는 전후 보수 정치거물인 기시를 '당신'이라고 부를 수 있는 인물이었다(林雅行 1998. 4, 43에서 재인용).

상임위원이 된 야츠기는 한일협력위원회 창설에 즈음해 외무성과의 협의도 진행했다. 그 협의 속에서 그는 공식 창구인 외무성에 대한 배려로서 한국에 대한 창구가 두 가지가 되지 않도록 주의한다면서도 정부가 주도하는 공식 창구 외에 또 다른 조직을 구축하는 이유와 관련해서는 "한국도 우리 그룹에 등을 돌리게 되면(そっぽむかれては) 곤란하다는 것을 잘 알고 있다"는 흥미로운 말을 남겼다(亜北 1969. 2. 5, 「日韓協力委員会について」, 『日韓関係(日韓協力委員会)』 문서번호 2010-3952).

한일협력위원회는 반공 협력을 목적으로 한 한국과 일본 내 '우리 그룹'의 국소화한 합작물이었던 것이다. 그러나 이 같은 국소화한 합작물도 기시의 정치적 영향력 하에서 앞에 서술한 한일 국회의원간담회뿐만 아니라 민간 경제인을 규합하는 한일 협력의 대표기관으로 출범했다. 한일협력위원회는 한일 각료회의를 비롯한 정부 간의 공식 채널과 더불어 사실상 국교정상화 이후 한일관계의 핵심조직이 된 것이다.

창구가 중복되지 않도록 주의한다면서도 '우리 그룹'이 따로 한일관계 구축에 나선 이유는 바로 제1회 한일협력위원회 종료 후에 나온 성명에 집약되어 있다. 이 성명은 "한일관계의 현상과 서로가 그리는 이상에서 본다면 아직도 개선되어야 할 허다한 문제가 있음을 인식"한다고 천명했다. 물론 그 '개선'되어야 하는 핵심은 다원화한 일본으로서는 한일 각료회의와 같은 공식적인 채널을 통해 대응하기 힘든 문제들의 존재였다.

이와 관련해 기시는 창설 총회 인사에서 "자유진영 제국의 유대를 강화하는 데 크게 기여했으면 합니다. 아시아의 자유를 수호하고 평화를 확립하는 것은 저희들 양국 국민에게 부가된 역사적인 임무입니다"라고 직접 밝히고 있다(『한일협력위원회 총회, 제1차, 동경, 1969. 2. 12.-15』, 94). 한국은 과거 황국(皇國)의 확산을 위해 '아시아의 자유'를 짓밟고 '평화'를 파괴했던 침략 전쟁을 주도한 인물과 '자유진영 제국의 유대'를 위해 경제는 물론, 정치, 문화 분야에 이르는 포괄적인 유대 관계 구축에 나서게 된 것이다.

이와 같은 반공의 논리는 정치 문제를 다룬 정치분회에서 노골적으로 나타나고 있다. 정치분회에서는 '국제공산주의의 위협에 대해서'라는 주제로 논의가 이루어졌는데 한국, 일본, 대만 3국의 선린우호를 호소했다(『한일협력위원회 총회, 제1차, 동경, 1969. 2. 12-15』, 129). 이에 따라 각료회의에서는 의제가 되지 못한 북송 문제나 조선대학 허가 문제가 한일협력위원회 합동상임위원회에서는 공식 의제가 되었다(『한일협력위원회 총회, 제1차, 동경, 1969. 2. 12.-15』, 174-176, 180). 그것만이 아니다. 한일협력위원회에서는 반공협력이라는 전략적인 전술과는 전혀 무관한 '정신적'인 유대관계가 강조되었다. 실제 문화분회에서는 처음부터 한일 양국이 '특별한 문화권'에 있음을 확인하고 '정신적 협력체제'가 필요하다는 키워드가 등장했다(『한일협력위원회 총회, 제1차, 동경, 1969. 2. 12.-15』, 133).

또 원래 공식 채널인 한일 각료회의의 중심 과제이던 경제문제에 관해서도 한일협력위원회에서 한국은 무역 불균형 문제를 집중적으로 우선 논의한다는 방침을 정하고 있었다(『한일협력위원회 총회, 제1차, 동경, 1969. 2. 12-15』, 161). 양국의 기술력 등의 차이로 인해 발생할 수밖에 없었던 무역 불균형은 다원화 한 국가가 다루기에는 어려운 주제였다. 불균형 시정을 위한 '인위적'인 수출억제 정책은 일본 수출업계의 이익 손실과 직결되며, 거꾸로 이를 만회하기 위한 한국산 수입확대 정책 역시 관련 수출국이나 일본 국내 경쟁업체들의 반발을 유발하지 않을 수 없었다. 이러한 '인위적' 대응은 결국 정치적 재량으로만 가능했다. 당시 한국이 다양한 경제적 과제를 안고 있던 와중에도 이 문제를 우선해서 집중적으로 다루기로 한 것은 공식 채널에서는 쉽게 풀기 어려운 문제를 바로 '우리 그룹'과의 유대관계를 통해 정치적으로 풀 필요성을 의식하고 있었기 때문임은 쉽게 상상할 수 있다.

이러한 '우리 그룹'과의 유대관계가 구체적인 문제에 관해 일정 정도 영향력을 발휘한 흔적은 기록을 통해 확인할 수 있다. 예를 들어, 당시 한국이 가장 중요한 국책사업으로 간주한 포항제철 건설과 관련해 한일협력위원회 참석차 방한한 기시에게 박정희는 기시가 측면에서 지원해준 덕분에 포항제철 건설에 전망이 섰다면서 감사의 뜻을 직접 밝히고 있다(金山大使から外務大臣へ(政第1672号) 1970. 4. 24, 「岸元総理·朴大統領会談(報告)」, 『日韓関係(日韓協力委員会)』 문서번호 2010-3952). 물론 이 기록만으로 일본정부에 의한 포항제철 건설 협력 결정에 대한 기시의 영향력이 실제로 어느 정도였는지 정확히 평가하기는 어려우나 기시를 비롯한 '우리 그룹'의 관여가 배경에 있었음은 알 수 있다.

한일협력위원회의 성격은 이듬해인 1970년에 개최된 제2회 한일협력위원회에서 보다 노골화 한다. 총회 인사에 나선 기시는 "같은 공산주의라고 하더라도 소련의 공산주의는 이미 세계 공산화에 당초와 같은 열의를 가지고 있다고 말하지 못할 것입니다. (중략) 그러나 중공의 공산주의는 바야흐로 그 광신(狂信)성이 증대하고 세계 공산화를 위해 할 수 있는 최대한의 일을 실행하려고 하고 있다"(『한일협력위원회 총회, 제2차, 서울, 1970. 4. 20-22』, 108)면서 한일협력위원회의 의미가 바로 한국과 일본, 그리고 대만에 의한 3각 관계 구축에 있음을 천명했다. 실제 협력위원회 총회 후 열린 제4회 상임합동위원회에서는 한국, 일본, 대만 3국 연락위원회 설치가 결정되었고(『한일협력위원회 상임위원회, 제3-5차』, 116), 이 연락위원회는 3국 공동해양개발 문제 등을 다루도록 각국 정부에 제안한다고 결의했다(『한일협력위원회 상임위원회, 제3-5차』, 279).

한일협력위원회를 통한 한일 간의 협력관계는 '정신적 협력체제'를 넘어 과거 병합 당시의 양상을 띠기조차 했다. 한일협력위원회 문화 분야 세미나에서는 일본으로부터 한일 간의 '동 민족', '동 문화족'이라는 개념이 나왔다(『한일협력위원회 총회, 제2차, 서울, 1970. 4. 20-22』, 121). 이는 한일 간의 특수한 동질성을 강조함으로써 '병합'을 정당화한 과거의 논리를 방불케 하는 것이었다.

또 제2회 한일협력위원회 경제분회에서는 '일한 장기경제협력 시안'이란 이른바 '야츠기 시안'이 발표되었다. 여기에는 향후 10년간 상호협력을 구상한다는 취지 아래, 철강 등 이미 성숙기에 접어든 일본 산업 성장의 한계 극복과 한국의 성장을 도모하는 방안 구축, 보세가공 등 일본 위탁 제조 분야의 확대 및 합변(合變) 증대를 위한 '한일합변 및 가공무역진흥공사(또는 조합)' 설립, 아울러 이를 구체화하기 위해 한국 포항 이남 지역과 일본 서부 지역을 '협력경제권'으로 설정해 양국 간의 모델지구로 삼는 방안 등이 포함됐다(「日韓長期経済協力試案」, 『한일협력위원회 총회, 제2차, 서울, 1970. 4. 20-22』, 20-28).

'야츠기 시안' 자체는 양국 간 산업 발전 단계의 차이에 주목하면서 일본의 기술, 자본과 한국의 노동력 제공을 기반으로 한 국제적 분업을 추진하기 위한 방안이었다는 의미에서 오늘날도 흔히 볼 수 있는 수직적인 분업체제의 확립을 도모한 것에 불과했다. 이는 한일관계에만 국한된 것이 아니라 경제발전 단계의 차이로 인해 도출되는 냉혹한 자본논리의 귀결이었으며, 비록 특정한 지구 창설이라는 제안이 포함됐다고 하더라도 공식 채널인 한일 각료회의 등에서 토의된 내용들과 본질적으로 차이가 있는 것은 아니었다. 그러나 야츠기 시안이 알려지자, "한국의 공업지대를 일본 공업지대의 연장선상에 포함시키려 하는 충격적인 것"(저자 불명 1970. 10. 4, 113)이라는 평가가 나왔다. 이 평가가 결국 냉혹한 자본의 논리와 거리가 먼 '정신적 협력체제'를 넘어 ' 민족', '동 문화족'까지 강조하기 시작한 한일협력위원회의 성격에 기인했다는 것에는 의심의 여지도 없다.

한일협력위원회의 성격은 이듬해인 1971년에 개최된 제3회 한일협력위원회에서 극대화되었다. 한일협력위원회 총회 인사에 나선 기시는 한일 간 정치문화 관계를 역사상 선례가 없는 '청신(淸新)한 관계'라고 부르고 싶다면서 양국이 서양적인 물질문명을 초월하는 '동서 양 문명의 융합'을 이뤄낼 것을 희망했다. 또 대만을 포함하여 국제 분업체제를 어떻게 구축해나갈 것인가 하는 과제와 더불어 융합을 위한 과제로서 지나(支那) 대륙이라고 불리는 땅에 어떤 국가가 성립되는 것이 세계사에서 필연인가, 중국공산당 정권에 대해 어떻게 대처해야할 것인가에 관한 물음에 올바른 답을 찾아내는 것이야말로 협력위원회의 임무라고 당부했다(『한일협력위원회 총회, 제3차, 동경, 1971. 7. 29-31』, 111-116에서 요지 정리).

한일협력위원회는 안보나 경제협력이라는 현실적인 이해관계를 초월해 한일 간 '선례가 없는' 특수한 동질성에 기초한 새로운 문명의 창조, 그리고 그 연장선상에서 중국대륙에 원래 수립되어야 하는 국가의 탐구와 그 실현을 같이 강구한다는 '이상한 양상'을 띠었다.

이 시기 나타난 한일관계의 '이상함'은 한일협력위원회의 성격만이 아니었다. 아무리 국소화한 관계라고 하더라도 표면에 나타난 협력위원회의 존재와 달리 이 시기 확립된 한일관계는 기록 속에서는 도무지 찾을 수 없는 관계를 통해서도 움직이고 있었다. 이러한 관계의 상징이 고다마 요시오(児玉誉士夫)의 존재이다. 그는 한일 국교정상화에 공식적으로 관여한 기시 및 사토 총리, 시이나 외상, 그리고 수교 때 일본 수석대표를 맡은 다카스기 신이치(高杉晋一) 등과 함께 1970년 8월 '상훈법'에 따라 '국권의 신장 및 우방과의 친선에 공헌이 뚜렷한 사람에게 수여한다'고 하는 수교훈장을 한국정부로부터 받았다.[14)]

고다마는 전쟁 전 우익활동을 전개하는 과정에서 일본 해군의 전략물자를 수집하는 이른바 '고다마 기관'을 구축해 두각을 보인 인물이다. 그는 뉴턴의 만유인력 법칙이 과학상의 진리로 영국에만 적용되는 것이 아니라고 비유하면서 다음과 같이 황도(皇道) 사상을 찬양했다. "황도라고 함은 일본 민족의 혼과 피와 역사 속에 구현돼 온 인간생활의 올바른 원리이며 세계 최고의 절대 진리입니다. 이는 오로지 일본 민족, 일본 국내의 진리일 뿐만 아니라 조만간 세계로 확대하여 인류 공존의 원리로서 전 세계가 이에 귀일(歸一)해야 하는 것입니다"(児玉誉士夫述 1939. 12, 9). 이러한 고다마에게 "일본의 전쟁 목적은 처음부터 지나에서 미영의 진드기 같은 착취 세력을 일소하는 것"(児玉誉士夫 1941, 11)이었다.

그러나 패전 후 고다마는 과거 '진드기'라고 매도한 미국 정보기관의 협력자로 변신했다.[15)] 그는 또 전시 중 일본 국내에 존재하는 자유주의 사상과 경제 기구를 황도에 대립하는 것으로 타파해야 한다고 역설했지만(児玉誉士夫, 1941, 7), 전후에는 "한국, 대만, 일본 등의 자유 아시아 제국이 연대세계를 만들어내는 것이 절대 필요하다"(밑줄은 필자)고 주장했다(児玉誉士夫 1972. 1, 5).

이렇듯 정세가 바뀌면 '진드기'의 꼭두각시가 될 수도 있고, 타도 대상이라고 외친 '자유'의 신봉자가 될 수도 있는 이 줏대 없는 인물이 수많은 뒷소문과 함께 폭력배 등 검은 세력들과 깊은 유대관계를 갖고 있었다는 것은 너무나 유명하다.[16)] 그 고다마는 만년에 자택에서 포르노 영화에 출연하던 어떤 배우가 조종하는 소형 비행기로 인해 쇼와(昭和)

---

14) 2013년 10월 10일 국회 외교통일위원회에서 발표된 인재근 민주당 의원의 조사 결과.

15) 고다마가 미 중앙정보국(CIA) 등의 정보기관에 대한 협력자였음은 널리 알려져 있는데, 그러한 계기에 관해서는 有馬哲夫(2013, 제5장) 등을 참고할 것.

16) 고다마와 '검은 세력'과의 관계에 관한 서술은 많은데, 예컨대 立花隆(1976. 5, 94-134)를 참고할 것.

시대 마지막 '특공대 공격'까지 받았다. 한국정부는 바로 이 같은 기괴한 인물에 대해 '국권의 신장 및 우방과의 친선에 공헌이 뚜렷한 사람'에게 주는 훈장을 수여한 것이다.

아무리 과거 군국주의 전력이 있다고 하더라도 기시는 평화조약에 의한 전쟁의 법적 처리 후에 정식으로 정계에 복귀한 '정당한' 인물이었으며, 사토와 시이나 역시 개인적인 사상이야 어쨌건 한일 수교에 직접 관여한 고위 정치가였다. 식민지 통치 미화 발언을 남긴 것으로 유명한 다카스기 역시 수교 때 공식 수석대표이다.

그러나 고다마는 전혀 다르다. 공적 직함을 보유하지 않았음에 따라 물밑 교섭의 주역으로 평가받아온 야츠기의 경우에도 어쨌든 총리 특사 자격으로 정식으로 방한했고 한일협력위원회 상임위원으로서 공식적으로 활동했다. 하지만 고다마는 한일관계에 어떠한 '공헌'이 있었는지 기록을 통해 그 흔적조차 찾기 어려운 인물이다. 공개된 한일교섭 관련 외교문서에서도 김종필-오히라 합의에 이르는 총액 결정 교섭 과정에서 일본정부가 제공할 금액에 관한 정보를 고다마로부터 수집했다는 수준의 짧은 언급을 확인할 수 있을 뿐이다.[17]

한국정부가 이처럼 외교 기록에도 등장하지 않는 불가사의한 인물에게 훈장을 수여한 사실은 수교 전후부터 구축되기 시작한 새로운 한일관계가 어떤 성격을 띠고 있었는지를 간접적으로 말해준다. 이는 다원화한 일본과 공식 채널을 통해서는 도저히 다루지 못하는 정치적인 과제들의 존재가 낳은 부산물이었다. 수교가 '정상화를 위한 레일이 깔린 것에 불과하며 지금부터가 오히려 문제'라고 평가받던 시기에 이미 장기집권 조짐을 보였던 박정희 정권 하에서 거의 하나로 뭉친 한국은 그 일원화의 결과로서 바로 국가가 고다마와의 관계로 상징되는 일부 기괴한 세력과 '국소화' 관계를 구축한다는 특이한 양상까지 보인 것이다.

17) 이에 관해서는 장박진(2009, 429)를 참조할 것.

경제를 중심으로 한 '전체화'의 관계도, 반공을 위한 '국소화'의 관계도 한일관계를 비정상적으로 만들고 있었던 가운데 이것을 정상화하기 위한 논의가 전혀 없지는 않았다. 이 시기의 '한일회담'인 한일 각료회의 과정에서 한국은 1965년까지 한일회담에서 다루지 못했던 사할린 잔류 한국인의 귀국 문제를 그나마 공식적으로 거론했다. 1968년 4월 한국 외무차관은 사할린 잔류 한국인들이 강제적으로 연행된 데다 잔류된 것 역시 본인의 희망에 반한 것이라고 지적하면서, 한국 귀환은 나중에 이뤄지더라도 이들을 우선 일본이 받아들이기 위해 소련에 대해 적극적인(offensive) 수단을 취할 것을 촉구했다(木村大使から外務大臣(電文372号) 1968. 4. 15, 「チン外務次官申し入れ」, 『日韓関係(日韓要人会談)』 문서번호 2010-3947). 또한 한국은 제2회 한일 각료회의의 정식 의제로 이 문제를 채용할 것을 요청하기도 했다(三木大臣から金山大使へ(電文32899号) 1968. 7. 24, 「日韓定期閣僚会議」, 『日韓関係(第2回定期閣僚会議)』 문서번호 2010-3948). 그러나 일본은 북송 문제 등 정치적인 문제를 제외한 것과 같은 맥락에서 이 문제의 의제 채택을 거부했다(北東アジア課 1968. 7. 29, 「第2回日韓定期閣僚会議」, 『日韓関係(第2回定期閣僚会議)』 문서번호 2010-3948). 또한 일본은 이들 한국인을 받아들일 법적 책임이 없으므로 한국이 귀국 희망자를 모두 받아들인다, 일본에 일절 비용 부담을 요구하지 않는다는 조건 하에 소련이 인정하면 일본을 통과하는 것은 수용한다는 냉담한 방침으로 대응했다(北東アジア課 1969. 5. 29, 「在樺太朝鮮人問題」, 『日韓関係第三回定期閣僚会議』 문서번호 2010-3956). 일본은 이러한 입장의 연장선상에서 1969년 7월 한국이 제출한 귀국 희망자 약 6,900명의 리스트에 대해서도 집단 귀국 문제, 일본 재류 희망자의 법적지위, 생활보호 등과 관련해 국내적으로 의견이 엇갈리고 있다는 이유로 소련의 조사결과를 받아본 뒤 개별적으로 대응한다는 소극적인 자세를 취했다(北東アジア課 1969. 8. 1, 「厳大使との会談に際する大臣参考資料」, 『日韓関係第三回定期閣僚会議』 문서번호 2010-3956). 결국 일본은 1971년 제5회 한일 각료회

의에서 소련에 타진하더라도 성과가 없다는 이유로 개별적인 사례에 따라 대응하는 것이 일본의 공식 방침이라고 한국에 전했다(문서 작성자, 날짜 불명, 「外務関係個別部会大臣発言御参考」, 『日韓関係(第5回日韓定期閣僚会議(2))』 문서번호 2010-3962). 이에 따라 과거사 문제와 관련해 이 시기 그나마 거론된 사할린 잔류 한국인의 귀환 문제조차 뒷전으로 미뤄져 한일관계의 정상화를 막는 요인으로 남게 됐다.

Ⅵ. 나오며

한일 국교정상화 1주년을 맞은 1966년 12월 18일 사토 총리는 정일권 총리에게 다음과 같은 축사를 보냈다(「国交1年後の祝賀メッセージ」, 『日韓関係』 문서번호 2010-3946).

> 한일 양국 간의 국교가 정상화된 것은 단지 양국 간 다년간의 현안이 처리된 것을 뜻하는 것일 뿐만 아니라 넓은 국제협력의 장에서 한일 양국이 호혜평등의 관계에 서서 서로 제휴해서 아시아의 평화와 번영에 기여하는 출발점이 확립된 것을 뜻하는 것입니다.

사토가 말한 대로 국교정상화 후의 한일관계는 경제를 중심으로 '호혜'의 관계를 구축하기 시작했다. 국교정상화의 결과 봇물처럼 터진 자본의 논리 하에서 한국은 '우르르' 몰려오는 일본의 침투를 오히려 환영하면서 구석구석까지 스며드는 '전체적' 한일관계를 만들어갔다. 이는 당시의 조건 하에서 한국이 경제발전을 위해 취한 불가피한 경로였다. 또 생산물이나 용역의 형태로 이행된 일본의 대한국 침투는 그것을 실제 생산하고 제공하는 일본 기업들에겐 경제적인 이익으로 돌아왔다. 이는 일면 '호혜'의 관계였다.

그러나 국교정상화 후 한국에 들어온 자금이 식민지 피해에 대한 보상의 의미를 띠어야 했던 시기에, 마치 '바다로 흘러가는 강물'처럼 일방적으로 한국으로 침투하기 시작한 일본의 생산물 등은 한일관계의 '평등성'보다 재(再)지배 관계의 재현이라는 인식을 낳았다. 이렇게 국교의 '정상화'가 오히려 관계의 '비정상화'를 정착시키는 출발점이 된 것이다.

관계의 '비정상화'는 이에 그치지 않았다. '서로 제휴해서 아시아의 평화와 번영에 기여하는 출발점'이 되어야 했던 한일관계는 이 시기 특히 안전보장의 맥락에서 '국소화'하는 양상을 띠었다. 이는 반공으로 일원화한 한국과 전후 다원화한 일본사회가 처한 조건의 차이에 따른 당연한 귀결이었다. 그러나 이유가 어쨌건 일본측 '우리 그룹'과의 유대관계 강화에 나섬에 따라 한국은 과거 군국주의를 선도한 세력과의 협력이라는 의미를 넘어, 기괴한 인물들과의 '검은' 유대 관계마저 주저하지 않는다는, 또 다른 '비정상화'의 길을 열었다. 반면 결코 '다년간의 현안이 처리된 것'이 아니었으므로 정상화를 위해 꼭 필요했던 과거사 처리 문제는 전혀 움직이지 않았다. 이 시기 관계정상화 과제와 관련해 그나마 정식 제기된 사할린 잔류 한국인의 귀환 문제조차 전혀 진전되지 않았다.

이처럼 한일관계가 왜곡되어 가는 가운데 1972년 동북아시아 정세는 극적으로 전환되었다. 미중화해에 따른 긴장완화는 한반도에서도 표면상 7·4공동성명에 대변되는 남북관계의 안정화로 이어지면서 적어도 일본 '우리 그룹'과의 비정상적인 국소화 논리는 그 힘을 잃어갈 수 있듯 보였다. 그러나 실상은 달랐다.

1972년 7월 28일 한일협력위원회 참석을 위해 방한한 기시에게 박정희는 7·4공동성명에 호응한 의도를 다음과 같이 설명하면서 사실상 '국소화의 계속'을 요청했다(後宮大使から外務大臣(電文1188号) 1972. 7. 29, 「キシ元総理とボク大統領との会談」, 『日韓関係(第6回日韓定期閣僚会議(1))』 문서번호 2010-3963에서 요지를 정리).

> 남북공동성명에서 북측이 노리는 것은 요즘 데탕트의 틈을 타서 주한미군 철수, 미 군사원조의 삭감, 남쪽의 분열 및 생산 저하를 통해 무력이 아닌 정치적인 한국 약체화이다. 우리가 이와 같은 북측 의도를 알면서도 공동성명에 나선 것은 상대측 의도를 역으로 이용해서 무력 불행사의 공약을 받아내고, 그 사이 국민이 생산 증강에 집중하고 국내 체제를 강화하고 군 현대화의 후진성을 극복하기 위한 것이다. 새마을운동을 하는 것도 이 때문이다. 한국으로서 가장 걱정스러운 것은 일본이 한국을 무시하고 북과 접촉하고 국력증강에 손을 빌려주는 것이다. 이러면 북측은 남북 화해의 열의를 잃는다. 한국을 강하게 함으로써 북측의 불온한 뜻을 부수고 평화를 유지할 수 있다.

이처럼 데탕트는 한국을 '국소화'의 논리로부터 해방시키는 요인이 되지 못했다. 1972년 10월 박정희는 '국내 체제 강화'를 위해 유신체제를 출범시켰다. 동북아시아의 긴장완화에 '역행'하는 이 선택은 이 시기 확립된 '전체화', '국소화'의 흐름과 함께, 거시적으로는 '한국조항'의 사문화로 상징되는 한일 안보협력체제의 후퇴, 미시적으로는 김대중 납치, 박정희 저격 미수사건 등을 유발하면서 보다 복잡하고 왜곡된 한일관계를 구성하게 된다.

참고문헌

한국정부 공개 외교문서

『한일 경제각료간담회, 서울, 1966.9.8-10』(분류번호 761.311JA).

『대일경제협력정책, 1965-66』(분류번호 761.1JA).

『한일 경제각료간담회, 서울, 1966.9.8-10』(분류번호 761.311JA).

『한일정기각료회의, 제1차 동경, 1967.8.9-11, 제4권(V.2본회의철)』(분류번호 723.1JA).

『한일정기각료회의, 제1차 동경, 1967.8.9-11, 제4권(V.3 연설문 및 신문관계)』(분류번호 723.1JA).

『한일정기각료회의, 제3차 동경, 1969.8.26-28, 제5권(V.5 관계부처 협조)』(분류번호 723.1JA).

『북한·일본 관계, 1969』(725.1JA).

『기시 노부스케(岸信介) 전 일본 수상 방한, 1966-70』(724.22JA).

『한·일 국회의원 간담회, 제1차 서울, 1968.6.6-9』(724.53JA).

『한일협력위원회 총회, 제1차, 동경, 1969.2.12-15』(723.9JA).

『한일협력위원회 총회, 제2차, 서울, 1970.4.20-22』(723.9JA).

『한일협력위원회 상임위원회, 제3-5차』(723.9JA).

『한일협력위원회 총회, 제3차, 동경, 1971.7.29-31』(723.9JA).

기타 공식 문서

대한민국 정부. 1965. 『한·일회담 합의사항〈가조인 내용 해설〉』.

經濟企劃院. 1976. 『請求權資金白書』.

연구서

안소영. 2011. “한일관계와 ‘비정식접촉자’: 국교정상화 성립 전후로부터 1970년대 초반까지”. 국민대 일본학연구소편. 『박정희 시대 한일관계의 재조명』. 서울: 선인, pp. 103-146.

이현진. 2011. "1960년대 후반 정세변화와 한일경제협력의 논리: 한일정기각료회의의 논의과정을 중심으로". 국민대 일본학연구소편.『박정희 시대 한일관계의 재조명』. 서울: 선인, pp. 149-190.

빅터 차(김일영·문순보 옮김). 2004.『적대적 제휴: 한국, 미국, 일본의 상각 안보체제』. 서울: 문학과 지성사.

장박진, 2009,『식민지관계 청산은 왜 이루어질 수 없었는가: 한일회담이라는 역설』 서울: 논형.

일본정부 공개 외교문서

『日韓関係』(문서번호 2010-3946).

『日韓関係(日韓要人会談)』(문서번호 2010-3947).

『日韓関係(第2回定期閣僚会議)』(문서번호 2010-3948).

『日韓関係(第2回定期閣僚会議)』(문서번호 2010-3949).

『日韓関係(日韓協力委員会)』(문서번호 2010-3952).

『日韓関係(日韓要人会談)』(문서번호 2010-3953).

『日韓関係第三回定期閣僚会議』(문서번호 2010-3956).

『日韓関係(第四回日韓定期閣僚会議(1))』(문서번호 2010-3959).

『日韓関係(第四回日韓定期閣僚会議(2))』(문서번호 2010-3960).

『日韓関係(第5回日韓定期閣僚会議(1))』(문서번호 2010-3961).

『日韓関係(第5回日韓定期閣僚会議(2))』(문서번호 2010-3962).

『日韓関係(第6回日韓定期閣僚会議(1))』(문서번호 2010-3963).

기타

有馬哲夫. 2013.『児玉誉士夫: 巨魁の昭和史』東京: 文春新書.

吉良秀通. 1967.10.「第一回日韓定期閣僚会議について」.『経団連月報』第十五巻 第十号, pp. 58-61.

児玉誉士夫述. 1939.12.『支那事変は如何にせらる可きか支那新中央政権とは如何なるものか』. 興亜青年運動本部.

児玉誉士夫. 1941.『思想戦に備えよ』. 興亜青年運動本部.

児玉誉士夫. 1972.1.「アジアの民族的使命について」.『日本及び日本人』通號 1505, pp. 2-5.

鮫島晋助. 1967.10.「第一回日韓定期閣僚会議と経済協力」.『コリア評論』第9巻 第7号, pp. 8-17.

立花隆. 1976.5.「児玉誉士夫とは何か(特別レポート)」.『文芸春秋』54(5), pp. 94-134.

知久功. 1973.4.「日韓閣僚会議の六年」.『コリア評論』no.140. pp. 25-37.

中川信夫. 1971.11.「「日韓経済圏」形成の政治的帰結」.『世界』312號, pp. 162-172.

林雅行. 1998.4. 「黒幕の肖像⑧ 妖怪を「あんた」と呼ぶ怪物·矢次一夫(下)」.『政界』20(4), pp. 38-43.

副島有年. 1969.10.「第三回日韓定期閣僚会議」.『国際金融』435号, pp. 4-8.

副島有年. 1970.10.「日韓経済関係定着化にむかう−第四回日韓定期閣僚会議−」.『ファイナンス(大蔵省広報)』, pp. 28-33.

宮地和明. 1972.11.「第六回日韓定期閣僚会議の全貌」.『農林省廣報』, pp. 20-22.

矢次一夫. 1973.『わが浪人外交を語る』. 東京: 東洋経済新報社.

저자 불명. 1970.10.4.「矢次構想の全容」.『朝日ジャーナル』, pp. 113-115.

『讀賣新聞』.

『朝日新聞』.

『毎日新聞』.

제9장 박정희정권 시기 지식층의 대만 농정(農政) 인식과 그 변화*

정태헌

Ⅰ. 들어가며

1960년대의 한국과 대만은 ① 일제 식민지배를 경험하고 해방 후 경제자립이 안 된 점, ② 자연자원의 부족, ③ 거액의 국방비 부담을 안고 경제개발을 서둘러야 하는 점, ④ 높은 인구증가율, ⑤ 미국 원조를 크게 받는 점 등[1] 공통점이 많았다. 또 대만과 한국은 각기 '중국본토'와 북한을 "수복해야 할 당위성"과 "공통의 운명"을 가진 반공국가로 인식되었다(梁興模 1966, 107). 오랜 독재체제에서 벗어나 제도적 민주화가 가동된 시점 또한 비슷하다.[2] 1949년 국공내전이 끝난 이후 중국(중화인민공화국)과 수교한 나라가 적지 않았지만,[3] 냉전체제가 끝날 때까지 한국에게 '중국'이란 곧 대만(중화민국)이었다.[4] 1953년 토지개혁

---

* 이 글은 필자의 논문("박정희정권 시기 지식층의 대만 農政 인식과 그 변화" 『아세아연구』 57권, 2014.9)을 수정 보완한 것임.

1) 1963년 대만을 방문한 동아일보 기자에게 공업발전투자소조(工業發展投資小組)의 대만 관리가 지적한 내용이다("奇蹟의 反證 臺灣一貧困打破에 腐心" 『동아일보』(1963/02/14)).

2) 한국에서 1987년 6월 항쟁이 한창일 무렵, 대만에서는 7월15일을 기해 38년 만에 계엄령이 해제되었다.

3) UN에 중국이 가입하고 대만이 축출되기 전해인 1970년 중국 수교국은 44개국(대만 수교국 67개국)이었다. 1949년 '중공정권' 수립 직후에도 중국을 승인한 나라는 공산진영 12개국, 중립진영 6개국 외 서방진영도 영국, 노르웨이 등 8개국이나 되었다. 외교부, "한국의 대중국(구중공) 정책, 1971" (외교사료관 소장).

4) 1983년 5월 5일 '중공' 비행기가 대만으로의 망명을 요구한 6명에게 납치되어 춘천에 불시착하기 전까지 '중공'과 한국은 공개적인 접촉이 거의 없었다.

완수와 함께 경제개발계획정책을 시행한 대만은 역사적 경험이나 냉전체제하 반공최전선으로서 한국과 공통점이 많아 1960년대 한국 지식층(언론인, 교수)에게 중요한 비교대상이 되었다.

한국은 대만보다 7년 늦은 1960년에 경제개발계획을 시작했는데 1960-70년대 양국의 경제력 차이는 작지 않았다. 한국은 대만보다 인구가 2.31-2.13배나 많았다.5) 그러나 1인당 GNP에서 1950년대 대만은 한국의 2.7-2.33배(1953-58년)나 컸고 1950년대 말에 격차가 줄었지만, 1960년대에도 2.08-1.87배(1960-68년)로 2배 정도 컸다. 이후 격차가 1.68배(1969년), 1.26배(1976년)로 줄어 1977-79년에는 잠시 비슷한 수준(1.14-1.04배)으로 근접하기도 했다. 그러나 1980년대에는 다시 1.30-1.28배(1980-89년)로 격차가 벌어졌고 1990년대 들어 1.21-1.11배(1990-2001년)로 다시 좁혀졌다. 한국의 1인당 GNP가 대만을 능가하게 된 시점은 2000년대 들어서였다.6)

한국과 대만은 경제정책의 방향과 철학에서 큰 차이가 있었다. 특히 경제개발 과정에서 한국은 수직적으로 통합된 대기업집단의 산업구조를 이룬 반면에, 대내균형과 경제안정을 우선시한 대만은 국유·국영 중심 경제구조에서 수평적으로 통합된 중소기업집단의 산업구조를 형성했다.7) 즉 국유·국영 경제가 주도하는 가운데 경쟁체제 하의 민간부문으로 구성된 점이 대만 경제구조의 특징이었다.

또 하나의 큰 차이는 농업 부문이었다. 한국은 1960년대 이후 농촌, 농업의 희생을 전제로 공업부문 성장과 수출 신장을 추구했다. 때문에

---

5) 대만과 한국의 연도별 인구

연도	1949년	1960년	1966년	1970년	1975년
한국	20,166,756	24,989,241	29,159,640	31,435,252	34,678,972
대만	7,396,931	10,792,202	13,049,605	14,753,911	16,223,089

출처 : http://www.ris.gov.tw/zh_TW/346(검색일: 2014.03.14) ; http://kosis.kr/statHtml/statHtml.do?orgId=101&tblId=DT_1IN0001_ENG&conn_path=I3(검색일 : 2014.03.14)

6) 대만과 한국의 GNP 및 1인당 GNP 비교

박정희 정권 시기 지식층들은 대만 경제의 '소득 균배'와 경제운영 안정성과 신뢰감, 농촌의 고소득을 부럽고 배워야 할 대상으로 주목했다. 이들은 정부의 경제정책을 비판하거나 방향 수정을 요구할 때 대만의 사례를 적지 않게 언급했다.[8]

한국의 경제개발정책이 불균형성장을 추구하면서 외자의존적, 대외종속적 수출지향정책을 지속하는 와중에서 '자립경제'는[9] 1950년대 이

	GNP (억달러)		1인당 GNP(달러)				GNP (억달러)		1인당 GNP(달러)		
연도	대만	한국	대만(A)	한국(B)	A/B	연도	대만	한국	대만(A)	한국(B)	A/B
1953	15	14	181	67	2.70	1987	971	1,416	4,947	3,402	1.45
1954	17	15	192	70	2.74	1990	1,547	2,702	7,628	6,303	1.21
1955	20	14	220	65	3.38	1991	1,737	3,150	8,473	7,276	1.16
1958	18	19	186	80	2.33	1992	2,038	3,375	9,843	7,714	1.28
1959	15	19	141	81	1.74	1995	2,527	5,292	11,882	11,735	1.01
1960	18	19	164	79	2.08	1996	2,644	5,699	12,330	12,518	0.98
1965	29	30	228	105	2.17	1997	2,737	5,287	12,652	11,505	1.10
1968	43	52	316	169	1.87	1998	2,493	3,521	11,419	7,607	1.50
1969	50	66	353	210	1.68	1999	2,703	4,558	12,279	9,778	1.26
1970	57	78	393	243	1.62	2000	2,950	5,308	13,299	11,292	1.18
1975	142	214	882	607	1.45	2002	2,713	5,762	12,077	12,100	0.998
1976	170	296	1,036	825	1.26	2005	3,276	8,439	14,412	17,531	0.82
1977	199	380	1,192	1,043	1.14	2006	3,361	9,525	14,724	19,691	0.75
1979	306	636	1,763	1,693	1.04	2010	3,816	10,160	16,491	20,562	0.80
1980	381	633	2,150	1,660	1.30	2011	4,131	11,176	17,812	22,451	0.79
1985	584	961	3,045	2,355	1.29	2012	4,164	11,355	17,894	22,708	0.79

출처: http://ebas1.ebas.gov.tw/pxweb/Dialog/NI.asp(검색일: 2014.03.14); http://kosis.kr/statHtml/statHtml.do?orgId=301&tblId=DT_033Y002&conn_path=I3; http://kosis.kr/statHtml/statHtml.do?orgId=301&tblId=DT_074Y002&conn_path=I3(검색일: 2014. 03. 14)

7) 1992년 대만 제조업체의 98%는 중소기업이었다. 이들은 고용의 77%, 제조업 부가가치의 53%, 수출의 57%를 차지했다. 반면 한국의 경우 30대 재벌이 생산량의 34% 이상, 수출의 50% 이상을 차지했다. 중소기업 비중은 고용의 66%, 부가가치의 40%, 수출의 40%에 불과했다(임혜란 1999, 276-277).

8) 1980년대에도 마찬가지였다. 정주영은 1984년 11월 관훈클럽 연설에서 유신정권의 종합소득세와 부가가치세·특별소비세 과세가 "성장에 종지부를 찍게" 했다고 비판할 때 대만 사례를 들었다. 경제민주화 조항을 명시한 1987년 개헌에 즈음해서 정주영은 경제가 민간기업의 창의와 자율에 맡겨지면 5년 내에 대만을 능가할 수 있다고 주장했다. 1988년에도 남북경협이 이뤄지면 대만의 50%에 불과한 1인당 GNP(1987년의 경우 69%였다: 필자)를 5년 내에 따라잡을 수 있다고 강조했다(정태헌 2013).

승만 정부 시기뿐 아니라 장면, 박정희 정부 시기인 1960-70년대 내내 한국사회를 관철한 구호였다. 농가경제는 자립경제의 근간인 국내시장을 넓히고 농공균형발전 정도를 가늠하는 지표가 된다. 그런데 1956~81년 사이 농업 GNP는 2.1배, 1인당 소득은 2.8배 증가했지만, 산업에서 농림어업 비중은 47.3%(1953년)→36.8%(1960년)→29.2%(1970년)→16.2%(1980년)로 격감했다. 같은 기간 GNP 증가율이 5.9배, 연평균성장률이 7.4%였던데 반해 농업부문은 2.1배, 3.1% 성장하는데 그쳤다. 호당 경지면적이 0.87정보(1960년)→1.02정보(1980년)로 큰 변화가 없는[10)]영세소농구조 하에서 도농 간 소득격차는 더욱 벌어졌다. 결국 1970년대에는 농업 생산구조의 질적 변환을 모색하기보다 증산과 가격지지를 통한 소득증대정책에 집중되었다.[11)]

1960-70년대 반공국가 한국의 지식층이나 기업인들이 각종 미디어를 통해 드러낸 대만의 농업(정책)에 대한 인식 범주는 기본적으로 보수적인 가운데 개혁적 성격의 비판이 가미된 것이었다. 이들은 안정과 성장을 함께 이룩했다고 본 당시의 대만 경제, 특히 농업부문을 어떻게 인식했을까. 이들은 양국 경제를 비교하면서 어떤 문제의식으로 한국 경제를 비판했을까. 그러한 문제의식이 어떻게 변해갔으며 그에 내포된 한계와 이후에 미친 영향은 무엇일까. 아쉽게도 이러한 의문을 충족시킬 수 있는 연구는 찾기 힘들다.[12)] 이 논문은 이를 추적하고자 한다.

---

9) '자립경제'에 내포된 의미는 다음과 같다. ① 일제의 필요에 따라 편성된 식민지 산업구조를 한국인의 요구에 맞게 재편하여 경제잉여 유출을 초래하는 외자의존형 경제를 지양, ② 최대한 국내자본을 조달하여 불균등한 산업구조에 의존한 대외종속적 수출지향정책을 지양, ③ 국내 산업의 유기적 구성의 구도화를 통한 수입대체 추구, ④ 국민경제의 균형발전 도모(박순성·김균 2001; 정건화 2002).

10) 농림수산부, 각년판, 『농가경제조사결과보고』(박진도 1994, 70에서 재인용)

11) 이 과정에서 미곡 중심 단작체제가 심화되어 쌀의 수급 여건이나 가격조건이 악화되면 농가수지가 악화되는 취약성이 1980년대 고미가정책이 폐지되면서 고스란히 드러났다(조석곤 2011, 279-308).

12) 유일하게 정문상(2013)의 연구가 있는데 개괄적이고 한국 경제와의 상호 인식 속에서 대만 경제 인식을 분석하지는 않았다. 일제시기의 경우 손준식(2007; 2010)의 연구가 있다.

한국 지식층의 대만 경제 인식과 그 변화과정에 대한 추적은 이것이 당시 한국 경제의 상황에서 어떠한 역사성, 혹은 정치성을 지니고 오늘날 어떠한 유효성을 지니는가를 분석하는 작업이기도 하다. 본고는 당시 지식층의 대만 경제 인식 그 자체를 분석대상으로 한다. 따라서 이러한 '담론'이 당시의 한국 농업정책과 구체적으로 어떤 상관관계를 갖는가에 대해서까지 규명하지 못한 한계 또한 명백하지만, 몇 가지 의의는 있다고 생각한다.

첫째, 이제까지 1960-70년대 경제정책을 좌우하는 외부요소로 미국이나 일본에 초점을 둔 연구사 지평을 확장하는 계기가 된다. 둘째, 비교대상의 유사성과 차이를 드러내고 사후 관점에서 정적인 비교를 통한 일반화 오류에 빠지는 경향을 넘어, 당시 시각으로 비교시점(視點)을 설정하여 비교대상의 상호관련성을 역사적으로 분석함으로써 동아시아를 횡단하는 인식 지평을 확대할 수 있다. 셋째, 주체적 관점을 확대하는 소재가 될 수 있다. 냉전체제 하에서도 이 지역의 평화를 구축하는 데 한국과 대만 스스로의 선택 역시 큰 역할을 했다. 유감스럽게도 1992년 단교 이후 한국 사회에서 대만에 대한 관심은 거의 사라졌다. 대만을 온전히 알아가면서 대만과 지적 교류를 복원할 필요가 있다. 강대국 중심의 사물 인식, 대만이 누락된 동북아 역사상은 그만큼 빈틈이 많고 수동적 역사인식에 머무를 우려가 크다.[13]

---

13) 대만 인식의 필요성에 대해서는 최원식·백영서 엮음(2012)를 참조.

Ⅱ. 대만, 부러운 대상 그리고 환경과 조건 차이 인식

1. 낯설지만 부유한 대만의 농가와 부러운 '근대적 공업화'

5·16군사정부의 제1차 경제개발계획이 가동될 무렵인 1962년에 『경향신문』은 「동남아경제별견(東南亞經濟瞥見)」 연속취재를 통해 대만에 대한 낯설음을 다음과 같이 표현했다.

50여년 간 일본 통치를 받은 대만에서 '본토인'과 '대만인' 간의 사고나 역사인식에는 "근본적인 차이가" 있다. "제2차 세계대전 때는 항일전쟁에" "현재는 대공투쟁의 제1선"에서 "권토중래" 기회를 노리는 "국부정부(國府政府)"는 한국인을 "동맹국"으로서 대한다. 반면에 '대만인'은 아직도 "대일숭배(對日崇拜) 관념"이 짙어 타이베이(臺北), 타이난(臺南) 등의 번화가 극장에서는 "쌍십절기념" 광고판을 내걸면서도 일본 영화가 "당당히 상영"되고 레코드 가게에서는 일본 유행가가 쉴 새 없이 흘러나온다. 다방과 음식점 점원은 외국인인 듯싶으면 으레 일본말로 인사한다.[14)]

당시 한국 지식층에게 국민당 정부가 대만인 2만여 명을 학살한 2·28사건(1947년)이나 대만이 1949년 이래 계속 계엄통치하에 있다는 사실은 거의 주목되지 않았다. 따라서 '대만인'들의 '본토인'이나 국민당 정부에 대한 원한, '구관이 낫다'는 식으로 이전 지배자인 일제 통치가 나았다는 '대만인'들의 역설적 심정도 헤아릴 수 없었다.[15)] 대만에 대한 인식이 피상적인 상황에서 '본토인'과 '대만인'의 역사인식 차이, 일제 지배시기에 대한 한국인과의 이질적 감정은[16)] 매우 낯설었을 것이다.

---

14) "東南亞經濟瞥見(7) 自由中國의 工業" 『경향신문』(1962/10/17)

15) 물론 2·28사건이나 '대만인' 상황을 이해하고 그들에 대한 차별을 철폐하고 민주정치가 필요하다고 본 경우도 있었다("臺灣 이모저모(3)-(5)" 『동아일보』(1959/09/06-59/09/08). 그러나 '본토인' 시각에서 양자 간의 상호이해가 두터워져 간다는 인식이 대부분이었다.

16) 해방 이후 1970년대까지 한국사회에서는 식민지근대화론이 '학술적'으로 표출된 적이 없었다. '원시적 수탈론'에 치우친 감정적 식민지상이 대부분이었다(정태헌 1998, 20).

한국에서 대만이 중요한 비교대상이 되기 시작한 시점은 1960년대 들어서였다. 4·19민주화운동을 계기로 '자립경제' 구호가 들끓던 1960년 5월의 한국인들에게 대만이 자립경제 단계에 들어선 부럽고 배워야 할 대상으로 부각된 것이다. 당시 부흥부가 개최한 "외원(外援)운용정책에 관한 공청회"에서 장기 경제개발계획보다 더 급한 일로 "사치를 배격하고 근검절약으로써 내핍생활을 기하자"고 호소할 때 든 사례는 자전거를 타고 설탕과 비료 소비를 줄이는[17] 대만이었다.

1960년대 초 언론의 대만 인식은 현상적 단순비교를 통한 인상적 차이가 대부분이었다. 가령 1960년 2월, 대만의 농가는 평균 15마리 이상 돼지를 기르고 라디오, 미싱, 자전거 등을 필수품으로 갖고 있다는 유옥우(劉沃祐) 의원의 전언이 보도되는[18] 수준이었다. 농촌가옥에 대한 인상에서 대만 농민들의 부유한 생활에 놀라움을 드러내기도 했다. 산간주택도 "벽돌담장에 와가(瓦家)"이고 흙담초가집도 안 보인다. 평야지대에는 "우미(優美)한 문화주택이 틈틈이 끼여 있어 도시와 대차가 없"었다. 비행기 창 너머 보이는 농경지는 경지개간을 하여 구역이 직선으로 정연한 유럽의 그것과 다름없었다. 주민들이 건실 근검하고 걸인, 깡패, 도적들을 볼 수 없었다는[19] 것이다.

5·16쿠데타 세력이 표방한 (조국)근대화론은 개항 이래의 문명개화론에 연원을 가진 것으로 한국사회에 '근대화 = 공업화'라는 도식적 근대주의[20]를 강하게 각인시켰다. 그 세례에서 벗어나기 어려웠던 지식층에게, 대만은 1950년대를 지나면서 전체의 90%가 넘는 9,000개 공

17) "美農産物導入 再檢討" 『경향신문』(1960/05/14)

18) "花郎精神으로 싸우자고" 『동아일보』(1960/02/03)

19) "내가 본 自由中國(中)" 『동아일보』(1964/1903/21)

20) 이에 대해서는 정태헌(2007)을 참조. 한편 이 시기 후진성 담론은 '선진:후진'이라는 강렬한 비교를 통해 국가 간 우열을 각인시켜 선진은 잘 살고, 후진은 못 살고 뒤처진 것으로 규정했다. 잘 사는 선진국이 되자는 근대화의 핵심내용도 경제발전, 산업화, 공업화로 제한되었다. 자본주의 불균등 발전이 당연하듯이 근대화 또한 불균등 과정을 거친다고 인식했다(황병주 2008).

장을 건설하여 '근대적 공업화'를 이룩했고 영양공급이 급증(평균열량 1,800→2,500 칼로리)한 나라로 부각되었다. 3대 기간산업(전력, 비료, 방직)을 기반으로 미국 원조의 효율적 사용, 민간자본 축적, 화교의 투자 등 외자도입으로 자동차, 플라스틱, 시멘트, 선풍기, 인조섬유 등을 생산하고 1962년 현재 모든 것이 수출 단계에 들어간 대만은 공업국으로 눈부시게 발전하는[21] 나라였다.

경제발전 척도인 전기 보급상황도 주목되었다. 1962년 100만여 명이 사는 수도 타이베이의 밤거리는 곧 완수할 100만kW 발전능력을[22] 자랑하듯 울긋불긋한 네온으로 뒤덮여 있었고, 26개 수력, 11개 화력 발전소가 공급하는 전력으로 도시와 농어촌을 막론하고 인구의 84%가 전기 혜택을 입고 있다는 사실이 놀라웠다. 아시아 전력소비량에서 대만은 일본, 이스라엘 다음이고 근대적 정유, 비료공장 등을 가동시켜 1953년 이후 2차에 걸친 경제건설 4개년 계획을 "성공리에 완성하고" 농업국가에서 "근대적인 공업국가"로 "경제구조를 온전히 변모"시켜 "괄목할 발전"을 이룬[23] 나라였다. 즉 대만은 1951~62년에 전기가 3배(90만kW), 공업생산지수 2.5배, 수출이 2배(2억 2천만 달러)나 증가하고 공업생산품 비중이 5%에서 42%로 뛰어 모든 수치가 "공업국가를 지향"하는[24] 나라였다.

빠른 경제성장을 통해 후진국을 벗어나 중진국으로 나아가자는 (조국) 근대화론 시각에 이미 중진국으로 도약한 대만을 부러워하는 인식에 일당독재-"당정(黨政)"체제에 대한 비판적 문제의식이나 민주화와

---

21) "東南亞經濟瞥見(7) 自由中國의 工業" 『경향신문』(1962/10/17)

22) 한국의 설비용량은 1961년 36만 7천, 1964년 59만 7천, 1967년 91만 7천, 1970년 250만 8천, 1973년 427만 2천, 1976년 481만, 1979년 803만 3천kw였다(http://kosis.kr/statHtml/statHtml.do?orgId=388&tblId=TX_38803_A021&conn_path=I3(검색일: 2014.08.13)). 1967년 가정 전기보급률은 30% 미만이었다("反撥 거센 『昇壓』 家庭電壓 2百20볼트의 得失" 『동아일보』(1967/08/05)).

23) "東南亞經濟瞥見(6) 自由中國의 工業" 『경향신문』(1962/10/15)

24) "奇蹟의 反證 臺灣―貧困打破에 腐心" 『동아일보』(1963/02/14)

경제발전의 상관관계는 들어설 여지가 없었다. 한 지식인은 대만이 계엄 하에서 "야당이 없는 나라", "야적(野的) 신문이 없는 나라"이지만 이는 "지상명제"인 "본토 수복"의 "效益을 위한 과정"으로서 "공산당에 맞서는 강력한 당"에 의해 "모든 것이 대공정책과 연관"된 상황이라고 "이해"했다(梁興模 1966, 107).

2. 대만과 한국 경제개발의 출발점, 환경, 내적 조건의 차이 인식

타국 경제와의 비교를 통해 자국의 경제발전 방향을 모색하는 문제의식이 구체화되려면 부러워하는 단계를 벗어나 경제 환경, 정책과 철학의 차이를 인식하는 데까지 나아가야 한다. 언론은 한국 경제가 대만과 달리 구조적 문제, 특히 산업연관이 결여되어 있다는 문제의식을 보이기 시작했다. 가령 양돈사업이 발달한 대만에서는 돼지가 3,000만 마리나 되어 생산의 태반을 수출하는데, 한국은 농가수입 증가를 위해 중요한 양돈에 필요한 사료 보급이 안 되어 축산업이 발전하지 못한다는[25] 문제제기를 들 수 있다.

그리고 양국 경제의 차이가 무엇에서 비롯되었는가에 접근하기 시작했다. 이는 배워야 할 대상을 객관적으로 인식하고 한국 경제의 문제를 주체적으로 짚어내는 계기가 된다. 1963년 『동아일보』는 대만 경제가 출발점이나 환경에서 ① 1년에 4경작이 가능한 열대기후 자연환경, ② '본토'에서 쫓겨난 국민당 정부의 "반성"과 "부흥" 의지, ③ 1953년 "「경제기적」의 기초가 된 토지개혁" 착수(1963년은 10년 지가상환의 "뒤끝이 나는 해"), ④ '본토인'들이 갖고 온 "중국본토의 돈" 유입과 "대만인보다 높은 기술지식과 교육", ⑤ 화교의 대만 투자 등의 측면에서 한국과 큰 차이가 있다고 지적했다.[26]

---

25) "農村經濟의 發展策(三)" 『경향신문』(1961/11/16)
26) "奇蹟의 反證 臺灣一貧困打破에 腐心" 『동아일보』(1963/02/14)

경제개발정책의 중요한 자본 원천인 된 '본토인'들이 대만에 올 때 소지한 막대한 자금과 금지금(金地金), 높은 기술력과 교육수준, 화교와 그들의 투자, 농업에 유리한 자연환경 등은 한국이 갖고 있지 못한 원초적 차이였다. 1961년 한 해에 들어온 민간외자 3,200만 달러 중 화교자본 비중은 78%(2,500만 달러)였다. 이러한 환경을 더욱 우호적으로 조성하기 위해 대만은 「교포에 의한 투자조례」를 정했다(梁興模 1966, 109). 대만 기업이 차입의존도가 적은 이유도 화교와 '본토인' 재벌들의 "막대한 자본"으로 "부흥" 자금을 이미 "충분히" 보유했고(韓國經濟人協會 1965a, 29) 여기에 더해 미국원조, 외자, 기술도입과 결합한 '민족자본'이 축적되어(金潤煥 1970, 105) 괄목할 경제개발 성과를 내고 있다고 인식했다.

아열대의 "천혜적(天惠的)" 자연환경으로 농토가 좁아도 경제적 효용이 높고 산봉우리까지 바나나가 열려 "농공병진"에 "유리한 풍토적 입지조건"과 1,600여 만 명의 세계 화상(華商)들이 "경제력과 시장조직"을 통해 판매망으로 기여하는 매우 "부러운" 조건도 큰 차이로 인식되었다(尹炳哲 1967, 52; 1968, 29; 鄭道永 1970, 29). 농업에 절대적으로 유리한 자연환경 차이로 정책적 제도적 보완이 따르지 않는 한, 한국의 농가소득이 대만을 따라가기는 어려운 조건이었다. 노동생산성도 대만이 한국보다 크게 높았다.[27]

여기에 대만인의 근면과 헌신, 검소와 절약이 부각되었다. 1966년 대만을 방문한 박동운(朴東雲, 한국일보 논설위원)은 대만 경제가 자립단계에 이른 것은 대만인들의 근면성, 연구성, 책임성과 대만인이 신용도를 확보하려고 노력한 결과라면서 한국이 자립경제가 불가능하다는 패배의식을 벗어나기 위해 이를 배워야 한다고[28] 강조했다. 물론 부유한 농민을 낳은 대만의 농정과 저곡가정책에 시달리는 한국 농민의 차

27) 한국은 대만의 70% 정도였다고 한다(李來秀 1979, 68).
28) "座談會-오늘의 東南亞를 말한다" 『政經硏究』 12(1966), 202.

이를 구조적으로 고려하지 않는 이러한 탈정치적 '도덕'론은 한국이 내자동원 실패로 경제개발 자금을 외자로 조달하는 상황에서 인플레이션 확대를 막고 저임금 노동집약적 수출정책을 추진하는데 필요한 이데올로기이기도 했다.

한편 한국의 '관제농협'을 지양하고 농민들의 창의와 정열을 응축하기 위해 농협조합장 직선제, 즉 농협의 상향식 민주화가 "상책"이라는 주장이[29] 제기되었다. 반면에 정부 시책이 벽촌 농민에게까지 침투해 지지를 받는 대만의 강력한 행정력도[30] 주목되었다. 즉 '민주화'를 배제한 근대주의(근대화=공업화)의 인식은 일당독재를 경제발전의 우호적 환경인 '정치적 안정'으로 이해했다. 한국사회에 만연한 부정부패와 관료주의 폐해를 강력한 독재의 힘으로 불식할 수 있다는 착시현상은 계엄으로 통치하는 장개석 국민당정부가 박정희 정부의 미래(유신체제)임을 암시했다. 1960년대 중반의 '대만 배우기'를 매개로 한 한국 지식층의 문제의식은 분화되는 조짐을 드러냈다.

29) "農民의 創意와 自由意思를 尊重해야 한다" 『경향신문』(1962/01/29)

30) 李奎燦, "旅券에 묻어 온 証言 내가 보고 느낀 海外経済 (71) 臺灣" 『매일경제』(1966/09/14)

Ⅲ. 선망한 대만 重農政策 내용과 그 정치성 및 한계 인식

1. 철저한 토지개혁과 그에 대한 양면적 평가

대만과 한국은 농정의 출발점인 토지개혁-농지개혁의 내용, 성과, 시점(始點)과 정부의 추진의지에서 큰 차이가 있었다. 국민당 정부는 1949년 대만으로 퇴각하자마자 토지개혁 제1단계인 「375감조(減租)」 정책[31]에 착수했다. 물론 해방 후 남한에서 농지개혁을 추동한 미국은 대만에서도 토지개혁을 추동한 외부요인이었다. 반면에 한국은 북한의 토지개혁(1946년 3월) 강행으로 농지개혁을 서둘러야 하는 상황에서도 법안 마련이 지지부진한 가운데 한국전쟁 직전에야 시행에 옮겼지만 전쟁을 계기로 고율의 현물과세(임시토지수득세)와 저곡가정책으로 농가경제는 피폐함을 면하지 못했다.[32]

1963년 이후 한국 언론은 대만 농업에 대한 심층보도를 시작할 무렵 '부유한' 대만 농촌의 역사적 배경이 되는 토지개혁에 주목했다. 다만 토지-농지개혁의 성과나 차이를 보는 시각은 일정한 편차가 있었다. 『동아일보』는 농지개혁이 성과를 보이지 못한 이유로 6·25전쟁이라는 외부요인을 강조했다.[33] 이러한 논조에는 동아일보 정치세력이 입안한 농지개혁이 대만의 토지개혁과 크게 다르지 않음을 강조함으로써 농촌 피폐화의 원인을 농지개혁에 두는 비판의 화살을 피하려는 정치적 의도도 작용했을 것이다.[34]

---

31) 「25감조」라고도 한다. 소작료가 수확량의 50%라고 전제할 때, 소작료를 25% 인하하는 것이다. 즉 소작료가 수확량의 37.5%를 넘지 않도록 하는 정책이었다.

32) 1950년대 한국의 농정은 ① 양곡매입법에 의한 양곡 강제매입, 임시토지수득세법에 의한 과중한 농지세 물납, 분배농지의 상환곡 등 현물형태 수탈 ② 저농산물 가격정책 등 두 측면에서 농업 수탈적 측면이 컸다. 농가의 호당 평균수지(총수입-총지출)는 1958년까지 매년 적자였다. 농가의 반수를 점하던 0.5ha 미만 영세농가 대부분은 자가용 식량 조달도 어려웠다(박진도 1994, 59-60).

33) "奇蹟의 反證 臺灣—貧困打破에 腐心" 『동아일보』(1963/02/14)

34) 물론 농지개혁의 내재적 문제점도 비판("내가 본 이모저모(16) 자라는 臺灣農村" 『동아일보』

반면에 『경향신문』은 농지개혁이 애초부터 농민 부담이나 지주자본의 공업자본화 가능성, 농촌질서 재편 구상 등에서 출발부터 근본적 문제가 있었다고 비판했다. 경자유전 원칙에 따른 개혁의 기본 이념과 방법(유상매입–유상분배)이 비슷한데도 대만의 토지개혁은 "성공"하고 한국의 농지개혁은 "실패"했다고 규정하면서 대만 토지개혁의 세 특징을 지적했다. ① 농민 부담을 덜기 위해 상환연한을 10년(한국 5년)으로 길게 설정, ② 토지판매자금의 산업자본화를 위해 상환액의 70%를 현물로, 30%를 국영기업체 주식으로 교부, ③ 지주제 해체 후 농회 중심으로 농촌 질서를 재편하여 공백상태를 피한 점[35] 등이었다. 그리고 대만 농업이 착실하게 "전진"하고 있는 사실은 "국제적으로 널리 알려져" 있으며 "성장속도가 빠르고" "배워야 할 점이 많다는" 대만농업시찰단원 보고를 전했다.[36]

경제계획론자로서 경제발전론을 한국에 처음 도입한 진보적 민족주의적 경제학자로 알려진 박희범(朴喜範, 서울대 교수)이 대만 경제발전의 동인으로 지목한 것은 농회조직 개혁과 더불어 토지개혁이었다. 토지개혁 때문에 대만이 아시아 후진국 중 유일하게 "비약단계로" 들어섰고 "민주적 기반 위에" 이뤄진 "농업혁명"은 일본도 "지침"으로 배울 정도라고 극찬했다. 그리고 반공을 표방하면서도 "중국본토"의 장단점까지 참작하여 진행된 토지개혁이 단순히 토지의 매수–분배 차원을 넘어 토지자본의 산업자본화를 촉진하고 농업생산성을 제고했다는 점에 주목했다. 현물증권이나 정부기업주식에 의한 지가 지불, 현물상환 규정을 통해 토지자본의 산업자본화를 촉진하고 인플레에 의한 자본잠식 및 소비자금화를 방지하며, 농지대금의 10년 분할상환 조건은 농민 부담을 줄이고 생산의욕과 토지개량 여유를 높였다는 것이다. 이와 달리

(1963/09/21)]했지만, 『동아일보』는 토지-농지개혁의 공통점을 강조하는 논조가 강했다.
35) "벙어리 歐亞農村을 가다 臺灣農業이 成功한 原因" 『경향신문』(1963/09/24)
36) "벙어리 歐亞農村을 가다 臺灣農業이 成功한 原因" 『경향신문』(1963/09/13)

한국의 농지개혁은 농지대금으로 지불한 현금표시 지가증권이 지주층을 인플레에 무력하게 만들고 적산기업에 대한 투자 등을 통한 산업자본화 기회를 차단하여 대만과 "정반대의 결과를 초래"했다고 지적했다.

동시에 그는 국민당정부가 철저한 토지개혁을 진행하게 된 정치적 배경도 정확하게 지적했다. 대만 이주 후 정치권력을 장악한 200여 만 명의 "대륙세력"이 대만에서 상업자본가나 지주로서 경제적 기반을 갖고 있지 않아 토착세력의 경제적 기반을 뿌리 뽑아 확고한 정치적 기반을 다질 필요가 있었다는 것이다. 게다가 '대만인' 토착지주층에게는 일제에게 물려받아 대부분 국유화된 기업 주식의 일부만 분배했을 뿐, 불하의 기회를 봉쇄했다는 점도 지적했다(朴喜範 1967, 67-73). 결국 '대만인' 토착지주들은 신규 대공업을 창출하지 않는 한 자본가로 전화되기는 어려웠고 토지판매자금을 통해 주주가 될 수 있을 뿐이었다.

안병무(安炳武: 金谷원예고등학교장)도 대만 농촌이 잘 살고 농공균형경제를 이룬 배경은 농민 수익을 증대시켜 저축과 구매 여력을 늘리고 중소기업 생산품 판로를 보장함으로써 내자조달이 순조로운 환경을 만들어 준 "토지개혁의 성공"에 있다고 지적했다. 15일간 대만의 여러 도시를 다닌 그에게는 무엇보다 1960년대 한국 사회에서 흔한 현상이었던 거지와 판잣집, 제대군인들이나 술주정뱅이들의 행패를 보지 못했다는 점이 인상적이었다. 그는 대만에서 토지개혁 전에 비해 1963년 농촌아동 취학률이 급증(77%→96%)했고, 현미 생산량이 2배 이상 증가했으며(107만→211만 톤), 지주들의 토지보상금 중 30%가 4대 국영기업체 주식으로 투자되고 나머지는 산업자금으로 투입되어 자유기업과 공업건설 촉진에 크게 기여했다는 점을 주목했다. 토지개혁 후 10년 사이에 농민 수익이 2.7배나 증가하여 국민들이 "못 살지 않"게 된 현실은 "정치를 잘" 한 징표였고 대만 농민은 증가한 수익으로 농사개량에 42%, 생활개선에 39%, 저축과 기타 비용에 19%를 여유 있게 사용한다는 것이다(安炳武 1967, 151·154). 독재정치가 "정치를 잘" 해 '성공적'

경제정책을 낳았다고 인식한 경우였다.

1969년 『매일경제』는 대만의 토지개혁 성과에 대한 높은 관심도를 반영하여 토지개혁의 3단계 과정을 자세하게 소개했다. 제1단계로 1949년 「375감조」 정책을 실시하여 소작농의 소작료 부담(전년 생산량의 37.5%)을 경감시켰다. 대변혁에 앞서 완충장치로서 먼저 소작농의 부담완화, 지주층 안정화에 초점을 둔 것이다. 1951년에는 제2단계로 「공지방령(公地放領)」을 실시하여 국공유지의 대대적 불하를 통해 소작농에게 자경지를 제공했다. 1953년 마지막 제3단계 조치로 「경자유기전(耕者有其田)」을 실현하여 지주제 철폐와 1농가 소유 농지상한(논 3ha, 밭 6ha)을 규정했다. 정부는 상한규모를 초과한 토지를 구입하여 영세농에게 매각하고 지주에게는 토지대가로 국영기업체 주식(30%)과 채권(70%)으로 10개년 간 분할상환했다.[37]

이 무렵 『경향신문』의 대만 토지개혁 평가는 훨씬 적극적이었다. "경자유전의 이상을 실현"하자는 "국부(國父, 쑨원)"의 "유교(遺敎)"를 계승하여 "장총통이 이룩한 토지개혁"은 자기 땅을 소유한 "긍지"로 생산의욕을 높여 대만 정부의 정책목표인 식량증산을 가능하게 하고 "아시아에서 일본 다음 가는 경제번영을 누리"는 "원동력"이 되었다는 것이다.[38] 1960년대 한국 지식층에게 대만의 토지개혁과 그 성과는 바람직한 농정의 교과서처럼 인식되었다. 그만큼 한국 농지개혁의 한계나 농촌 희생을 강요하는 공업화와 수출정책에 대한 비판적 문제의식의 공감대가 넓었다는 것을 반영한다.

1960년대 호당 경지면적에서 한국과 대만 모두 1정보 정도이고 5반(反, 0.5ha) 미만의 영세농이 총 농가의 40% 정도를 차지했던 점도 비슷한데 당시 언론의 의문처럼 왜 양국 농가소득에서 "엄청난 차이"가[39]

---

37) "自由中國의 經濟發展(上) 토지개혁과 농업발전" 『매일경제』(1969/09/24)
38) "奇蹟의 農業" 『경향신문』(1969/11/15)
39) "韓·中·日의 農村과 農業 〈上〉" 『동아일보』(1967/11/07)

나타났을까?

가장 큰 차이는 한국에서는 농지개혁 후에도 소작농이 광범위하게 존재하고 고율소작료가 재생했다는 점이다. 임차농 비율은 1960~80년간에 계속 증가(26.4~37.1%)했다. 임차료가 50% 이상인 경우도 1957년 42.4%, 1963년 56.0%, 1973년 80.3%나 되었다(이우재 1985, 317-318). 이러한 상황에 더해 1960년대에는 저미가 정책으로 저축은 커녕 부채율이 높아져갔다. 반면 대만에서는 소작농, 자소작농 비율이 토지개혁 이전과 이후에 각각 36%, 26%에서 17%, 23%로 감소했다. 1980년에는 7%, 11%로 격감했다(니시무라 도시오, 215).

물론 1960년대 지식층은 한국과 대만이 해방 후 농가계층 구성이 달랐다는 점을 충분히 고려하지 못했다. 해방 후 자작농, 자소작농, 소작농 비율은 한국의 경우 각각 13.8%, 34.6%, 48.9%였던 반면, 대만의 경우 31.2%, 31.0%, 36.8%였다(신병식 1988, 55). 농지-토지개혁의 전제조건에서 대만이 훨씬 나은 상황이었다.

그런데도 국민당이 토지개혁을 철저하고 강력하게 진행한 이유는 '본토인'들 입장에서 '대만인' 농민들을 포섭해서 정치적 기반을 다지는 일이 급했기 때문이다. 이는 대륙에서 농민을 장악한 공산당에게 패배한 국민당의 뼈저린 교훈이기도 했다. 토지개혁을 기반으로 한 농공균형정책은 국민당 정부의 경제정책에서 선택사항이었다기보다 사실 필수요건이었다. 이런 인식은 대만 토지개혁의 원인(배경)에 주목한 가운데 그 결과를 평가하는 합리적 접근이었다고 할 수 있다. 반면에 1960년대 중후반에는 결과(현상)에 초점을 두고 대만의 독재정치가 그러한 '성공적' 토지개혁과 경제정책을 낳았다는 개발독재론 시각도 나타나기 시작했다.

2. 농공균형성장 모델과 한계

대만의 철저한 토지개혁에 대한 선망은 대만 모델[농공균형성장(농업소득 증대→농업생산재, 생필품, 내구재 등 공업제품 수요 촉진→공업성장 기여)]의 주목으로 이어졌다. 한국의 1960년대 중반은 농업을 희생한 가운데 대기업 중심의 성장, 즉 농공불균형성장을 꾀한 경제개발정책의 문제점이 노출되는 시기였기 때문이다. 당연히 군사정권의 경제개발계획이 내수를 너무 소홀히 한다는 비판이 잇달았다.

조동필(趙東弼, 고려대 교수)은 "공업발전을 위해서는 내수가 적정규모로 따라가야" 하는데 정부는 "농업생산력을 높여 구매력을 증진시키고 내수를 확장하는 일에 전혀 무관심"하고 "무조건 얻어다가 당장 아쉬운 구멍을 메운다는 식의 무정견·무정책(無定見·無政策)"의 자세뿐이라고 비판했다.[40] 건전한 국민경제 순환구조(농가소득 향상→유효수요 증대→공업생산 증대)를 만들려면 저곡가정책을 바꿔야 하고 공업부문 축적을 위해 농민들 희생만 강요하는 저곡가, 저임금, 저물가, 환율유지 정책을 고집하는 일각의 주장은 18세기 자본축적과정을 회상하는 사람들의 착각이라고 비판했다.[41]

정부의 대기업 중심 수출정책으로 세제·금융혜택을 집중적으로 받아 성장한 대기업도 1960년대 중반에 이르면 국내시장의 협소함에 한계를 느꼈다. 한국 대기업들은 중소기업 발전, 도농 병행발전을 통해 '풍요로워진' 농가경제가 공업제품을 위한 넓은 시장으로 기능하는 대만의 '수출저력' 배경을 재인식하기 시작했다. 한국경제인협회[42]가 로스토우(W. W. Rostow) 경제발전단계론에 비추어 '도약' 직전 단계에 이르렀다고 본 대만의 여섯 가지 경제개발 지도원리[43] 중 농공균형발전,

---

40) "座談會, 올해의 經濟向方, 自立과 「韓日協力」을 중심으로" 『동아일보』(1966/01/05)

41) "問題設定 옳다. 그러나 ···〈2次 5個年計劃의 農業部門〉" 『경향신문』(1966/07/27)

42) 1961년 1월 10일 '한국경제협의회'로 창립되었다가 5·16쿠데타 직후 8월 16일 '한국경제인협회'로, 1968년 3월 28일에 '전국경제인연합회'로 개칭되었다.

43) ① 당국이 기초산업 개발에 초점을 두며 전력과 수송에 우선순위 부여, ② 농공 균형발전 추구, ③ 토착자원 개발을 최대한 활용한 원료의 이용에 기반을 둔 제조업, ④ 장기적 경제성장 기반 구축을 위해 자본집약적 산업개발과 고용, 구매력 증가를 위한 노동집약적 산업육성으로 국내자원을 이용한 수공업이 발달하여 1,500개의 작업장과 5만 명의 고용 증가, ⑤ 내수 및 수출을 위해 도입한 원료로 가공공업을 권장하여 방직업과 합판생산의

토착자원에 기초한 제조업 구조를 주목한 것도 이 때문이었다. 대부분의 후진국들이 공업화에 주력한다면서 농업개발을 경시한 것과 달리, 대만은 농업을 경제의 '척추'(backbone)로 설정하고 식량과 공업원료 공급을 늘려, 농촌을 공업 시장으로 배양시켜 농공간에 균형적, 조화적 발전을 이뤘다고(韓國經濟人協會 1965c, 12-13) 본 것이다.

대만은 "對共戰에 대비한 점도" 있지만 비슷한 처지의 한국이 "부러울 정도로" 도농 간에 큰 차이 없이 농촌의 작은 읍에도 TV 안테나가 솟아있고 각 공장은 30% 정도만 수출하면서 "착실하게 국제시장에 접근"한다고 인식되었다. "국내시장 개척이 경제자립의 선결문제"이고 시장 문제는 대만처럼 농촌에 공산품 시장을 넓히면서 균형적으로 해외시장을 개척하며 풀어야지 "걸핏하면 100% 수출을 내세우"는 한국의 수출중심정책이 "장기적으로 실현성이 있을"지(尹炳哲 1967, 52) 강한 의문도 제기되었다.

대기업까지 대만 사례를 통해 농공균형발전을 강조한 것은 그만큼 당시의 심각한 한국 경제 상황을 반영했다. 물론 이들은 자신들에게 집중된 재정 금융 특혜를 축소해야 하는 농공균형정책 자체를 주장한 것은 결코 아니었다. 경제구조의 악순환(저소득→국내시장 협소화→공업생산물 판로 애로)을 타파하자고 주장한 것도 아니었다. 그보다는 '저임금 = 수출경쟁력'인 당시 상황에서 '농업 저성장→생산비 상승'을 우려했던 것이다. 실제로 당시는 무역수지와 환율 악화 문제, 즉 '외곡도입량 급증[44]→무역수지 악화→원화 약세[45]→원재료 수입비 상승'의 악순환이 심각했다. 특히 주곡 수급의 불안정성은 저임금정책과 사회안정을 위협하는 요인

현저한 실적을 통해 저임금을 바탕으로 다액의 외화 획득과 저축, ⑥ 산업기반 확대를 위한 제품 다양화(韓國經濟人協會 1965b, 15).

44) 1961년 60만 3천 톤(4천만여 달러)에서 1968년 149만 6천 톤(1억 7천만여 달러)로 급증했다(朱碩均 2001, 244).

45) 1964년 1달러당 255.77원에서 1966년 271.13원, 1969년 288.33원으로 계속 절하되었다 [http://ecos.bok.or.kr(검색일: 2014.08.13)].

이었다. 또 농업의 상대적 정체는 미곡 증산의 정체를 불러와 가격유지정책의 성과를 떨어뜨려[46] 노동자 생계비 상승을 압박했다. 이는 결국 생산비 상승을 초래하는 위협요소가 되었다.

한국의 이러한 사정과 달리 1960년대 중반 대만의 경제구조는 공업생산고의 70%가 국내수요여서 해외시장 사정에 흔들리지 않고 안정적 농공균형발전을 유지한다고[47] 인식되었다. 이 무렵 박동운은 대만이 1,000만 인구로 40만 대군을 유지하면서도 1인당 소득에서 아시아에서 일본 다음이고 여러 경제지수가 한국을 능가한 가운데 "자립경제를 달성"한 "놀라운 사실"에 입을 다물지 못했다. 비료, 시멘트, 기타 기간사업 분야의 발전 외에 농업생산에서도 "우리가 상상 못할 정도의 면밀한 주의와 관심이 기울여지고 있다"[48]고 주장했다. 실제로 대만의 비료생산은 이미 국내수요 충족을 넘어 수출할 정도로 발달했다.[49]

게다가 대만은 아열대지대 환경과 설탕, 바나나 등 자연자원이 풍부한 조건을 활용하면서, 연간 2-3모작에 조화(造花)나 보세가공, 차 재배 등 부업을 겸해 연 200여 달러 소득을 올려 중소기업의 농촌시장을 넓혀주고 있었다. 한국 기자의 눈에 "해외시장 개척과 병행"하는 대만의 농공균형발전은 너무나 "부러운 일"이었다.[50]

이러한 인식과 달리 이중적 산업구조 하의 한국이 "농업근대화에 성공"하려면 대만 기업농 모델을 연구하여 제한된 농촌자원의 합리적 개발방안을 찾아야 한다는 주장도[51] 제기되었다.

---

46) 1965-67년간에 미가변동율이 19.7% → 39.8%, 보리변동율이 28.8% → 38.3%로 급증했다("赤字로 告發된 農村現實, 66年度 農協年次報告書를 보고" 『매일경제』(1967/03/09)).

47) "繁榮하는 中進國 自由中國의 오늘" 『동아일보』(1966/06/23)

48) "座談會-오늘의 東南亞를 말한다" 『政經硏究』 12(1966), 201-202.

49) 李奎燦, "旅券에 묻어 온 證言 내가 보고 느낀 海外經濟 (71) 臺灣" 매일경제(66/09/14). 한국에서 비료자급이 가능해진 시기는 1968년 이후였다. 수출이 가능하게 된 시점은 1976년 이후였다. 1967-76년간 비료의 평균자급률은 96%였다(강정일·이두순·최지현 1983, 39-52).

50) "勤勉만이 「가난」 이긴다" 『매일경제』(1967/08/03)

51) 농업구조 개선은 1962년 8월 농업구조개선심의회에서 본격적으로 논의되었다. 소농체제

이와 관련하여 『매일경제』는 대만 농업의 세 가지 특징에 주목했다. ① 주식인 쌀의 상품화율은 40% 정도지만, 높은 농산물 상품화율. ② 1946~51년 사이 농업의 연평균성장률 13%, 1952년 이후에도 4% 이상 유지. ③ 대만의 "현실과 특수성에 부합되는 영농기술과 방법의 도입"이었다. 즉 영세농지에 대형농기구를 도입한다거나 외국 협동농을 형식적으로 이식하지 않았고, 배수관리시설, 지하수개발사업 등을 통해 경지통합도 조직적으로 시행하고 있다는 것이다. "농업정책을 말로만 내세우"는 한국과 달리 대만은 공업발전이나 자급자족을 위해 주곡(쌀)농업과 설탕, 파인애플, 생사, 생돈과 같은 수출용 농산물을 동시에 육성하여 경제발전의 "튼튼한 기초"로 삼아 농업을 최대한 활용하는 "농업국가"라고 인식한 것이다.[52]

특히 "전체 농토의 90% 가량에 수리시설"을 갖추었다는 점이 놀라웠다.[53] 수리조합 수로, 연못, 웅덩이, 도랑물을 이용해서 채소밭 고랑에 물을 대주거나 모터로 물을 끌어올려 비닐론 파이프로 고구마밭 고랑에 물을 대주는 방식이 배울 점이라고(安炳武 1967, 151-153) 지적했다. 또 대만의 모든 전답은 농지통합, 구획사업 추진으로 네모반듯했다. 탈곡기 등 농기구도 노동력 절약에 유용하게 만들면서 부분적으로

대안으로 자립안정농가 육성안이 제시되었다. 부차적으로 기업농 육성과 개간 간척지에서 영세농의 협업농 조성안이 제출되었다. 이와 달리 1965년 공화당 정책연구실이 작성한 농업기본법 연구시안 검토에서는 과소농경영을 청산해 농업을 자본제 경영을 통한 확대재생산 경제단위(기업농)로 발전시키고 이를 위해 농업 자본주의화를 지향하는 '중농정책' 시행을 규정했다. 또한 주곡농업을 탈피하고 특용작물 재배나 축산 부문 육성안 등을 적극 제시했다. 이러한 기업농 옹호론에서는 농지개혁법이 설정한 3정보 소유상한을 없애고 농가 범위에 영농기업을 포함시킬 것을 주장했다. 그러나 여론은 소유상한 철폐에 대해 부정적이었다. 결국 농지법안은 자동 폐기되었다. 농업기본법에서도 자립가족농에 중점을 두고 기업농과 협업농을 보조축으로 하는 농업구조개선심의회의 입장으로 되돌아갔다. 기업농도 협업농도 아닌 상업농 육성안으로 선회한 것이다(조석곤 2011, 294-298).

52) 李奎燦, "旅券에 묻어 온 証言 내가 보고 느낀 海外経済(12) 臺灣 〈下〉" 『매일경제』(1966/04/13)

53) 반면에 한국은 1966년 현재 수리안전답이 전체 농지의 55%에 불과했다. 제2차 경제개발 5개년계획 목표연도인 1971년에야 70%로 끌어올릴 계획이었다(李奎燦, "旅券에 묻어 온 証言 내가 보고 느낀 海外経済 (71) 臺灣" 『매일경제』(1966/09/13)

기계화를 시도하고 소달구지나 우마차도 보이지만 달구지 차체에 모터를 달아 대부분 "동력화한 삼륜차"로 비료 등을 운반한다는 것이다.[54]

1960년대 말 한국 언론은 대만 농정의 농공균형성장 성과를 일정하게 정리했다. 1969년 『매일경제』는 대만 정부가 제3단계 토지개혁을 시행한 1953년에 제1기 4년 경제계획을 실시한 이래 공업화를 위해서도 우선 농업이 발전해야 한다는 정책적 목표 달성에 주력하여 "토지개혁과 4년 경제계획의 성공"으로 농공균형성장을 이뤘다고 정리했다. 수산업, 임업, 축산에도 노력을 기울여 인구 증가에 대응한 식량수요를 충족시키고 농산가공품 및 공업용 원료를 수출하여 획득한 외화를 경제건설 기반 구축에 활용했다는 것이다.[55] 『동아일보』는 "대만이 경제발전의 근간"인 "중농정책"에 따라 "도시건설, 중소기업, 경중공업의 순으로" "단계적 발전을 이룩"했다고 정리했다. "농촌부흥"이 "농민들의 생활수준을 도회지 중류 봉급자들의 수준"으로 올렸다. 이렇게 높아진 구매력이 공업발전에 기여하여 농공, 도농간 격차를 없앴다. 이러한 대만의 "균형 있는 경제발전" 과정은 한국과 완전히 "역순"이라고[56] 지적했다.

당시 언론의 문제의식은 양국 농촌 현실의 차이를 낳은 근본 원인으로 한국 농업정책을 비판하는 데 있었다. 즉 대기업 중심의 공업화와 수출 정책에 주력하면서 농공균형정책이 허상으로 전락한 한국 농업의 현실에 대한 비판이었다. 주대만 한국대사 김신(金信)이 한국보다 "훨씬 발달된" 농촌경제를 바탕으로 대만이 1969년부터 제5차 경제개발 4개년계획에 착수하여 "현재" 중공업과 도시경제개발에 진력하고 있다면서(調査部 1969, 33) 대만의 중농정책과 그 성과를 부러워한 것도 한국 농촌의 현실을 반영한다.

물론 한국이 대기업 중심의 외자의존형 수출지향 정책을 추진한 배

---

54) 李奎燦, "旅券에 묻어 온 証言 내가 보고 느낀 海外経済 (71) 臺灣" 『매일경제』(1966/09/09)

55) "自由中國의 經濟發展 (上) 토지개혁과 농업발전" 『매일경제』(1969/09/24)

56) "自由中國의 오늘과 내일" 『동아일보』(1969/11/25)

경에는 내자동원이 실패한 탓이 컸다. 이 때문에 저미가, 저임금 정책을 추구했다. 반면에 내자동원력이 높은 대만은 외자의존도가 매우 낮았다.[57] 대만으로 쫓겨 온 국민당 정부의 다급함처럼 박정희 정권 역시 쿠데타의 정당성 확보를 위해 급속한 경제성장이 필요한 것은 마찬가지였다. 다만 농민을 장악한 공산당에 패배한 장개석 정부가 대만으로 옮겨온 후에야 비로소 삼민주의를 국가이념으로 한 안정적 소농체제와 '富民的' 경제개발을 추진했다면, 박정희 정권은 농공간 불균형성장 정책으로서 '富國的' 경제개발을 추진했다.

정부의 강력한 '부국'정책과 이해관계를 같이 하는 한국 대기업인들은 1960년대 중반 한창 진행 중이었던 수출지향적 제1차 경제개발계획 경험에 따라 대만 '부민'정책의 한계를 지적하기 시작했다. 타당성 여부와 다른 차원에서, 대만 경제의 한계에 대한 지적 또는 비판은 적어도 1960년대 중반까지는 매우 드문 경우였다.

그 내용은 다음과 같다. ① 자립경제로 성장시킬 만한 체제를 갖추지 못한 점. 정부의 행정효율은 현대의 산업이나 기업에 필요한 수준에 이르지 못했고, 일반 국민은 혁신(innovation)에 대한 자각이 적어 개척정신으로 앞을 멀리 내다보는 기업가(entrepreneus)가 불안한 상황이라는 것이다. ② 경제발전을 촉진할 조직이 미흡한 점. 자유경제체제에서 원활한 경제 운영을 위해 여러 경제조직과 정부의 행정이 있어야 하는데 이런 조직이 통일되지 못하고 이름뿐인 조직만 있는 경우도 있다

57) 〈국내 총투자에서 해외자본 비율(%)〉

연도	한국	대만	연도	한국	대만
1963	57.5	7.0	1973	14.8	−18.2
1965	42.6	14.0	1975	35.5	12.7
1967	40.2	9.2	1977	2.2	−15.4
1969	36.9	3.4	1979	21.6	− 2.8
1971	42.5	−9.2			

출처 : 한국은 경제기획원 1981, 『주요경제지표』;대만은 CEPD 1981, 『Taiwan Statistical Data Book』(니시무라 도시오, 94에서 재인용)

는 것이다. ③ 소비에 대한 합리적 조정·통제의 필요. 원조에 의존하면서도 소비수준이 급상승(1959년 1인당 주요물자 소비수준은 1937~45년간보다 31% 상승)했지만 주축경제인 농업에서 경제발전에 필요한 자본을 공급하지 못한다는 것이다. ④ 잘못된 투자방향을 충분히 시정할 수 없는 점. 후진경제의 경제성장 시작은 대외시장을 상대로 한 생산을 개시할 때라는 로스토우의 지적과 달리, 대만 경제는 수출산업 개발을 등한시하고, 크게 필요하지 않는 도로개발에 투자함으로써 생산 제고는커녕 인플레를 촉진하여 투자 우선순위 판단이 결여되었다는 것이다. ⑤ 장기적 개발계획이 없는 점. 대만의 경제개발계획은 좁은 국내시장을 상대로 한 공장설립 계획에 불과하고 민간기업도 정부의 시장보호만 안중에 둘 뿐 상품의 질과 가격에서 국제경쟁력을 생각하지 않는다는 것이다(韓國經濟人協會 1965c, 13-14).

3. 農會 개혁과 중간상인 배제

1961년 『경향신문』은 1948~58년간 대만의 쌀 증산율이 77%(한국 7%)나 되고, 1958~62년간에도 12%(한국 5%)나 된다는[58] 사실에 놀라움을 표시했다. 특히 "곡가조절에 실패하면 경제재건도 실패할 것은 두말할 필요조차 없"는데,[59] 이는 해방 후 효과적인 곡가조절책이 이뤄진 적이 없어 쌀값파동으로 경제혼란이 반복되는[60] 한국과 대조적으로 대만의 농업은 안정되어 "성공"을 반증한다는[61] 것이다.

대만이 농업 성장속도가 빠르고 농민 생활이 윤택한 이유로 다음 몇

58) "穀價安定이 經濟發展의 先行條件이다" 『경향신문』(1961/09/21)

59) "쌀診斷 먹고 살기엔 넉넉한가?" 『동아일보』(1962/11/17)

60) 식량정책의 근본은 곡가 하락과 급등을 눌러 안정을 꾀하는 것인데 농민은 추수기 폭락에, 도시민은 춘궁기 폭등에 녹아 해방 이후 "여태껏 효과적인 곡가조절책이 채택된 일이 없다"("論壇農政과 歷史의 敎訓(中)" 『동아일보』(1961/10/08))는 지적은 당시에 일반적이었다.

61) "벙어리 歐亞農村을 가다 臺灣農業이 成功한 原因" 『경향신문』(1963/09/13)

가지가 거론되었다. ① 정책의 일관성과 인사 안정.[62] ② 농촌단체 및 농촌교도사업의 민주개혁 단행: 대만정부는 1952년 농회를 농민들의 자주적 운영에 맡겨 관료주의적 지도방식을 버리고 상향식 민주방식으로 전환하여 일당통치의 "해독을 중화"시키고, 농민의 힘으로 농촌 재건과 농정 방향 전환에 "성공"했다. ③ 농산물가격 안정정책: 비료 등 필수물자를 농민에게 공급하는 대신 쌀로 회수하여 쌀 생산량의 1/3을 정부가 보유하고 이를 군·관수용, 수출용에 쓰며, 미가 조절상 필요한 경우 농회를 통해 일정 가격으로 방출하는[63] 한편, 시장에서 자유거래는 방임한다. 대만은 시장경제 원칙을 토대로 하면서도 정부가 곡가조절을 하지만 한국은 시장경제 원칙을 무시한 채 저곡가정책을 고집한다. ④ 적극적 수리사업: 石門水庫종합개발공사(관개면적 5만 8,000정보)를 비롯하여 14만 정보의 지하수개발사업을 급속하게 실시하고 있다. ⑤ 품종개량 및 농사시험사업 주력: 대만은 한국과 달리, 국내 증산정책으로 일관해 왔다는 것이다.[64]

특히 대만의 '상향식' 농회가 국민당 일당독재의 "해독을 중화"시켜 농민의 힘으로 농촌재건에 성공했다고 인식했다. 활발한 상업적 농업으로 농회 공판장에서 선풍기, 냉장고, TV, 세탁기가 농약, 일용잡화와 함께 팔리는[65] 광경도 인상적이었다. 반면에 한국의 농협은 낙하산 인사 등으로 농민들의 주체적, 자발적 참여가 막혀 불신이 컸다. 농민들은 군사정부가 중농정책을 표방하고 1961년 8월 구농협과 농업은행을 통합하여 발족시킨 (종합)농협을 두고 "농민을 해치는 기관",[66] "농민

---

62) 가령 양식국장(糧食局長, 李連春)은 17년간 같은 자리에서 식량문제를 책임지고 있었다고 한다("벙어리 歐亞農村을 가다 臺灣農業이 成功한 原因" 『경향신문』(1963/09.13)).

63) 대만에서는 정부가 대량의 쌀과 설탕을 장악하여 수출을 독점하는 것도 공공부문 자본축적의 일환이다. 정부가 모은 쌀을 군대, 공무원, 기타에 배급하고 수출을 독점하여 부등가교환을 통해 강제저축을 한다. 쌀의 집하수단으로 소작료의 현물징수, 강제매상, 화학비료와 물물교환을 통해 쌀 총생산량의 30%, 총유통량의 85% 정도가 정부 수중에 집중된다(金潤煥 1970, 106).

64) "벙어리 歐亞農村을 가다 臺灣農業이 成功한 原因" 『경향신문』(1963/09/24)

65) "韓·中·日의 農村과 農業 〈上〉" 『동아일보』(1967/11/07)

을 괴롭히는 조직"으로[67] 간주하는 형편이었다.

이 때문에 당시 언론은 피폐한 한국 농촌을 재건하기 위해 농협 운영을 농민들의 자주·자발적 정신을 북돋울 수 있는 상향식 민주제로 전환해야 한다고[68] 강조했다. 한국 농업이 대만을 따라가려면 농협 조직의 체질개선[69]이 필수적이라는 것이다. 농민들이 상전 모시듯 하지만 "돈의 칼자루를 쥔 정부" 앞에서는 정책청부기관에 불과한 농협을 농민들의 자율적 협동조직체로 전환시키는 체질개선이 1960년대 중반 "농본 한국의 크나큰 숙제"이자 당면과제로[70] 인식되었다.

박희범은 대만의 경제개발계획 "성과를 뒷받침한 배경"이 "철저한 사회개혁", 즉 토지개혁과 더불어 "농회조직의 개혁"이라고 단언했다. 그는 한국의 농협처럼 대만의 농회도 일제의 유산이지만, 농업인구의 90%가 가입한 농회는 관제조직이 아니라 농촌의 "자율적이고 민주적인" 농촌의 "협동체 중추조직"으로 개혁되어 중간상인이나 고리대로부터 농민들을 해방시키는 제도적 기반이 되었다고 인식했다. 국영 유통기구로서 공업원료 배분 및 외국무역 특히 수입의 대부분을 관장하는

---

66) 김영준, "역대농림부장관 좌담회, 농촌은 잘 살 수 없나" 신동아 11(1969), 241(권갑하 1999, 151에서 재인용). 제1-2차 경제개발 5개년계획 추진과정에서 농민들에게 경제적 성취감을 안겨주지 못한 '관제농협'은 자율적이고 민주적인 농협 운동을 원천적으로 봉쇄한 '정부의 시녀'였다(권갑하 1999, 110·129).

67) "是正되어야 할 農協運營의 姿勢" 『동아일보』(1964/07/29)

68) 군사정권이 조합장을 직선제에서 임명제로 바꾸려 하자, 언론은 경제개발 5개년계획이 착수되어 농촌개발부흥사업에 농민들의 창의와 비상한 정열을 응결시키기 위해 직선제 유지가 "상책"이라고 비판한 것이다("農民의 創意와 自由意思를 尊重해야 한다" 경향신문(62/01/29)). 그러나 최고회의는 농업협동조합 임원임명에 관한 임시조치법을 통과시켜 조합장을 선거제에서 중앙회장의 임명제로 바꿨다("農協組合長選擧制를 任命制로" 『동아일보』(1962/02/08)).

69) 당시 '관제농협'에 대해 반(反)농협운동까지 나타나자 체질개선 문제가 크게 제기되었다. 농협은 수의계약으로 비료를 구매하는 경우가 많았고 농기구를 적기에 공급하지 않아 사용 시기를 놓쳐 조합창고에 사장하는 일이 많았다. 구매물품에 대해 일률적으로 5% 수수료를 받았고 정부보조금 지급 시에도 수수료를 부과했다("是正되어야 할 農協運營의 姿勢" 『동아일보』(1964/07/29)).

70) "再檢討해야 할 農協의 體質" 『경향신문』(1965/02/27). '관치농협' 중앙회 간부 가운데 영관급 장교 출신이 25명이나 되어 파벌적 이방(異邦)지대도 존재했다.

중앙신탁국(中央信託局)도 공업 분야에서 중간상인의 중소기업 및 소비대중에 대한 수탈을 배제함으로써 저축자원이 비생산자층에게 수탈되어 비생산적으로 낭비되는 전근대적 유통기구 기반이 불식되었다고 지적했다. 그가 볼 때 대만이 세입의 35% 내외를 국방비로, GNP의 10%에 이르는 막대한 비밀정치자금을 지출하면서도 물가안정 속에서 연 8%대의 경제성장을 해온 비결은 중간상인 등 비생산자층에게 수탈되던 자원이 생산적 내자로 동원되도록 유도했던 근대적 유통기구의 창설이었다. 즉 대만 경제성장은 "농업혁명"에 의한 "제도개혁"의 힘이었다. 이에 반해 한국은 1950년대 이래 민간의 잠재적 저축자원을 생산적으로 동원할 제도개혁 없이, 특정인에게 융자하여 공장을 건설하거나 통화량 증대에 의한 인플레를 방치하여 전근대적 유통기구에 편승한 중간상인, 고리대, 부동산투기자 등 비생산자들의 원시축적으로 잠재적 저축자원이 낭비되고 있다는 것이다(朴喜範 1967, 67-73).

당시 언론도 한국 농촌은 중간상인 때문에 쌀값이 상승해도 농민의 소득 향상으로 이어지지 못한다는 점을 지적했다.[71] 한국, 대만, 일본은 경작면적 0.5ha 미만의 영세농이 총 농가의 40%나 되고 호당 평균 경지가 1정보 정도라는 점도 비슷했다. 그런데 한 쪽에서는 고리대와 궁핍이 독버섯처럼 번창하는 반면에, 다른 나라에서는 기름기가 흐르고 농로(農路)에 오토바이와 소형 트럭이 붐비는 등 소득과 생활수준에서 엄청난 차이를 보인 이유는 비생산적 유통기구의 제거 여부에 있다는 점을 강조했다.[72] 중간상인의 해악이 워낙 커서[73] 시장 통제에 소극적인 입장을 보였던 『매일경제』까지 나서서 이들의 부당이득을 견제

71) "쌀값 調節은 時急하다" 『경향신문』(1967/04/04)

72) "韓·中·日의 農村과 農業 〈上〉" 『동아일보』(1967/11/07)

73) 당시 한국에서 쌀값 상승의 큰 요인으로 중간상인의 매점매석이 많이 지적되었다. 공급량이 부족하지 않을 때도 중간상인 때문에 "쌀값이 나날이 뛰"었고("政府는 昻騰一路에 있는 쌀값을 時急히 막도록 하라" 경향신문(64/01/23) "서울 시내 쌀장에 쌀이 동나자 각지 쌀값이 껑충" 뛴 것도 "상인들의 매점매석 행위 때문"이었다("市中에 쌀 동나" 『경향신문』(1966/08/23)).

해야 한다는 데 적극 동조했다.[74]

『동아일보』는 이러한 논조와 궤를 달리 하여 제도 개혁보다 생산 장려와 정부의 책임 있는 수매정책을 강조했다. 한국 농가는 주곡 위주의 단순영농 구조여서[75] 쌀과 보리의 가격변동에 흔들리기 때문에 상업작물을 통한 소득증대가 필수적이었다. 그러나 정부는 수익성 높은 특용작물(고구마, 수세미, 유채, 아마, 저마, 낙화생 등)이나 상업작물(엽연초, 과수 등) 재배를 권장해서 '붐'을 일으켜놓고는 정작 판로를 확보해주지 않는 무책임한 정책으로 일관한 경우가 많았다. 농민들은 "다시는 그러한 속임수 계획에 빠지지 않겠다는 반응"까지[76] 보이는 상황이었다.

『동아일보』는 대만의 중농정책 "성공"이 "토지개혁과 정부의 善政" 때문이라기보다 각종 농업생산 장려책 때문이라고 강조했다. 대만 정부는 농가에 비료를 외상공급하지도 않았고 영세농에게 쌀 수확의 1/3을 세금 또는 헐값의 매입미로 거둬들였는데, 경작면적 05-1ha 규모의 농가에 거둔 소작료와 세금은 평균 44.6달러(소작료 14.6달러와 영농세 30달러)로 한국 농가의 5.8배나 되어 정부가 "善政"은커녕 오히려 농민을 "갈취"했다는 것이다. "통계와 사료를 검토해보면" 대만 정부는 농가에 보조금이나 융자 지원 등으로 의타심을 주지 않았고 오히려 무서운 세금으로 "매질"했다는 것이다. 그 대신 정국안정, 물가안정, 수리·교통·전력 개발, 화학비료 및 농약 공급확대, 신육종 개량보급, 현금작물 매입제도 등으로 농업생산을 "간접적으로" 고취한다는 점을 강조했다. 특히 정부가 미리 영세농이 경작할 수 있는 양송이, 아스파라

---

74) "穀價安定을 위한 當面課題" 『매일경제』(1967/06/20)

75) 1964년도 농가 호당 소득 중 주곡(쌀, 보리) 수입은 총수입의 91.7%를 차지했다. 축산용과 수출용 특용작물, 그리고 양잠 등의 수입은 8.3%에 불과했다("農土와 穀價波動" 『동아일보』(1966/06/09)).

76) "農村은 고달프다. 잘못된 重農-深刻한 現實(5) 特用作物栽培" 『동아일보』(1965/12/14). 1964년에도 정부가 전국 농가에 고구마 생산을 장려했지만, 고구마 풍작으로 오히려 판로가 막히고 보관시설 미비로 고구마가 썩어가고, 농민들이 생산비에도 못 미치는 가격으로 투매하려 해도 판로가 막힌 실정이었다("고구마 販路 없어 썩고 있다" 『경향신문』(1964/12/16)).

가스 등의 시장을 확보한 뒤 매입을 예고하고 반드시 실천하는 환금작물 매입제도에 주목했다. 바나나, 파인애플, 사탕수수 등은 대농이 경작했지만, 환금작물 재배로 5ha 미만의 영세농도 자전거와 재봉틀을 살 수 있었다는[77] 점이 인상적이었다고 보도했다.

대만의 중농정책은 철저한 토지개혁과 농공균형성장, 농회 개혁과 중간상인 배제 등을 통해 농촌의 현격한 변화를 불러왔다. 1966년 대만을 방문한 한국 지식인들의 시야에 먼저 들어온 것은 농가의 외양과 전기 가설이었다. 10년 전만 해도 농가들은 "초가집 아니면 바락집"이었는데,[78] 5년 전에 농가를 벽돌집이나 석조건물로 바꾸는 운동을 벌여 1966년에 와 보니 작은 농가들까지 "풍요한 벽돌집운동이 표면상 성취"된 "발전의 템포에" 놀라워했다.[79] 농촌 전화율(電化率)이 90%[80]나 되는 등 대만의 농민들은 이 무렵 한국 농민들이 "상상조차 하기 어려울 정도로 잘 살고"[81] 있었다. 농촌 구석구석까지 뻗친 포장도로는 아시아 제일 수준이며 웬만한 농가는 TV와 스쿠터를 갖고 있고 농민들이 타이베이시의 호화 나이트클럽에서 한때를 즐기는 광경이 드문 현상이 아닌 점도[82] 인상적으로 비춰졌다.

---

77) "韓·中·日의 農村과 農業 〈下〉" 『동아일보』(1967/11/09)

78) 李奎燦, "旅券에 묻어온 言証 내가 보고 느낀 海外経済 (71) 臺灣" 『매일경제』(1966/09/09); 京童 1966, 265.

79) "座談會-오늘의 東南亞를 말한다" 『政經硏究』 12(1966), 202.

80) 이 무렵 한국의 전화율(電化率)은 도시와 도시 주변이 24.8%(413만 1천호의 주택 중 102만 7천호)로 "추정"되었다. 농촌 전화율은 6%에 불과했고 1인당 전기소비량(80 KWH)은 일본의 1/15, 미국의 1/60에 불과했다. 이는 대만(330KWH)보다도 크게 떨어졌다("10年 가도 못다 할 全國電化" 『경향신문』(1965/02/22)).

81) 李奎燦, "旅券에 묻어온 言証 내가 보고 느낀 海外経済 (71) 臺灣" 『매일경제』(1966/09/09)

82) "오늘의 臺灣(上)" 『경향신문』(1966/06/27)

Ⅳ. '대만 배우기'론의 지속과 대만 경제 비판론의 대두

1. 대만의 UN 축출(1971) 위기 극복 동인, 농공균형정책과 소득균배

1971년 4월, 냉전시대의 대격변이 벌어졌다. 미국 탁구대표팀이 '중공'을 방문하고, 3달 뒤인 7월 9일 키신저가 베이징(北京)을 방문했다. 7월 15일 닉슨 미 대통령은 베이징 방문을 발표했다. 그로부터 100일 후 유엔에 '중공'이 가입하고(1971. 10. 25) 대만이 축출되었다. 대만은 1949년 이후 최대의 국제정치적 위기를 맞았다. 한국 언론은 동병상련의 입장에서 "경제성장의 우등생" 대만의 "불안감"을 "안타깝게"[83] 전했다. 그러나 대만이 "우수한 노동력과 좋은 투자환경을 내세워 새로운 차원의 경협을 모색"하여 국제적 "中共 승인" 선풍에 대응하고 "이데올로기적 고립에서 탈피하여 일본식의 정경분리정책을 채택하려" 한다면서[84] 강한 '믿음'도 보였다. 이후 "반공정치외교"에서 "실리경제외교"로 전환을 꾀하는 "장징궈(蔣經國) 시대" "개막"으로 "대만성 출신"의 대거 기용 등 내정에도 큰 변화가 예상되었다.[85] 실제로 그렇게 변했고 대만은 곧 안정을 되찾았다.

대만이 국제정치적 대위기를 곧 극복할 수 있었던 동력으로 '민생우선', '소득균배' 정책의 성과가 주목되었다. 박기혁(朴基赫, 연세대 교수)은 대만이 빠른 시간에 국제정치적 충격을 소화할 수 있었던 힘은 정경분리, "경제성장의 모체가" 된 "농업발전" 때문이라면서 한국 경제의 관건도 농업문제, 중소기업문제 해결에 있으며 "성장률이 낮은 농업에 투자해야" 하고 고도성장정책을 균형성장정책으로 바꿔야 한다고[86] 주장했다. 이는 사실 경제개발정책 방향을 전면 수정해야 한다는 것이었다.

---

83) "흔들리는 成長의 발판 亂氣流에 휘말린 自由中國" 『경향신문』(1971/07/26)

84) "몸부림치는 臺灣 경제" 『경향신문』(1971/10/28)

85) "激浪 맞은 孤島 臺灣의 오늘" 『동아일보』(1972/06/13)

86) "轉換期의 韓國經濟 經濟學교수들 主題발표" 『경향신문』(1972/10/18)

『동아일보』 기자에게는 어디를 가나 "장총통 만세(蔣總統 萬歲)", "장총통은 민족의 구세주(蔣總統是民族救星)" 간판이 보이고 "「대륙반공(大陸反攻)」의 기치로 국민을 결속"하고, "가부장적 통치" 하에서 복지와 안정적 성장을 지속하는 대만이 인상적이었다. "농지는 농민에게 분배하고" "토지소유권(地權)을 평균화"하여 지가에 따라 증세 또는 매수하고, 지가가 오르면 공유지로 회수하는 방법으로 7만ha의 소유권을 규제하고 있었다. 또한 세계적 유류파동 때문에 20년 만에 처음으로 공공요금을 인상했다는 "민생안정정책은 부럽다기보다 놀라왔다."[87] 삼민주의 경제정책의 기본은 "민생우선"이며 "의식주와 교통(衣食住行)"-"국민의 4대 기본수요" 해결에 목표를 두고 출발하여 고도성장 속에서도 1973-74년을 제외하고 안정된 도매물가상승률(2-4%), 양호한 주택사정, 한국보다 싼 식료품 가격과 옷 값, 매우 저렴한 교통, 통신비를 유지한다는 것이다.[88]

1970년대 말까지 대만은 1973년 석유파동으로 시내버스 요금을 한 번 인상한 후 줄곧 그 요금을 유지할 정도로 안정적인 공공요금, 추경예산을 짜본 적이 없을 정도로 안정적인 재정, 국가독점적 공급과 수입개방을 활용한 안정적 물자공급 등 민생우선정책의 특징이 부각되었다. 대만은 값싼 교육비, 아시아에서 일본 다음 가는 평등한 분배구조에 힘입어 가난한 사람도 매일 육류를 먹고 청소부들도 육류가 든 점심식사를 즐기는 나라였다. 이 무렵 한국은 농공 불균형, 부패와 저임금에 따른 소득 불균형, 유신독재체제에 신음하고 있었다. 대만 역시 독재체제 하에 있었지만 경제상황은 한국과 대조적이라고 인식되었다. 물가상승과 분배왜곡을 무릅쓰고 안정보다 성장을 우선시해 온 한국 정부는 "안정 위에 고도성장을 누리고 있는 대만 경제"를 배워야[89] 한다고 강조했다.

---

87) "臺灣의 「風情」" 『동아일보』(1974/09/12)
88) "「民生優先」의 臺灣經濟 (1) 풍부한 衣食住" 『동아일보』(1978/05/16)
89) "「民生優先」의 臺灣經濟 (2) 안정된 物價" 『동아일보』(1978/05/17)

타이베이시 우체통에는 "국가는 부강해야 하고, 민중은 고루 부유해야 한다(國家必須富强 民衆必須均富)"는 표어가 붙어 있다. '소득균배'와 연동된 '민생우선' 경제정책을 뜻한다. 분배국민소득 중 근로자–피용자 보수의 점유비율이 1977년 한국은 41% 정도였지만 대만은 60%에 육박했다. 하위 20% 계층의 총소득에 대한 상위 5% 계층의 소득 비율이 1961년 5.7포인트에서 1978년경에는 1포인트를 약간 상회하는 수준으로 급속히 개선됐다. 이에 반해 한국개발연구원(KDI)에 따르면 한국은 1976년 2.8포인트, 1991년 2.2포인트로 개선되는데 그칠 것으로 전망되었다. 또한 대만은 국민생활에 긴요한 생필품 공급과 석유, 철강, 비료, 조선, 설탕, 알루미늄, 가스, 전기, 수도 등 기간산업 그리고 독과점 이윤이 예상되는 사업은 공기업이 관장하고 그 밖의 사업은 철저한 자유경쟁이 유지되도록 한다고 지적했다.[90]

1974년 대만을 방문한 『동아일보』 기자가 대만 경제에서 "사회주의의 일면"을[91] 느낀 것은 일견 당연했다. 즉 정치적으로 억압적 '반공'정책을 표방했지만 일당독재체제가 주도한 경제정책의 실체 속에는 사회주의적 내용을 많이 담고 있었다. 대만이 그만큼 실용적이었다는 점 또한 한국과의 큰 차이였다. 민간독과점을 허용하지 않는 대만에 재벌이 없다는 점을 강조한 것은 대기업에 집중된 한국의 재정, 금융 특혜정책을 비판하면서, 한국도 대만처럼 농공균형과 소득분배 정책을 실시해야 한다고 강조한 것이다.

유신체제가 저물어 갈 무렵, 김완순(金完淳, 고려대 교수)은 한국 경제가 "철저한 민생주의" 정책으로 국제수지 흑자기조 위에 고도성장과 물가안정을 함께 이룩한 대만에게 배워야 할 점으로 ① 성장, 수출보다 안정 우선을 추구하는 일관성 있는 경제정책, ② 설탕, 채소 등 농작물의 풍부함과 효율적인 주요 곡물 생산 및 가격정책이 장기적 물가안정

90) "「民生優先」의 臺灣經濟 (3) 균등한 所得分配" 『동아일보』(1978/05/18)
91) "臺灣의 「風情」" 『동아일보』(1974/09/12)

에 기여한다는 점, ③ 저축증대에 기여하는 근면절약 생활양식 등을 지적했다. 대만은 건실한 대외수지 상태와 물가안정을 유지하기 위해 성장율 둔화를 감수했으나, 한국은 대외수지가 취약하고 안정기반이 약한데 비산유국으로서 "너무나 예외적인 수준의 경제성장율"을 유지하려 한다고 비판했다(金完淳 1979, 7-9).

2. '한국식' 농정과 대기업 중심 경제정책 옹호론의 대두

한국 경제개발정책 방향의 수정 또는 전면 재고를 요구하는 '대만 배우기'론이 지속되는 와중에서 경제개발정책의 가장 큰 수혜자인 대기업은 '대만 비판'론의 강도를 높여갔고 경제개발정책의 '한국적' 특징을 부각시키면서 정부의 보다 강력한 행정, 나아가서 유신체제 옹호론에 조응해가기도 했다. 가령 1960년대 중반 한국경제인협회는 대만정부의 비효율적 행정, 기업가정신의 부족, 장기적 개발계획의 부재 등 대만 경제의 한계를 부각시켰다. 다만 이때는 대만의 농공균형정책을 통해 한국 경제를 비판하는 지식층의 목소리가 매우 높았기 때문에 큰 호응을 받지 못하고 일과성에 그쳤다.

그러나 1960년대 후반부터 대만 경제에 대한 비판론이 강력하게 제기되기 시작했다. 가령 대만에서는 농촌 소로(小路)도 대부분 포장되었고 지하수 개발과 상수도시설 확장 등 '농촌근대화'가 이뤄졌지만, 급속한 공업발전으로 이농이 많아져 농촌노동력이 부족해지고 설탕과 바나나가 대종인 수출 농산품이 기후, 품질, 포장 면에서 미흡하다면서 대만 농업은 농산품의 국제경쟁력 유지, 농업의 고도성장이 지속될 수 있는가가 당면과제라는 비판을[92] 들 수 있다.

1970년대에는 들어서는 '대만 배우기'론을 완전히 벗어나 한국의 경제정책이 오히려 장점이 크다는 주장이 제기되었다. 대만이 "농촌개발

92) "自由中國의 經濟發展 (上) 토지개혁과 농업발전" 『매일경제』(1969/09/24)

을 착실히 다져놓은 다음 공업화를 추진"한 데 반해, 한국은 "공업화에서 농지개발로 중점을" 옮겨 경제개발에서 확실히 다른 경로와 패턴을[93] 밟고 있다는 것이다. 대만과 역순의 경로를 밟는 한국 경제정책에 대해 이전처럼 비판 일색이 아니라 옹호하는 시각이 폭넓게 형성된 것이다. 1960년대 계속되었던 '대만 배우기' 논리를 넘어 '한국식' 농정의 길을 추구해야 하며, 주체적 입장에서 '한국식' 경제발전 경로를 긍정적으로 평가하면서 오히려 대만의 농정을 적극 비판한 것이다.

실제로 1967년부터 추진된 제2차 경제개발 5개년계획에는 다양한 농어촌 대책안이 포함되었다.[94] 경지면적과 수리안전답 조성, 농가의 농외소득 증대를 위한 농촌공업화 등의 정책이 전개되었다. 농지소유 상한제(3정보) 철폐안과 제2차 경제개발 5개년계획안의 핵심이었던 기업농 육성안은 이뤄지지 못했지만, 상업농 육성정책이 실시되었다. 1970년대 이후에는 이중곡가제를 통한 고미가정책으로 농가소득 증대정책이 추진되었다.

농회나 농협 조직 운영방식에 따라 대만은 '상향식' 농정, 한국은 '하향식' 농정이라고 단정하기 어려운 상황도 연출되었다. 최근 연구에 따르면 대만처럼 농촌조직의 민주적 운영방식을 도입하지는 않았지만, 1970년대 들어 박정희 정권은 농민들의 자발적 욕구와 참여를 결합시켜 농촌새마을

---

93) "흔들리는 成長의 발판 亂氣流에 휘말린 自由中國" 『경향신문』(1971/07/26)

94) 1967년 1-2월에 농경지조성법, 농업기본법, 농어업 재해대책법, 낙농진흥법, 농어촌지붕개량촉진법 등의 입법이 이뤄졌다. 농업종합개발계획(1967. 4), 농산물가격예정제도(1967. 4), 농어촌개발공사 설립(1967. 12), 농지개혁사업관련특별조치법(1968. 3), 대여양곡법(1968. 4), 기업축산업육성시책(1968. 8), 농촌근대화촉진법(1970. 1), 양곡관리기금법(1970. 8), 농산물수출진흥법(1971. 1), 농업기계화 6개년계획(1971. 4) 등이 농업정책의 근간을 이루었다. 이를 위한 중점시책으로는 식량증산(1971년 식량자급 목표), 경제작물개발, 농업생산기반 조성, 임업개발기반 조성과 산림녹화, 어업기반시설 및 설비확충, 농수산물 수출장려 등이 강조되었다. 구체적인 추진계획으로 농림수산업의 총부가가치 생산증가율 연평균 5%, 농림어업 인구 연평균 1.3% 증가, 경지면적 증가(1965년 227만 5천 정보 → 1971년 252만 7천 정보), 수리안전답 비율 증대(1965년 56% → 1971년 70%), 총 재배면적 372만 4천 정보 확대, 양곡증산(1965년보다 44% 증산), 미조림지 축소(5% 이하)와 용재공급 확대(68%), 근해어업과 원양어업 확충, 그리고 농수산물 수출증대(1965년 6,360만 달러 → 1971년 2억 5천말 달러) 등이 제시되었다(박진근 2009, 131-133).

운동을 전국적으로 진행하여 농촌투자 증가, 통일벼 보급, 경지정리, 수리시설 확보, 이중곡가제 등 대규모 농업투자를 통한 생산력 확대와 농가소득 증대를 추진했다. 이를 통해 양곡수입에 따른 외환문제와 사회불안정을 해소하려고 했다. 정부의 양곡 수입은 계속 증가해서 1966~70년간에 정부미에서 수입양곡의 비율은 53%나 되었다. 양곡은 1970년대 전반기 연평균 52만 톤이 수입되어 2억여 달러가 지출되었다. 1970년도 수출액이 10억 달러에 이른 상황에서 식량문제는 공업화의 발목을 잡을 우려가 컸다. 또 이촌향도와 도시 인구 폭증으로 인해 안정적 식량공급 문제가 중요한 과제로 등장했다(황병주 30-31).

그러나 '한국적' 농정에 대한 새로운 주체적 인식에 강한 자신감이 수반된 것은 아니었다. 이는 1973년에 세계적 흉작으로 여러 국가들이 식량부족을 고민할 때 드러났다. 즉 이런 상황에서도 대만과 일본은 미곡증산으로 즐거운 비명을 낸다면서, 국민소득을 400달러까지 끌어올리고 자립경제 실현에 크게 기여한 대만의 농정이 "성공"했고 식량증산에 노력하는 많은 나라들에게 좋은 본보기가 되었다는[95] 점을 인정할 수밖에 없었던 것이다.

대체로 유신체제가 저물어가던 1970년대 후반에 이르면 '한국식' 경제발전 경로, 즉 재벌-대기업 중심 경제정책과 그 효율성이 우월하다는 시각이 언론과 지식층 사이에 폭넓게 정착되었다. 이때 많이 거론된 지적이 대만은 자기자본을 중시하고 차입을 통한 신규사업을 기피하는 기업 풍토 때문에 능률면에서 한국에 뒤지고, 중화학공업을 한국보다 먼저 시작했지만 대기업이 적어 대규모 국제경쟁에 취약하다는 점이었다. 외자와 은행대출에 기초한 한국의 대기업 풍토를 적극 옹호하는 논리였다. 대만은 1972년부터 원자력발전소, 제철공장, 고속도로, 조선 등 10대 건설계획을 시작하여 완성단계에 이르렀으나, 규모 면에서 한

95) "自立經濟 이룩한 臺灣의 農業" 『경향신문』(1973/07/09)

국보다 떨어져 1977년에 와서야 중소기업 통합과 종합수출상사 설립을 추진하고 오히려 대만이 중동진출 등 한국의 활발한 대외추진력을 부러워한다는 점도 거론되었다. 부러움의 주체와 대상이 역전된 것이다.

그러나 한국 경제의 현실에 비춰 고질적 농공불균형, 내수희생 수출정책을 시정해야 한다는 문제의식을 불식시킬 수는 없었다. 내수희생에 기초한 한국의 수출정책은 여전히 비판대상이었기 때문이다. 대만은 수출의존도가 GNP의 52%(한국 32%)나 되는데도 수출가격과 내수가격이 같아 차별가격을 불허한다는 점이 지적되었다. 한국이 "내수 희생 위의 수출"정책을 "언제까지 계속"할 것인지 강한 의문을 드러내면서 대만인들은 느리지만 합리적이어서 실패와 희생이 적고 특혜가 없으며 무엇보다 민생중시 정책 펼치는데, 이를 통해 과연 한국의 경제발전 목표가 무엇인지 배워야 한다는 것이다.[96]

이처럼 1970년대 들어 대만 경제에 대한 한국 언론의 인식이 전환되는 배경으로 우선 1971년 UN 축출을 계기로 대만과 대만을 보는 국제정치적 환경이 급격히 바뀐 점을 들 수 있다. 물론 1970년대에도 지식층에게는 분단된 한반도의 특수성 때문에 '대만 배우기' 논리가 여전히 강했지만 미래의 광대한 시장 '중공'의 부상으로 대만을 상대화시켜 볼 수 있는 환경이 조성된 것이다. 게다가 대만과 한국의 1인당 GNP 격차가 좁혀지고 있었다. 한국 인구의 절반도 안 되는 대만의 GNP가 1960년에는 한국과 비슷했지만 이후 한국의 GNP가 높은 증가율을 보여 1970년대 말에 이르면 한국의 GNP가 대만의 2배 이상으로 증가했다. 1인당 GNP도 1960년 대만이 한국보다 2배 이상 높았지만, 이후 격차가 줄어들어 1970년에는 1.62배, 1979년이 되면 1.04배로 비슷한 수준에 이른 것이다.

즉 대만을 앞지르는 한국의 경제성장 추이가 1960년대 중·후반 이후

96) "「民生優先」의 臺灣經濟 (4) 實利主義" 『동아일보』(1978/05/19)

일부 지식층이나 언론에게 대기업 위주 정책이 효율성이 높다는 '자신감'을 불어 넣어준 것이다. 이러한 분위기는 박정희 정권이 유신체제를 밀어붙이는 동력의 하나로도 작용했다. 실제로 1960년대 일부 지식층은 강력한 정부, 즉 일당독재체제가 대만의 안정적 경제발전에 우호적 환경으로 작용했다고 간주하는 경향을 내재하고 있었다. 이러한 일부 지식층의 대만 인식은 한국에서도 보다 강력한 정부가 필요하다는 정치논리에 얼마든지 부응할 수 있었다.

V. 나오며

1960년대 들어 대만과 한국은 역사적 경험이나 냉전체제 하 최전방 반공국가라는 측면에서 공통점이 많아 중요한 비교대상이 되었다. 그러나 양국은 경제력뿐만 아니라 경제정책의 방향과 철학에서 큰 차이가 있었다. 배워야 할 대상이었던 대만 경제에 대한 한국 지식층의 인식에서 핵심적 내용은 중농정책과 농공균형발전, 그에 따른 소득분배의 균형성이었다. 이는 저곡가-저임금에 기초한 한국의 대기업육성과 수출중심 정책에 따른 농공, 도농, 계층 간 소득불균형을 바로 잡아야 한다는 문제의식을 반영한 것이었다. 즉 한국 지식층이나 언론은 대만 사례를 통해 결국 한국 농업(정책)이 변화되어야 한다고 주장했다.

1960년대 초 한국 지식층에게 비친 대만은 '부유함'에 대한 부러움, '본토인'에 앞서 대만을 지배했던 일본에 우호적인 '대만인'들에 대한 낯설음, 그리고 배워야 할 대상이었다. '근대화 = 공업화'라는 (조국)근대화론 시각에서 대만은 중진국이었고 근대적 공업국가였다. 여기에서 2·28사건이나 계엄통치 하의 일당독재체제는 관심의 대상이 아니었다. 당시 한국의 지식층은 현상의 단순비교를 넘어 양국 경제의 환경 차이에 주목했다. 이는 한국 경제의 문제를 주체적으로 짚어내는 문제의식의 출발점이 되었다. 대만은 '본토인'이 대만으로 옮겨올 때 소지한 막대한 자금과 금지금, 높은 기술력과 교육수준, 투자와 해외판매망으로 기여한 화교의 존재, 농업에 유리한 자연환경 등 한국과 원초적 차이가 존재한다고 한국 지식층과 언론은 지적했다. 그리고 일당독재체제가 대만의 부유한 경제를 만든 우호적 정치환경이라고 이해하는 근대주의 시각과 농협의 상향식 민주화가 한국 농업발전의 "상책"이라는 주장이 혼재되어 나타났다. 즉 1960년대 중반 들어 한국 지식층의 문제의식은 분화되고 있었다.

1963년 이후 언론은 대만 농정의 출발점으로서 토지개혁을 주목했다. 한국의 농지개혁이 성과를 내지 못한 이유를 한국전쟁이라는 외부요인에 두는 경우와 내재적으로 접근하는 차이는 있었지만, 1960년대 지식층에게 대만의 토지개혁 자체를 비판적으로 보는 시각은 흔치 않았다. 그만큼 당시에는 한국 농지개혁의 한계나 농업을 희생한 공업화 수출정책의 문제에 대해 지식층 사이의 공감대가 넓었다. 농공균형경제를 기초로 이룩한 대만 경제발전의 주원인이 농회 개편과 더불어 성공적 토지개혁에서 비롯되었다는 인식은 1960년대 중후반 지식층이나 언론에서 빈번하게 나타났다. 여기에도 대만 내에 경제적 기반이 없었던 '본토인'이 농민 이익을 증진시키는 철저한 토지개혁을 통해 정치적 기반을 다질 필요가 컸던 국내정치적 배경을 강조하는 시각과, 결과(현상)에 초점을 두고 대만의 독재정치가 '성공적' 토지개혁과 경제정책을 낳았다는 개발독재론 시각이 혼재되어 나타났다. 개발독재론 시각은 유신체제의 한 배경으로 작용했다고 볼 수 있다.

한국 지식층의 대만 토지개혁에 대한 선망은 중소기업 발달, 도농 병행발전을 통해 농촌이 공업제품의 넓은 시장으로 기능하는 농공균형성장의 모델로 대만을 인식하게 되었다. 대만이 1953년에 경제개발계획을 실시한 이래 공업화를 위해 농업이 발전해야 한다는 중농정책에 따라 균형적 경제발전을 이룩했다는 것이다. 게다가 아열대지대에 자연자원이 풍부해 대만 농가는 2-3모작에 부업으로 연 200여 달러 소득을 올려 중소기업의 농촌시장을 넓혀주는 점을 주목했다. 사실 대륙에서 농민을 장악한 공산당에게 패배한 국민당에게 토지개혁을 기반으로 한 농공균형정책은 국민당 정부의 선택사항이었다기보다 필수요건이었다. 한국 지식층에게 해외시장 개척과 병행하는 대만의 농공균형발전은 너무나 부럽게 비쳐졌다.

한국경제인협회도 1960년대 후반 들어 국내시장 협소함에 한계를 느끼면서 대만의 '수출저력' 배경에 주목했다. 대기업까지 대만 사례를 통해 농공균형발전을 주목한 것이다. 물론 자신들에게 집중된 재정 금융 특혜를 축소해야 하는 농공균형정책 자체를 주장한 것은 아니었다. 그보다는 당시 경제악순환(외곡도입량 급증→무역수지 악화→원화 약세→원재료 수입비 상승)의 심각함과 주곡 수급의 불안정이 한국 경제개발정책의 근간인 저임금정책과 사회안정을 위협한다고 인식했기 때문이었다.

대만의 장개석 정부는 삼민주의를 국가이념으로 안정적 소농체제를 창출하고 '본토인'과 화교의 자금력으로 내자동원을 높인 '부민적(富民的)' 경제개발을 추진했다. 반면에 박정희 정권은 내자동원 실패로 저미가-저임금 정책을 통해 대기업 중심의 외자의존형 수출을 지향하는 '부국적(富國的)' 경제개발을 추진했다. 이러한 관점에서 한국 대기업은 1960년대 중반 한창 진행 중이었던 수출지향적 경제개발계획 경험에 따라 현대 산업에 조응하지 못하는 정부의 행정효율, 개척적 기업가정신의 부족, 합리적 소비 조정·통제의 필요, 투자우선순위 판단의 결여, 장기적 개발계획의 부재 등 대만 경제의 한계를 지적하기 시작했다. 대만 경제의 한계에 대한 지적 또는 비판은 적어도 1960년대 중반까지는 매우 드문 경우였다.

국민당 일당독재의 해독을 중화시키고 대만의 경제발전을 뒷받침한 상향식 농회도 한국 지식층과 언론의 주목을 받았다. 대만의 경제성장 비결은 중간상인이나 고리대로부터 농민들을 해방시킨 농회 개혁을 통해 중간상인 등에게 수탈되던 자원을 생산적 내자로 동원한 '농업혁명'의 "제도개혁" 힘에 있었다는 것이다. 이에 따라 지식층은 한국 농업도 관료적 농협의 체질개선과 상향식 민주제로 개편하는 것이 당면과제라고 인식했다. 다른 한편 대만의 중농정책이 성공한 것은 토지개혁이나 정부의 선정(善政)보다 각종 농업생산 장려책 때문이라면서, 제도 개혁보다 농촌소득을 올리는 환금작물 등의 생산 장려와 정부의 책임 있는 수매정책을 강조하기도 했다.

1970년대 대만은 유엔에서 축출되는(1971년 10월 25일) 국제정치적 최대위기를 맞았지만 한국 지식층의 보수적 믿음대로 곧 안정을 되찾았다. 한국 지식층은 대만의 위기극복 동력으로 '민생우선', '소득균배' 정책의 성과에 주목했다. 따라서 한국 경제의 관건도 농업문제, 중소기업문제 해결에 있고, 고도성장정책을 균형성장정책으로 바꿔야 한다고 주장했다. 분배왜곡을 무릅쓰고 안정보다 성장을 우선시해 온 한국은 같은 독재체제였지만 복지와 안정적 고도성장을 함께 누리는 대만 경제를 배워야 한다고 강조했다.

1960년대 중반 한국경제인협회에서 대만정부의 비효율적 행정, 기업가정신의 부족, 장기적 개발계획의 부재 등 대만 경제의 한계를 지적했지만 대만의 농공균형정책을 통해 한국 경제를 비판하는 언론이나 지식층에게 큰 호응을 받지 못했다. 그러나 1960년대 후반에는 '대만 배우기'를 넘어 '한국식' 경제개발정책이나 농정의 의미를 부여하는 주장이 제기되었다. 박정희정권은 농협의 민주적 운영방식을 도입하지는 않았지만, 1970년대 들어 양곡수입에 따른 외환문제와 사회 불안정을 해소하기 위해 농민들의 자발적 욕구와 참여를 결합시켜 농촌새마을운동을 전국적으로 진행하여 대규모 농업투자를 통한 생산력 확대와 농가소득 증대를 추진했다. 1970년대 후반에는 유신체제의 위력을 배경으로 재벌 중심 경제정책과 효율성을 적극 옹호하면서 대만 경제를 비판하는 논의 폭이 넓어졌다. 자기자본을 중시하고 차입을 통한 신규사업 기피 풍토 때문에 대만은 능률면에서 오히려 한국에 뒤지고, 대기업이 적어 대규모 국제경쟁에 취약하다는 것이다. 부러움의 주체와 대상이 역전되어 대만이 한국의 중동진출 등 활발한 대외추진력을 부러워한다는 점도 거론되었다.

1970년대 들어 '대만 배우기' 논리가 여전히 강한 가운데 변화된 대만 경제 인식이 나타난 배경으로 먼저 UN 축출을 계기로 대만의 국제정치적 환경이 급격히 악화된 점을 들 수 있다. 게다가 대만과 한국의 1인당 GNP 격차가 좁혀지고 있었다. 1970년대 말 한국의 GNP는 대만의 2배 이상으로 증가했다. 1인당 GNP도 1960년 대만이 한국보다 2배 이상 높았지만 1979년에는 1.04배로 비슷한 수준에 이르렀다. 대기업 위주의 경제정책이 효율성이 높다는 '자신감'을 심어준 경제성장 추이는 대만의 일당독재를 안정적 경제성장의 우호적 환경으로 보았던 1960년대 일부 지식층의 대만 인식과 함께 유신체제 구축의 한 동력으로도 작용했을 것이다.

1960-70년대 한국 지식층의 대만 경제 인식을 돌아볼 때 누락된 부분도 많다. 가령 농외소득에 필수적인 농가소득 증대방안에 대한 구체성이 떨어졌다. 중소공업이 지방에 분산되어 도시와 농촌으로 가구가 구분될 필요가 없었던 대만의 농가가 부유한 이유도 1979년 80%에 이르렀던 농외소득 때문이었다. 반면에 중소공업도 대도시에 집중되어 있었던 한국의 농가는 그 절반에도 못 미쳤다. 즉 농촌-농업 문제는 도시화의 문제이기도 했다. 그리고 저임금과 저곡가 문제는 서로 연동되어 있었는데, 대부분의 지식층들은 저곡가 문제를 비생산적 유통기구나 정부 정책에 한정해서 인식하는 경향을 보였다. 노동자의 저임금 문제와 관련하여 농가소득의 거시적 측면을 바라보지 못한 한계가 존재했다.

참고문헌

東亞日報社. 『東亞日報』. 서울: 東亞日報社.

每日經濟新聞社. 『每日經濟』. 서울: 每日經濟新聞社.

京鄕新聞社. 『京鄕新聞』. 서울: 京鄕新聞社.

內政部戶政司. 2012. 『百年人口歷年資料』.

외교부. "한국의 대중국(구중공) 정책, 1971". 외교사료관 소장.

강정일·이두순·최지현. 1983. "비료수급에 관한 연구". 『硏究報告』 69.

京童. 1966. "東南亞紀行-比律賓·臺灣·日本". 『政經硏究』 12.

권갑하. 1999. 『농협이야기만 나오면 나도 목이 메인다』. 서울: 좋은날.

金完淳. 1979. "安定成長의 妙策은 무엇인가-物價政策에 대한 信賴度 높혀야". 『月刊商議』 223.

金潤煥. 1970. "「先發型」經濟發展의 條件-自由中國經濟의 發展過程과 展望-". 『政經硏究』 64.

니시무라 도시오. 차병각 譯. 1983. 『대만 vs 한국 경제비교』. 서울: 多讀.

박진근. 2009. "한국 역대정권의 주요 경제정책". 『한국경제연구원 정책연구』 2009-6.

박진도. 1994. 『한국자본주의와 농업구조』. 서울: 한길사.

박순성·김균. 2001. "정치경제학자 박현채와 민족경제론-한국경제사학사의 관점에서". 『동향과 전망』 48.

朴喜範. 1967. "新生國開發의 政策的 課題". 『政經硏究』 25.

손준식. 2010. "『동아일보』(1920-1940) 기사를 통해 본 식민지 조선의 臺灣 인식". 『中國學報』 61.

_____. 2007. "식민지 조선의 臺灣 인식-『조선일보』(1920-1940) 기사를 중심으로". 『중국근현대사연구』 34.

신병식. 1988. "한국과 대만의 토지개혁 비교연구". 『한국과 국제정치』 4-2.

安炳武. 1967. "復國을 꿈꾸는 타이완". 『政經硏究』 27.

梁興模. 1966. "回歸線上의 政治氣壓골-中華民國(臺灣)의 장래". 『政經研究』 12.

尹炳哲. 1968. "自由中國-華僑의 影響이 큰 高度成長國". 『商工時代』 100.

______. 1967. "東南亞諸國을 돌아보고". 『經協』 44.

李來秀. 1979. "臺灣의 經濟發展과 農業". 『농촌경제』 2-2.

이우재. 1985. "한국농업의 현상과 구조". 박현채 외 『한국사회의 재인식 1』. 서울: 한울.

임혜란. 1999. "한국과 대만의 산업화패턴과 경제위기: 산업정책과 정치연합". 『한국정치학회보』 33-1.

정건화. 2002. "'민족경제론'의 재검토: 민족경제론의 형성, 발전과 한국민족주의". 『동향과 전망』 55.

鄭道永(大韓商議 國際課長). 1970. "60年代의 臺灣貿易-그 政策과 問題 및 앞으로의 展望-". 『商工時代』 127.

정문상. 2013. "냉전기 한국인의 대만인식". 『중국근현대사연구』 58.

정태헌. 2007. 『한국의 식민지적 근대 성찰』. 서울: 선인.

______. 1996. 『일제의 경제정책과 조선사회-조세정책을 중심으로』. 서울: 역사비평사.

______. 2013. "1980년대 정주영의 남북경협과 북방경제권 구상". 『민족문화연구』 59.

調査部. 1969. "東南亞 地域公館長 및 貿易館長과 業界代表와의 懇談會". 『商工時代』 111.

조석곤. 2011. 「농업, 압축성장 속의 압축쇠퇴」. 유종일 엮음 『박정희의 맨얼굴』. 서울: 시사IN북.

朱碩均. 2001. 「전환점에 선 식량 농업정책」. 邊衡尹 외 『韓國經濟와 農民現實』. 서울: 經世院.

최원식·백영서 엮음. 2012. 『대만을 보는 눈: 한국-대만, 공생의 길을 찾아서』. 서울: 창비.

韓國經濟人協會. 1965a. "臺灣의 金融政策과 物價-金利政策을 중심으로-". 『經協』 16.

______. 1965b. "臺灣의 戰後開發計劃의 指導原理". 『經協』 16.

______. 1965c. "臺灣의 經濟開發은 어떻게 이루어졌나". 『經協』 16.

황병주. 2014. "새마을운동 시기 국가와 농민의 정치경제학". 오유석 엮음 『박정희 시대의 새마을운동』. 서울: 한울.

______. 2008. "1960년대 박정희 체제의 '탈후진 근대화' 담론". 『한국민족운동사연구』 56.

1966. "座談會-오늘의 東南亞를 말한다". 『政經研究』 12.

http://kosis.kr/statHtml/statHtml.do?orgId=101&tblId=DT_1IN0001_ENG&conn_path=I3(검색일: 2014. 03. 14)

http://kosis.kr/statHtml/statHtml.do?orgId=301&tblId=DT_033Y002&conn_path=I3(검색일: 2014. 03. 14)

http://kosis.kr/statHtml/statHtml.do?orgId=301&tblId=DT_074Y002&conn_path=I3(검색일: 2014. 03. 14)

http://www.ris.gov.tw/zh_TW/346(검색일: 2014. 03. 14)

http://ebas1.ebas.gov.tw/pxweb/Dialog/NI.asp(검색일: 2014. 03. 14)

http://kosis.kr/statHtml/statHtml.do?orgId=388&tblId=TX_38803_A021&conn_path=I3(검색일: 2014. 08. 13)

http://ecos.bok.or.kr(검색일: 2014. 08. 13)

집필진 소개 (집필순)

이동준

- 일본기타큐슈(北九州))대학교 국제관계학과 준교수
- 『未完の平和：米中和解と朝鮮問題の変容、一九六九～一九七五年』(2010)
- 『일한 국교정상화 교섭의 기록』(2015)

이노우에 마사야(井上正也)

- 일본세이케이(成蹊)대학교 정치학과 준교수
- 『外交証言録 日米安保・沖縄返還・天安門事件』(2012)
- 『日中国交正常化の政治史』(2010)

차이둥지에(蔡東杰)

- 국립대만중싱(中興)대학교 국제 교수
- *China's Foreign Strategy: Tradition and Transformation* (2012)
- 「日本與台灣特殊關係之形塑：冷戰時期及其後」(2014)

박정현

- 고려대학교 아세아문제연구소 연구교수
- "Frustrated Alignment: the Pacific Pact Proposals from 1949 to 1954 and South Korea-Taiwan Relations"(2015)
- "1931년 華僑排斥事件과 조선 민족주의 운동"(2014)

왕 언메이(王恩美)

- 국립대만사범대학교 동아시아학과 조교수
- 『동아시아 현대사 속의 한국화교—냉전체제와 조국의식』(2013)
- 『東アジア現代史のなかの韓国華僑—冷戦体制と「祖国」意識』(2008)

정일준

- 고려대학교 사회학과 교수
- "대만과 한국의 발전국가로의 전환 비교연구—1950년대 미국의 아시아 냉전전략을 중심으로"(2013)
- "미국제국과 한국 : 한-미관계를 넘어서"(2012)

남광규

- 고려대학교 아세아문제연구소 연구교수
- "남한의 '3단계 통일방안'과 북한의 '연방제'에 있어 정당 역할"(2014)
- "A Comparative Study on the inter-Korean Relations and the Cross-Strait Exchanges after the 2000s"(2013)

장박진

- 국민대학교 일본학연구소 전임연구원
- 『식민지 관계 청산은 왜 이루어질 수 없었는가』(2009)
- "대일평화조약 제4조의 형성과정 분석"(2011)

정태헌

- 고려대학교 한국사학과 교수
- 『20세기 한국경제사』(2011)
- 『한국의 식민지적 근대 성찰』(2007)